지은이 박수미
펴낸이 정규도
펴낸곳 (주)다락원

초판 1쇄 발행 2019년 5월 20일
8쇄 발행 2025년 12월 19일

편집총괄 최운선
책임편집 김지혜
디자인 박보희, 이승현
일러스트 이창우

다락원 경기도 파주시 문발로 211
내용문의 (02) 736-2031 내선 272
구입문의 (02) 736-2031 내선 250~252
Fax (02) 732-2037
출판등록 1977년 9월 16일 제406-2008-000007호

Copyright ⓒ 2019, 박수미

저자 및 출판사의 허락 없이 이 책의 일부 또는 전부를 무단 복제·전재·발췌할 수 없습니다. 구입 후 철회는 회사 내규에 부합하는 경우에 가능하므로 구입문의처에 문의하시기 바랍니다. 분실·파손 등에 따른 소비자 피해에 대해서는 공정거래위원회에서 고시한 소비자 분쟁 해결 기준에 따라 보상 가능합니다. 잘못된 책은 바꿔 드립니다.

ISBN 978-89-277-4739-0 73710

http://www.darakwon.co.kr
다락원 홈페이지를 통해 인터넷 주문을 하시면 자세한 정보와 함께 다양한 혜택을 받으실 수 있습니다.

말과 글의 힘을 키우는
초등국어 표현력 사전

박수미 지음 이창우 그림

다락원

여는 말

아하! 이런 뜻이구나!
오! 이럴 때 사용하면 되겠구나!

　우리 집에는 책 좀 읽으라고 하면 싫다고 툴툴거리고, 일기를 쓸 때마다 머리를 쥐어뜯는 아들이 있어요. 그 아들이 TV를 보거나 인터넷으로 검색을 하기 시작하면 "엄마, 동문서답이 무슨 뜻이에요?", "엄마, 어림 반 푼어치도 없다는 게 무슨 말이에요?", "새 발의 피가 왜 조금이라는 뜻이에요?"라며 자꾸 귀찮게 질문을 해요. "초등학교 5학년이 그런 것도 몰라?" 하며 한 대 쥐어박고 싶은 마음을 꾹꾹 누르며 대답을 해주다 보니 이런 표현의 뜻을 알려 주는 책이 있었으면 좋겠다는 생각이 들었어요. 그래서 이 책을 쓰게 되었답니다.

　이 책은 우리가 일상생활 속에서 자주 사용하는 말이나 관용어, 속담, 성어의 뜻을 알기 쉽게 풀어 놓았어요. 이해를 돕기 위해 어떻게 사용하는지 예시문도 써 놓았죠. 감동적이거나 신기한 상상의 이야기는 아니지만 말의 뜻과 유래, 말뜻의 미묘한 차이를 곱씹어 읽다 보면 어느새 재미도 느끼고 어휘력도 풍부해질 거예요.

　참! '어휘력' 하니까 생각났는데, 요즘 초등학교 교과서에는 국어뿐 아니라 사회, 과학에도 글쓰기가 많이 나와요. 글을 쓰려면 다양하고 풍부한 어휘와 표현은 기본이지요. 그래야 내 생각을 정확하게 술술 표현할 수 있거든요. 어휘력이 모자라서 괴로울 때가 많을 거예요. 하고 싶은 말은 많지만 내 뜻을 정확하게 나타낼 수 없어서 막상 글을 쓰면 석 줄을 넘기지 못하고 한숨부터 쉬는 친구들도 많더라고요. 그런 친구들은 이 책을 옆에 두고 자주자주 들춰 보세요. 나도 모르게 표현력이 늘어날 거예요.

　이 책을 읽는 친구들이 '아하! 이런 뜻이구나!', '오! 이럴 때 사용하면 되겠구나!' 하는 즐거운 깨달음을 얻게 되길 진심으로 바라며, 큰 도움을 준 김지혜 편집자님과 친구 혜경이에게 고마운 마음을 전합니다.

저자 박수미

이럴 땐 이런 표현이 딱!

1 기쁠 때나 슬플 때나 괴로울 땐?
감정에 어울리는 **찰떡 표현** ·················· 10

2 우리 사이는 어떤 사이?
관계에 어울리는 **찰떡 표현** ·················· 60

3 내 마음을 나타내고 싶어!
마음가짐에 어울리는 **찰떡 표현** ·················· 102

4 이 상황을 한마디로 한다면?
상태·상황에 어울리는 **찰떡 표현** ·················· 148

5 내 생각을 딱 부러지게!
생각을 나타내는 **찰떡 표현** ·········· **218**

6 자주 쓰이니까 알아 두자!
생활에 쓰이는 **찰떡 표현** ·········· **268**

7 재밌는 표현이 와르르!
성격을 나타내는 **찰떡 표현** ·········· **330**

! 찾아보기 ·········· **372**

이 책은 이렇게 사용해 보세요!

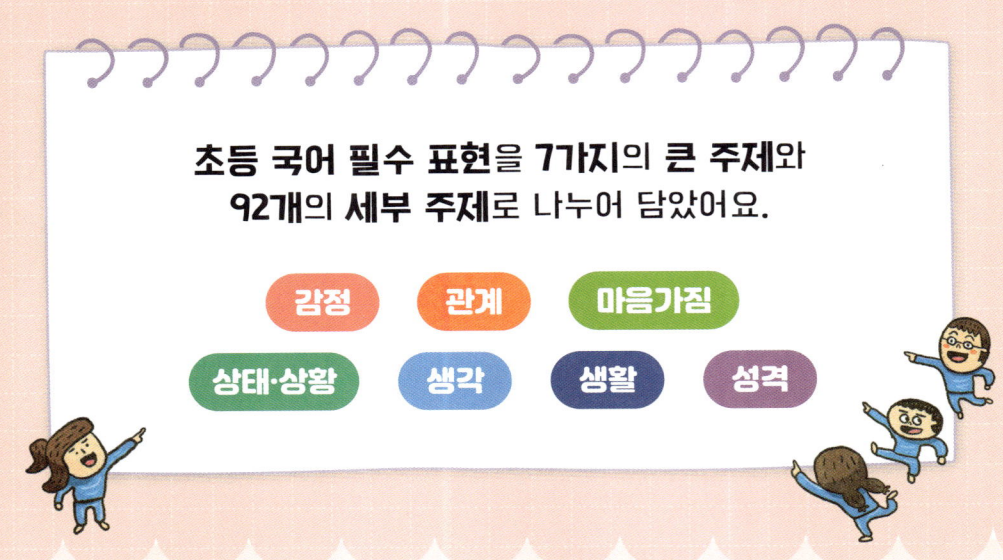

초등 국어 필수 표현을 **7가지**의 큰 주제와
92개의 세부 주제로 나누어 담았어요.

- 감정
- 관계
- 마음가짐
- 상태·상황
- 생각
- 생활
- 성격

다양한 주제
주제에 알맞은 다양한 표현들을 모아 두었어요.

좋아함을 나타내는 표현

좋아하는 마음을 나타낼 때는 '꿈인 것 같다', '눈에 넣어도 아프지 않다', '사족을 못 쓰겠다'처럼 과장된 표현들이 많아요.

대표 표현
자주 쓰이는 말, 관용어, 속담, 성어 등을 담았어요.

가슴이 방망이질하다 [몹시 두근거리다]
▷ 가슴이 두방망이질하다
예) 그 애를 처음 본 순간 가슴이 방망이질하여 고개를 들 수 없었어요.
심장이 뛰는 것을 방망이질에 비유해 표현한 것이랍니다.

뜻풀이
쉽게 이해되는 간결한 뜻풀이에요.

꿈인지 생시인지 [간절히 바라던 일이 이루어져 믿기지 않다.]
▷ 꿈이냐 생시냐
예) 독후감 대회에서 최우수상을 받다니! 이게 꿈인지 생시인지 모르겠어!
생시(生時: 날 생, 때 시)는 자지 않고 깨어 있을 때를 말해요. 간절히 바라던 일이 이루어져 내가 아직도 꿈을 꾸고 있는 건지 깨어 있는 건지 모를 만큼 행복하고 좋다는 뜻이랍니다.

바꿔 쓸 수 있는 표현

예시문
실생활에서 사용할 수 있는 활용 문장이에요.

쉽고 재미있는 설명이 들어 있어요.

열 번 찍어 아니 넘어가는 나무 없다 (속담)
아무리 뜻이 굳은 사람이라도 여러 번 권하면 결국은 마음이 변한다.

예 열 번 찍어 아니 넘어가는 나무 없다고, 자꾸 이야기하면 같이 가지 않을까?

아무리 큰 나무도 여러 번 도끼질하면 넘어가겠죠? 안 될 것 같은 일도 끊임없이 시도하면 결국은 이루어진다는 말이에요. 고집이 센 사람도 여러 번 설득하면 결국 마음이 돌아선다는 뜻으로도 쓰여요.

우공이산 (성어) 끊임없이 노력하면 반드시 이루어진다.
愚公移山: 어리석을 우, 어른 공, 옮길 이, 산 산

예 만리장성은 우공이산의 정신으로 이루어낸 인류 최대의 건축물이다.

'우공이산'은 우공이 산을 옮겼다는 뜻이에요. 옛날 우공이라는 노인이 집 앞을 가로막은 산에 길을 내기 위해 가족과 함께 산의 흙을 퍼 날랐대요. 사람들은 어리석은 짓이라며 비웃었지만 우공은 "아들, 손자까지 대대로 끊임없이 파다 보면 언젠가는 길이 나지 않겠나?" 하며 포기하지 않았지요. 결국 우공의 노력과 정성에 감동한 하느님이 산을 옮겨 주었다는 이야기에서 유래된 성어입니다. 어떤 일이든 끊임없이 노력하면 반드시 이루어진다는 의미죠.

속담, 성어

속담에는 속담, 성어에는 성어 라는 아이콘을 두어 구분하였어요. 속담과 성어의 재미있는 유래와 말뜻을 확인할 수 있어요.

알립니다!

⚠ 이 사전의 표기법은 국립국어원의 한글 맞춤법과 표준어 규정을 따랐습니다.

⚠ 이 책에 나오는 표현 중 국립국어원 『표준국어대사전』에 등재되어 있지 않은 표현은 『의미 따라 갈래지은 우리말 관용어 사전』과 『고려대한국어사전』을 참고하였음을 밝힙니다.

⚠ 띄어쓰기는 현행 규정에 따르되, 원칙 규정과 허용 규정이 있을 경우 될 수 있으면 원칙을 따랐습니다.

⚠ 일상생활에서 자주 사용하는 말, 관용어, 속담, 성어를 선별했고, 글쓰기에 활용할 수 있도록 주제별로 분류해 비슷한 뜻의 표현들을 모아 놓았습니다.

⚠ 주제에 따른 표현들은 가나다순으로 나열하였습니다.

⚠ '을, 를' 등 조사와 특정 글자를 생략하고도 사용할 수 있는 표현들은 '배꼽을 빼다'처럼 해당 글자를 회색 글자로 표기했습니다.

기쁠 때나 슬플 때나 괴로울 땐?

감정
에 어울리는 찰떡 표현

- 기쁨, 즐거움
- 좋아함
- 감동
- 슬픔, 안타까움
- 미움, 못마땅함
- 만족
- 불평, 불만
- 편안, 안심
- 걱정, 불안
- 화, 분노
- 놀람
- 두려움, 공포

기쁨과 즐거움을 나타내는 표현

기쁨과 즐거움을 나타내는 한자에는 '즐거울 락(樂)' 자가 있어요. 반대로 고통과 괴로움을 나타내는 한자에는 '쓸 고(苦)' 자가 있지요. 동고동락, 생사고락처럼 성어에 '고'와 '락' 자가 함께 쓰이는 것은 인생 속에 기쁨과 괴로움이 늘 함께하기 때문일 거예요.

깨가 쏟아지다 사이가 좋고 재미있게 지내다.

예) 깨가 쏟아지는 모습을 보니 아직도 신혼인가 봐.

깨는 다른 곡물과 달리 살짝만 털어도 우수수 잘 떨어져요. 깨가 이렇게 쉽게 쏟아지니 즐겁고 재미있는 일이겠지요? 이 표현은 사이가 좋은 사람들에게 사용하는데 특히 신혼 생활을 가리킬 때 주로 사용해요.

단맛 쓴맛 다 보았다 속담 즐거움과 괴로움을 다 겪다.

▶ 쓴맛 단맛 다 보았다 속담

예) 내가 비록 나이는 어려도 인생의 단맛 쓴맛을 다 보았다.

세상살이의 즐거움을 '단맛'에, 고생과 괴로움을 '쓴맛'에 비유한 것입니다. 그러니까 인생을 살면서 즐거움과 괴로움을 모두 겪었다는 뜻이 되는 것이지요.

배꼽을 빼다 매우 우습다.

▶ 배꼽이 빠지다

예) 개그맨의 우스운 행동에 배꼽을 뺐다.

살판이 나다 좋은 일이 생겨 기를 펴다.
▶ 살판을 만나다
예) 일도 잘되고, 우리 가정도 화목하고. 아빤 요즘 **살판나네**!

'살판'은 옛날 광대들이 하던 재주를 말해요. 땅에서 겅중겅중 뛰거나 공중회전을 하는 등 아주 흥겹고 볼만 했다고 해요. 하지만 광대 입장에서는 위험이 따르는 일이라 재주가 잘되면 살판, 못되면 죽을 판이라고 했다고 하네요. 여기서 '살판'이라는 말이 나와 지금은 좋은 일이 생겨서 기를 편다는 의미가 되었어요.

신바람이 나다 어깨춤이 날 정도로 기분이 좋다.
예) 다음 달 여행 갈 생각만 하면 **신바람이 난다**.

일희일비 (성어) 한편으로 기쁘고 한편으로는 슬프다.
一喜一悲: 하나 일, 기쁠 희, 하나 일, 슬플 비
예) 괜찮아, 시험 문제 하나 더 맞히고 못 맞히는 데에 너무 **일희일비**할 필요 없어.

인생에서 기쁜 일과 슬픈 일이 번갈아서 일어난다는 뜻이랍니다.

입이 귀밑까지 찢어지다 기뻐서 입이 크게 벌어지다.
예) 생일 선물을 발견하고는 **입이 귀밑까지 찢어지는** 우리 엄마!

입이 귀에 걸리다 아주 좋아서 싱글벙글하다.
예) 손녀를 보더니 자네 입이 귀에 걸리는구먼!

콧노래가 나오다
기분이 좋아서 저절로 노래를 흥얼거리다.
예) 용돈 받을 생각에 콧노래가 절로 나왔다.

포복절도 (성어) 배를 안고 넘어질 정도로 크게 웃다.
抱腹絶倒: 안을 포, 배 복, 끊을 절, 넘어질 도
▶ 배꼽을 쥐다
예) 그 만화책 너무 재미있지? 나도 포복절도했다니까.

너무 우스워 배를 안고 있는 모습이 배꼽을 쥐고 있는 것과도 같아서 '배꼽을 쥐다', '배꼽을 잡다'라고도 하지요.

희로애락 (성어) 기쁨과 노여움, 슬픔과 즐거움.
喜怒哀樂: 기쁠 희, 성낼 노, 슬플 애, 즐길 락
예) 부부는 인생의 희로애락을 같이하는 사람입니다.

희희낙락 (성어) 매우 기뻐하고 즐거워하다.
喜喜樂樂: 기쁠 희, 기쁠 희, 즐거울 락, 즐거울 락
예) 소풍 가는 날, 아이들은 모두 희희낙락하며 들떠 있었다.

기쁨과 즐거움을 한자어로 희락(喜樂)이라고 해요. 그런데 '희'와 '락'을 반복하여 사용했으니 그만큼 더 기쁘고 즐겁다는 의미지요.

좋아함을 나타내는 표현

좋아하는 마음을 나타낼 때는 '꿈인 것 같다', '눈에 넣어도 아프지 않다', '사족을 못 쓰겠다'처럼 과장된 표현들이 많아요.

가슴이 방망이질하다 몹시 두근거리다.
- 가슴이 두방망이질하다
- 예) 그 애를 처음 본 순간 가슴이 방망이질하여 고개를 들 수 없었어.

심장이 뛰는 것을 방망이질에 비유해 표현한 것이랍니다.

꿈인지 생시인지 간절히 바라던 일이 이루어져 믿기지 않다.
- 꿈이냐 생시냐
- 예) 독후감 대회에서 최우수상을 받다니! 이게 꿈인지 생시인지 모르겠어!

생시(生時: 날 생, 때 시)는 자지 않고 깨어 있을 때를 말해요. 간절히 바라던 일이 이루어져 내가 아직도 꿈을 꾸고 있는 건지 깨어 있는 건지 모를 만큼 행복하고 좋다는 뜻이랍니다.

눈에 넣어도 아프지 않다 매우 사랑스럽다.

예 **눈에 넣어도 아프지 않을** 내 새끼.

눈에 무언가 들어가면 당연히 아프고 고통스럽죠? 그런데도 '눈에 넣어도 아프지 않다'고 표현하는 것은 그만큼 상대방을 아끼고 소중하게 생각한다는 뜻입니다.

더할 나위 없다 더 말할 것도 없이 가장 좋다.

예 이 옷은 물놀이에 **더할 나위 없이** 좋을 것 같아. 휴가 가서 입으면 딱이야!

마음을 주다 좋아하는 마음을 품다.

예 두 집안에서 반대했지만 이미 로미오와 줄리엣은 서로 **마음을 주었다**.

사족을 못 쓰다 너무 좋아서 꼼짝 못 하다.

▶ 사지를 못 쓰다

예 너는 족발이라면 **사족을 못 쓰는구나**.

사족(四足)은 네 발이라는 뜻으로 팔과 다리를 속되게 이르는 말이에요. 팔과 다리를 못 쓰게 되면 꼼짝할 수 없는 상태가 되겠지요? 어떤 사람이나 물건을 너무 좋아하여 그것이라면 꼼짝 못 할 정도라는 표현입니다.

애지중지 성어 매우 사랑하고 소중히 여기다.

愛之重之 : 사랑 애, 어조사 지, 소중할 중, 어조사 지

예 이것은 내가 **애지중지**하는 장난감이라서 누구에게도 양보할 수 없다.

죽고 못 살다 아주 좋아하고 아낀다.

예 우리 둘은 **죽고 못 사는** 사이예요.

너무 좋아하는 사람이나 물건이기 때문에 그 사람이나 그 물건이 없으면 살 수 없다는 뜻이 담긴 표현이에요.

감동을 나타내는 표현

가슴에 와 닿다   크게 공감하다.
예) 아버지 말씀이 **가슴에 와 닿았다**.

가슴을 뒤흔들다   마음을 설레게 하다.
예) 그 가수의 공연은 관객들의 **가슴을 뒤흔들었다**.

가슴을 울리다   마음에 큰 감동을 주다.
예) 어려운 상황에서도 다른 사람을 도왔던 할머니의 사연이 사람들의 **가슴을 울렸다**.

가슴이 뜨겁다   고마운 마음이 크다.
예) 어머니의 희생과 정성을 생각하면 **가슴이 뜨거워져** 눈물이 난다.

가슴이 뭉클하다   감정이 북받치다.
예) 산악인의 에베레스트 정상 등정 영상을 보고 있자니 내 **가슴이 뭉클하다**.

감정이 북받치어 감동이 가슴 가득 꽉 찼다는 뜻이에요.

가슴이 벅차다   숨쉬기 힘들 만큼 감동이 가득하다.
예) 기다리던 오디션에 합격했다는 소식을 듣고 **가슴이 벅찼다**.

'벅차다'에는 감당하기 어려울 만큼 가득하다는 의미가 있어요. 그러니까 이 표현은 가슴 속에 감격이나 기쁨이 넘칠 듯 가득하다는 뜻입니다.

가슴이 찡하다 몹시 감동을 받다.

▶ 코끝이 찡하다
- 예) 콘서트에서의 마지막 노래 때문에 아직도 **가슴이 찡해**.
- 예) 엄마의 편지를 본 순간 **코끝이 찡해졌다**.

'찡하다'는 속이 뻐근해지도록 울린다는 말이에요. '가슴이 찡하다'라고 하면 가슴이 뻐근하게 울리는 것처럼 강한 감동이 일어난다는 뜻이죠. 코끝이 아리고 시큰할 때도 같은 의미로 사용합니다.

감개무량 성어 헤아릴 수 없을 만큼 깊게 느껴지는 감격.
感慨無量: 느낄 감, 슬퍼할 개, 없을 무, 헤아릴 량
- 예) 우리 아들이 100점을 맞다니! **감개무량**하다.

'감개'는 마음속 깊이 사무치게 느낀다는 뜻이에요. '무량'은 헤아릴 수 없을 만큼 크다는 것이죠. 감격할만한 일이나 마음 깊이 감동할 때 사용하는 표현으로 '감개가 무량하다'라고 말하기도 해요.

눈물이 앞을 가리다 눈물이 자꾸 나오다.
- 예) 주인공이 사랑하는 사람과 헤어졌을 땐 **눈물이 앞을 가려** 앞을 볼 수 없을 지경이었어.

앞을 분간할 수 없을 만큼 눈물이 계속 나와 차오르는 상황을 표현한 말이에요.

눈시울이 붉어지다 감동하여 눈물이 핑 돌다.

예 영화가 끝난 후 사람들의 <u>눈시울이 붉어졌다</u>.

속눈썹이 난 눈 주변을 '눈시울'이라고 해요. 감동하여 자기도 모르게 눈물이 핑 돌 때, 눈 주변이 발그레하게 되죠.

심금을 울리다 마음에 감동을 일으키다.

예 휠체어를 타고 끝까지 마라톤을 완주한 청년 이야기가 시청자들의 <u>심금을 울렸다</u>.

부처님이 제자에게 수행을 설명한 데서 심금(心琴: 마음 심, 거문고 금)이란 말이 유래했어요. 거문고의 줄이 지나치게 팽팽하지도, 늘어지지도 않아야 고운 소리가 나듯 수행도 너무 강하거나 약해서는 안 된다는 말씀이었죠. 그러니까 거문고의 줄이 적당해야 사람의 마음을 울리는 소리가 나듯 수행도 그러해야 한다는 뜻이었어요. 지금은 감동했을 때 일어나는 마음의 울림을 일컫는 말로 쓰여요.

콧등이 시큰하다 눈물이 날 만큼 감격하다.

▶ 콧날이 시큰하다, 코허리가 시큰하다

예 비인기 종목의 금메달 소식은 언제 들어도 <u>콧등이 시큰하다</u>.

'콧등', '콧날', '코허리'는 모두 코의 주변을 이르는 말이죠. 감동에 북받쳐 코가 찡한 느낌을 받았을 때, 이런 표현들을 사용해요.

슬픔이나 안타까움을 나타내는 표현

사람의 다양한 감정은 마음으로 느끼잖아요. 마음은 가슴속에 있다고 생각해서 감정과 관련된 표현에는 '가슴'이라는 말이 자주 나온답니다.

가슴에 멍이 들다   마음속에 지울 수 없는 슬픔이 남다.
▶ 가슴에 멍이 지다
예 자식이 손가락질받는 모습을 보면 부모 가슴에 멍이 들지.

무언가에 부딪혀 생긴 고통의 흔적이 멍이지요? 마음속에도 미처 다 치유하지 못한 슬픔이 남아 있을 때 '가슴에 멍이 들다'라고 표현해요.

가슴을 도려내다   마음을 아프게 하다.
예 가슴을 도려내는 아픔에도 불구하고 너를 떠나보내야 했어.

가슴을 앓다   속을 태우며 괴로워하다.
예 혼자 가슴 앓지 말고 고백해. 혹시 걔도 널 좋아하고 있을지 모르잖아.

가슴을 저미다   칼로 베는 듯 마음이 아프다.
예 아이를 떠나보낸 어머니의 이야기는 사람들의 가슴을 저몄다.

'저미다'는 얇게 베어 낸다는 뜻이 있어요. 마음이 칼로 얇게 베어 내듯 쓰리고 아픈 상태를 나타내는 말이지요.

가슴을 찌르다   고통스럽게 하다.
예 그의 말이 내 가슴을 찔렀다.

'가슴을 찌르다'는 뾰족한 말로 가슴에 찌르는 듯한 고통을 주는 것을 말해요.

가슴을 찢다 가슴 아픈 고통을 주다.

㉠ 나를 좋아하지 않는다는 그 애의 말이 내 **가슴을 찢어** 놓았다.

가슴을 치다 원통한 마음으로 안타까워하다.

㉠ 심청이가 인당수에 빠지자 심 봉사는 **가슴을 치며** 통곡했어요.

자기 가슴을 치며 눈물을 펑펑 흘리는 사람을 본 적이 있나요? 아마 마음에 큰 충격을 받았거나 어찌할 수 없는 슬픔과 안타까움 때문에 말도 못 하고 가슴만 치고 있는 걸 거예요. 이렇듯 '가슴을 치다'는 행동과 뜻이 연결되어 있어요.

가슴이 무겁다 슬픔이나 걱정으로 마음이 가라앉다.

㉠ 교통사고로 부모님을 잃은 친구 이야기에 **가슴이 무거워졌다**.

어떤 일이나 사람에 대해 큰 책임을 느껴 걱정하고 슬퍼하는 것을 뜻해요.

가슴이 무너져 내리다
심한 충격을 받아 마음을 다잡기 힘들다.

㉠ 노란 장미 꽃말이 '이별'이라니. 어이없는 실수로 헤어져 **가슴이 무너져 내렸다**.

가슴이 미어지다
슬픔이 가득 차 견디기 힘들다.

▶ 창자가 미어지다

㉠ 할머니가 돌아가셨다는 소식에 **가슴이 미어지는** 것 같았다.
㉠ 병원에 누워 계신 아빠를 생각하면 **창자가 미어지는** 것 같아.

'미어지다'는 가득 차서 터질 듯하다는 뜻이에요. 마음속에 슬픔과 고통이 가득 차서 금방이라도 터질 것 같을 때 '가슴이 미어지다'라고 해요. '가슴' 대신 '창자'를 쓰기도 해요.

가슴이 아리다　마음이 찌르는 듯이 알알하게 아프다.
예 견우와 직녀는 오작교에서 가슴 아린 이별을 겪었대.

'아리다'는 상처가 찌르는 듯 아프다는 뜻이에요. '가슴이 아리다'는 몹시 가엾거나 불쌍해서 마음이 찌르는 듯이 아플 때 사용하는 표현이랍니다.

가슴이 아프다　슬픔이나 안타까움으로 마음이 아프다.
예 뉴스를 통해 가슴 아픈 사고 소식을 들었다.

가슴이 찢어지다　슬픔으로 인해 고통스럽다.
예 고생하시는 엄마를 생각하면 가슴이 찢어져.

땅을 치다　몹시 분하고 애통하다.
예 어머니는 아들의 사고 소식에 땅을 치며 통곡하셨다.

목메다　감정이 북받쳐 목소리가 잘 나오지 않다.
예 실종됐던 아들을 찾자 아버지는 목메어 울었다.

'목메다'는 슬픈 감정과 울음이 목까지 차올라 말이 잘 나오지 않는 상황에서 사용해요.

애가 터지다　속이 상하고 초조하다.
예 놀이터에서 맞고 들어온 동생을 보고 있자니 애가 터진다.

'애'는 몸속의 창자를 이르는 옛말이에요. 창자가 터질 만큼 몹시 속이 상했다는 의미랍니다.

애간장을 태우다　몹시 초조하여 속을 태우다.
▶ 애간장이 녹다
예 갑자기 엄마와 연락이 안 돼서 애간장을 태웠어.

'애간장'은 간과 창자를 말해요. 같은 말을 두 번 사용해서 강조한 표현이죠.

억장이 무너지다 깊은 슬픔으로 몹시 괴롭다.

예 도둑으로 오해받았을 때만 생각하면 지금도 억장이 무너진다니까.

'억장'은 아주 높은 높이를 말해요. '억장이 무너지다'는 매우 높고 단단했던 마음이 와르르 무너져 깊이 절망하고 괴로울 때 사용하는 표현이에요.

창자가 끊어지다 슬픔이 너무 커서 참기 어렵다.

▶ 단장 성어

예 어머니는 수술실에 들어가는 딸을 보고 창자가 끊어지는 듯했다.

중국 진나라의 한 병사가 새끼 원숭이를 한 마리 잡아 왔는데, 그 새끼 원숭이의 어미가 백 리를 따라와 새끼 원숭이가 있는 배 위로 뛰어오르더니 죽고 말았대요. 나중에 어미 원숭이의 배를 갈라 보니 창자가 모두 토막토막 끊어져 있었다고 해요. 이 옛이야기에서 가슴 아픈 이별이나 큰 슬픔을 의미하는 '창자가 끊어지다'라는 표현이 나왔어요. '단장'이라는 성어로도 표현해요.

창자를 끊다 몹시 슬프다.

예 장례식장에는 창자를 끊는 듯한 통곡 소리가 가득했다.

하늘이 노랗다 큰 충격을 받고 절망하다.

예 선생님께 거짓말한 사실을 들키면 어쩌지? 생각만 해도 하늘이 노랗다.

의학적으로 큰 충격을 받거나 너무 슬프면 뇌로 가는 혈관이 좁아져 세상이 노랗게 보일 때가 있다고 해요.

미움과 못마땅함을 나타내는 표현

미워하는 감정은 다른 사람을 곱게 보지 않는 시선과 관련 있어서 그런지 얼굴 중에서도 '눈'이 들어간 표현이 많아요.

곱지 않다 좋아 보이지 않다.
예) 죄인을 바라보는 사람들의 시선이 <u>곱지 않았다</u>.

구역질이 나다 상대방의 하는 짓이 속에 거슬리게 싫다.
예) 자신의 잘못을 조금도 인정하지 않는 저 사람을 보니 <u>구역질이 난다</u>.

귀에 거슬리다 듣기 싫다.
▶ 눈에 거슬리다
예) 오빠랑 싸운 후라 그런지 오빠 밥 먹는 소리도 <u>귀에 거슬린다</u>.

'거슬리다'는 상대방의 말과 행동이 순순히 받아들여지지 않고 기분이 상하는 것을 말해요.

꼴같잖다 하는 짓이나 생김새가 보기 싫다.
예) 겨우 그런 일로 집을 나가? <u>꼴같잖은</u> 녀석.

'꼴'은 겉모양을 낮잡아 이르는 말이에요. '같잖다'는 겉모양이 보기 싫고 거슬린다는 뜻이지요. 상대방의 하는 짓이나 생김새가 못마땅할 때 사용하는 표현이랍니다.

꼴이 사납다 하는 짓이 아주 많이 보기 싫다.
▶ 눈꼴사납다
예) 놀부는 <u>꼴사나운</u> 짓만 골라 해서 동네 사람들의 눈총을 받았어요.

'사납다'는 생김새가 험하고 무섭다는 뜻이 있어요. '꼴이 사납다'는 상대방의 겉모습뿐 아니라 행동이나 말투까지도 보기 싫고 밉다는 의미로 확대해서 사용한답니다.

눈 밖에 나다　신뢰를 잃고 미움을 받다.
例 매번 약속을 안 지키니 엄마 눈 밖에 나지.

눈엣가시　보기 불편한 사람.
例 신데렐라는 새엄마에게 눈엣가시 같은 존재였어요.

눈에 가시가 들어가면 얼마나 아프고 불편할까요? 가시처럼 거슬리고 불편한 존재, 보기 싫고 미운 사람을 이르는 말입니다.

눈을 흘기다　못마땅하게 노려보다.
例 누나는 아직도 화가 덜 풀렸는지 눈을 흘기며 문을 쾅 닫았다.

'흘기다'는 눈동자를 옆으로 굴려 못마땅하게 노려본다는 뜻이에요. 상대방의 잘못을 원망하고 싶을 때 종종 옆으로 노려보게 되죠? 그럴 때 사용하는 표현이랍니다.

눈이 시다　하는 짓이 거슬리어 보기 싫다.
▶ 눈꼴시다
例 자기 혼자 잘난 척하며 떠들어 대니 도저히 눈이 시어 못 보겠어.

'시다'는 강한 빛을 받아 눈이 부시는 상황을 말합니다. 너무 눈이 부시면 인상을 찌푸리게 되고 상대방 모습도 보기 어렵지요. 강한 빛 때문이 아니라 보기 싫은 사람이나 싫은 행동으로 인상이 찌푸려질 때 '눈이 시다', '눈꼴시다'라고 표현한답니다.

눈초리가 따갑다　못마땅한 눈으로 쳐다보다.
例 주변 사람들의 눈초리가 따갑게 느껴져 뒤돌아보니 내가 앉은 자리는 경로석이었다.

'눈초리'는 무언가를 바라볼 때의 눈의 모양새예요. '따갑다'는 찌르는 듯이 아픈 느낌이죠. 못마땅한 마음을 잔뜩 담아서 상대방을 찌르듯 날카롭게 보고 있는 상황을 의미해요.

눈총을 맞다 남의 미움을 받다.

예 좀 더 빨리 버스 타려고 새치기를 하다 사람들의 **눈총을 맞았다**.

'눈총'은 눈으로 쏘는 총이에요. 어떤 사람이 밉거나 못마땅할 때 노려보는 시선을 말해요. '눈총을 맞다'는 눈치 없는 행동으로 상대방의 미움을 받는 상황을 나타내는 표현이에요. 눈에서 나온 레이저를 맞는다고 생각하면 이해하기 쉬울까요?

눈총을 쏘다 몹시 쏘아보다.

예 장난치는 민수에게 그만하라고 **눈총을 쏘았다**.

눈총을 주다 눈치를 주다.

예 현아는 내가 물감을 빌려 쓸 때마다 **눈총을 줬다**.

도끼눈을 뜨다 화가 나서 무섭게 쏘아보다.

예 형은 **도끼눈을 뜨고** 나를 노려보았다.

너무 화가 나서 상대방을 무섭게 노려보는 눈을 '도끼눈'이라고 해요.

미운털이 박히다 미움을 받다.

예 자꾸 나만 음정이 틀려서 합창단에서 **미운털이 박혔어**.

살갗에 콕 박혀 빠지지도 않는 털을 보고 있으면 기분까지 좋지 않지요? '미운털이 박히다'는 이미 생긴 좋지 않은 감정들이 마음속에 박혀서 무슨 행동을 해도 좋게 보이지 않을 때 사용하는 표현이에요.

밥맛없다   마음에 들지 않아 상대할 마음이 없다.
🔸 어찌나 잘난 척을 하는지 <u>밥맛없어</u> 죽는 줄 알았네.

'밥맛이 없다'와 '밥맛없다'는 비슷해 보이지만 그 뜻은 전혀 다르답니다. '밥맛이 없다'는 음식을 먹을 마음이 나지 않는다는 뜻이고, '밥맛없다'는 어떤 사람이 무척 마음에 들지 않아 상대하기도 싫다는 뜻이에요.

밥맛이 떨어지다   말과 행동이 불쾌하다.
🔸 그때 일만 생각하면 <u>밥맛이 떨어져</u>.

밥알이 곤두서다   소화가 되지 않을 정도로 기분이 나쁘다.
🔸 콩쥐를 괴롭히는 얄미운 팥쥐만 생각하면 <u>밥알이 곤두서는</u> 것 같아.

'곤두서다'는 거꾸로 꽂꽂이 선다는 뜻인데 기분이 좋지 않거나 신경이 날카로울 때도 쓰는 말이에요. 밥은 먹으면 서서히 소화되지요? 그런데 밥알이 소화되지 못하고 하나하나 곤두선다는 표현은 상대방의 말과 행동이 너무 거슬리고 싫다는 것을 비유적으로 나타내는 거예요.

배가 아프다   남이 잘되는 것을 보고 심술이 나다.
▶ 배를 앓다
🔸 친구가 상을 타는 모습을 보니 <u>배가 아팠다</u>.

'사촌이 땅을 사면 배가 아프다'라는 속담에서 나온 말입니다. 남이 잘되는 것을 보면 샘이 나고 약이 오른다는 의미지요.

배알이 꼴리다   기분이 나쁘고 보기 싫다.
▶ 배알이 뒤틀리다
🔸 친구가 설날에 받은 세뱃돈을 너무 자랑해서 <u>배알이 꼴렸다</u>.

창자를 속되게 '배알'이라고 해요. 배알이 꼴린다는 것은 창자가 꼬일 정도로 몹시 마음이 편치 않다는 뜻이지요.

비위가 사납다 마음에 거슬리고 기분이 나쁘다.
- 예) 잘난 척하는 저 사람을 보면 은근히 **비위가 사나워진다**.

비위가 상하다 기분이 나쁘고 속이 상하다.
▶ 비위가 뒤집히다
- 예) 동창회만 가면 **비위가 상하는** 일이 한두 개가 아니다.

맛있는 음식을 보고 먹고 싶어 하는 것을 '비위가 동하다'라고 해요. 반대로 상한 음식을 보고 토할 것 같은 것을 '비위가 상하다'라고 표현하지요. 상대방의 말과 행동으로 기분이 언짢아 금방이라고 토할 것 같이 속이 상할 때에도 '비위가 상하다'라고 표현해요.

비위를 뒤집다 상대방 속을 상하게 하다.
- 예) 가뜩이나 기분이 별로인데, 자꾸 **비위 뒤집을** 거니?

사촌이 땅을 사면 배가 아프다 〔속담〕
남이 잘되는 것을 기뻐해 주지 않고 오히려 질투한다.
- 예) **사촌이 땅을 사면 배가 아프다**더니, 내가 잘되는 게 그렇게 배가 아파?

원래 뜻은 옛날 농촌 마을에서 이웃사촌이 땅을 사면 품앗이하여 도와줄 일이 더 많아지니까 일부러 배가 아프다고 꾀병을 부렸다는 것입니다. 그런데 지금은 의미가 변하여 시샘하고 질투한다는 뜻에 더 가까워졌네요.

속에 얹히다 마음에 걸리는 일이 있어 기분이 좋지 않다.
- 예) 아빠는 출장에서 내 선물을 못 사 온 것이 내내 **속에 얹혔다고** 하셨다.

'얹히다'는 '체하다'와 비슷한 뜻이에요. 먹은 음식이 잘 소화되지 않고 뱃속 어느 한구석에 딱 걸려 넘어가지 않는 것이죠. 속에 무엇인가 걸려 있는 것처럼 마음에 걸리는 일이 있을 때 '속에 얹히다'라는 표현을 사용해요.

속이 뒤집히다 몹시 아니꼽게 느껴지다.

예 화가 나서 **속이 뒤집힐** 지경이다.

'속이 뒤집히다'는 울렁울렁 토할 것 같고 메스꺼운 상태를 말해요. 상대방의 말이나 행동만 봐도 속이 뒤집히니 몹시 아니꼽고 싫다는 뜻으로 확장해 사용하기도 하지요.

언짢다 마음에 들지 않아 약간 불쾌하다.

예 지금부터 내가 하는 말을 **언짢게** 생각하지 말고 잘 들어 봐.

얼굴을 찌푸리다 마음에 들지 않다.

예 사람들은 개똥을 치우지 않고 가는 개 주인을 보고 **얼굴을 찌푸렸다**.

이맛살을 찌푸리다 매우 언짢고 못마땅하다.

예 아빠는 내 말이 못마땅하신 듯 **이맛살을 찌푸렸다**.

기분이 매우 언짢아 얼굴을 찡그리면 이마에도, 두 눈썹 사이에도 주름이 생기겠지요? 그래서 '이맛살을 찌푸리다', '눈살을 찌푸리다', '미간(眉間: 눈썹 미, 사이 간)을 찌푸리다'라는 말이 생겼어요. 모두 못마땅하다는 뜻을 나타낸답니다.

인상을 쓰다 못마땅해서 좋지 않은 표정을 짓다.

예 싫은 게 있으면 **인상 쓰지** 말고 대화로 풀어 보자.

혀를 차다 못마땅한 기분을 나타내다.

▶ 혀끝을 차다

예 할머니는 찢어진 청바지를 입은 사람만 보면 **혀를 차며** 못마땅해했다.

안타깝거나 못마땅할 때 혀를 입천장에 붙였다 뗐다 하면서 '쯧쯧' 하고 소리를 내는 것을 표현해요.

만족을 나타내는 표현

무엇인가 바라던 것이 이루어지거나 문제가 해결되었을 때 막혔던 곳이 뚫린 듯 마음속에 시원하고 흡족한 느낌이 들지요. 그래서 만족을 나타내는 표현에는 '시원하다', '차다', '맞다'라는 느낌의 말이 종종 들어가요.

가려운 곳을 긁어 주듯 꼭 필요한 것을 알아서 만족시켜 주다.
▶ 가려운 데를 긁어 주다
예 <u>가려운 곳을 긁어 주듯</u> 엄마는 내가 필요한 것을 딱딱 챙겨 주신다.

가슴이 뿌듯하다 기쁨이나 감격이 마음에 가득 차서 벅차다.
예 꽉 찬 돼지 저금통을 보니 <u>가슴이 뿌듯해</u>.

가슴이 후련하다 문제가 해결되어 마음이 시원하다.
예 벼르고 벼르던 대청소를 했더니 <u>가슴이 후련하다</u>.
마음이 답답하거나 언짢던 것이 풀려서 만족스럽고 시원하다는 표현이에요.

금상첨화  좋은 것 위에 더 좋은 것을 더한다.
錦上添花: 비단 금, 위 상, 더할 첨, 꽃 화
예 보쌈 고기에 맛있는 김치까지 더하니 <u>금상첨화</u>가 따로 없네.
'금상첨화'를 풀이하면 비단 위에 꽃을 더한다는 뜻이에요. 이 말은 왕안석의 시에서 유래했다고 해요. 좋은 모임에 초대받아 술을 마시면서 노래까지 듣게 되어 비단 위에 꽃을 더한 듯 좋다는 내용의 시였죠. 주로 '~에 ~까지 더하니 금상첨화다'라는 식으로 쓰입니다.

누이 좋고 매부 좋다 〈속담〉 서로 다 이롭고 좋다.
- 예) 너는 용돈 벌어서 좋고, 엄마는 설거지 안 해서 좋고. **누이 좋고 매부 좋은** 일이지.

'매부'는 누나의 남편을 부르는 말이에요. '누이 좋고 매부 좋다'는 누이는 매부를 만나 시집을 가니 좋고, 장가를 못 간 매부는 누이를 만나 장가를 드니 양쪽 다 좋다는 뜻이죠. 서로서로 만족한다는 의미로 사용됩니다.

눈에 들다   사람의 마음에 들다.
- ▶ 마음에 들다
- 예) **눈에 딱 드는** 옷을 발견했어.

눈에 차다   마음에 흡족하게 여기다.
- ▶ 마음에 차다
- 예) **눈에 차는** 물건이 없으니 다른 곳에 가 보자.
- 예) 이번에 그린 그림이 제일 **마음에 찬다**.

발걸음이 가볍다   마음의 부담이 없어 기분이 상쾌하다.
- 예) 방학 숙제를 다 하고 나니 **발걸음이 가벼워졌다**.

성에 차다   흡족하게 여기다.
- ▶ 성이 차다
- 예) 밥을 두 공기나 먹고도 **성에 차지** 않는다고?

'성'은 사람이 태어나면서부터 지닌 본연의 성품을 뜻해요. 그러니까 '성에 차다'는 본성에 흡족하여 마음에 든다는 뜻이에요. 주로 '않다'와 같은 부정어와 함께 쓰여 만족하지 않는다는 의미를 지닐 때가 많아요.

속이 시원하다 마음이 상쾌하다.
- 예) 신부님께 그동안 잘못했던 것을 이야기하고 나니 **속이 시원했다**.

바라던 바가 이루어지거나 걱정하던 것이 풀려 마음이 뚫린 듯 후련하고 흐뭇하다는 뜻이에요.

유감없이 섭섭한 마음 없이.
- 예) 월드컵에 참가한 축구 선수들은 그동안 쌓은 실력을 **유감없이** 발휘했다.

'유감'은 마음에 남아 있는 서운함을 말해요. 그러니까 '유감없이'라고 하면 불만이나 서운함이 없이 흡족하다는 뜻이 되지요.

입에 맞다 좋아하는 취향에 맞다.
- ○ 입맛에 맞다
- 예) 이건 딱 아빠 **입에 맞는** 프로그램이잖아요! 자연이 나오는 다큐멘터리!

입에 맞는 떡 <속담> 마음에 꼭 드는 일이나 물건.
- 예) 가게에 옷을 다 뒤져서 결국 **입에 맞는 떡**을 찾았어!

여기서도 '입에 맞다'는 것은 '입맛에 맞다'는 것이에요. 내 입맛에 딱 맞는 떡이니 마음에 쏙 든다는 만족의 의미죠.

재미를 보다 성과를 올리다.

🔘 새로운 게임을 개발해서 큰 **재미를 보고** 있다.

여기에서 '보다'는 직접 겪어 보았다는 뜻이에요. 어떤 일에서 좋은 성과나 보람을 얻어 매우 만족하고 있다는 의미랍니다.

직성이 풀리다 일이 잘 풀려 마음이 흡족하다.

🔘 나는 청소를 꼼꼼하게 해야 **직성이 풀려**.

직성(直星: 곧을 직, 별 성)이란 사람의 나이에 따라 그의 운명을 맡은 아홉 개의 별을 말해요. 옛날 사람들은 이 직성의 변화에 따라 운이 좋고 나쁨이 결정된다고 믿었어요. 흉한 직성의 때가 끝나고 길한 직성이 찾아오면 운수가 잘 풀린다고 생각한 것이지요. 그러니까 '직성이 풀리다'는 운수가 잘 풀려 마음이 흡족한 상태를 나타내는 표현이에요.

천하를 얻은 듯 더는 바랄 것이 없는 정도.

🔘 동생은 생일 선물로 원하던 로봇 장난감을 받자 **천하를 얻은 듯** 기뻐했다.

'천하'는 하늘 아래에 있는 모든 세상을 일컫는 말이에요. 천하를 얻으면 더는 얻을 것이 없겠죠? 마치 온 세상이 제 것이나 된 듯 몹시 만족하고 기뻐함을 뜻해요.

쾌재를 부르다 일이 뜻대로 잘되어 기쁘다.

🔘 비가 오면 우산 장수는 **쾌재를 부르지만**, 소금 장수는 울상을 짓는다.

'쾌재'를 한자 그대로 풀이하면 상쾌하다는 뜻이에요. "아! 상쾌해!", "시원하다!"처럼 일이 잘 풀려서 감격의 뜻으로 외치는 말이죠. 또는 그렇게 잘 풀린 통쾌한 일을 가리킬 때도 쓰입니다.

불평과 불만을 나타내는 표현

가시가 돋다 불만이 있다.
- 가시가 돋치다
- 예) 그는 얼굴에 불만이 가득한 채 가시 돋친 말을 쏟아 냈다.

상처를 주기 위한 말이나 행동을 '가시'에 빗대서 표현한 거예요.

가시가 박히다 나쁜 의도를 담아 말하다.
- 예) 너는 왜 가시 박힌 말만 골라서 하는 거니?

귀먹은 푸념 상대방은 듣지 못하는 데서 하는 불평.
- 예) 그렇게 귀먹은 푸념만 반복하면 무슨 소용이 있니?

'푸념'은 불평하는 말을 의미해요. '귀먹다'는 귀가 어두워져서 소리가 잘 들리지 않는다는 뜻이죠. 즉 상대방이 듣지 못하는 데서 혼자 하는 불평을 말해요.

바가지를 긁다 잔소리를 심하게 하다.
- 예) 아내가 바가지를 긁는 소리는 너무 듣기 힘들다.

바가지를 박박 문질러 긁으면 듣기 싫은 소리가 나지요? 남이 하는 불평이나 잔소리도 바가지 긁는 소리처럼 듣기 싫다는 공통점에서 이런 표현이 나왔답니다.

입을 삐죽이다 소리 없이 불평하다.

ⓔ 민채는 엄마의 잔소리에 입을 삐죽였다.

입이 나오다 불만을 표시하다.

ⓔ 엄마가 장난감을 사주지 않자 시하는 입이 나와 방으로 들어가 버렸다.

무언가에 화가 났거나 불만이 있어서 토라져 있을 때, 입이 쭉 나와 있는 모양을 표현한 말이에요.

편안과 안심을 나타내는 표현

마음이 편하고 걱정이 없는 상태를 나타내는 표현들이에요. 마음이 편할 때의 우리 모습들이 담겨 있어요. 표현 중에는 '팔자'라는 말이 들어 있는데 사람의 한평생 운수인 사주팔자를 의미하지요.

가슴을 쓸어내리다 어려운 일이 해결되어 안심하다.
예 쇼핑몰에서 잃어버린 아들을 찾아 엄마는 가슴을 쓸어내렸다.

늘어진 개 팔자 걱정 없이 편안한 생활을 하다.
예 방학이라고 늘어진 개 팔자로구나. 가만히 TV만 보지 말고 나가서 운동이라도 하렴.

따뜻한 햇볕 아래에서 혓바닥을 축 늘어뜨리고 배를 깔고 누운 개를 본 적 있나요? 그렇게 편해 보일 수 없지요? 흔히 사람들은 개를 보고 놀고먹는 편한 생활을 한다고 생각하는 경향이 있어요. 그래서 큰 걱정 없이 호강하며 사는 사람들을 '개 팔자', '오뉴월 개 팔자' 또는 '늘어진 개 팔자'에 비유하곤 합니다.

다리를 뻗고 자다 마음 놓고 편히 자다.

🔵 밀린 숙제 다 했으니 이제 **다리 뻗고 자야겠다.**

다리는 걷고 뛰고 서느라고 종일 쉴 틈이 없죠? 바닥에 무릎을 굽히지 않은 상태로 두 다리를 놓아두는 것을 '다리를 뻗다'라고 해요. 사람이 온몸에 긴장을 풀고 편한 자세로 쉴 때 다리를 뻗게 되죠. 어려운 일이 해결되어 마음 편하게 자는 것을 두고 '다리를 뻗고 자다'라고 한답니다.

숨통이 트이다 답답한 상황에서 벗어나다.

🔵 이번 일이 잘돼서 다행이야. 급한 불도 끄고 **숨통이 트였어.**

'숨통'은 숨을 쉴 때 공기가 흐르는 관을 말해요. 숨통이 막힌다면 너무 답답하겠죠? 어렵고 힘든 일을 겪어 답답한 와중에 막혀 있던 문제들이 해결된 상황을 설명한 표현이에요.

얼굴이 펴지다 근심이 사라져 얼굴이 좋아지다.

🔵 그는 아버지의 격려를 받고 **얼굴이 펴졌다.**

근심이 있으면 얼굴에 그늘이 지고 주름이 생기지요? 반대로 근심이 해결되면 움츠렸던 꽃잎이 활짝 펴지는 것처럼 얼굴도 생기가 돌고 펴지지요.

팔자가 늘어지다 걱정이 없어 사는 것이 편하다.

🔵 커피숍에서 한가하게 커피나 마시고 **팔자가 늘어졌구려.**

'팔자가 늘어지다'는 팔자로 따져 본 운수가 아주 좋다는 뜻이기는 하지만, 하는 일 없이 편안하게 지낸다고 빈정대는 의미로 쓰이기도 한답니다.

걱정과 불안을 나타내는 표현

가슴을 태우다
몹시 초조하고 애태우다.

> 예 우리 집 강아지가 집을 나가 가족들이 **가슴을 태우며** 얼마나 찾았는지 모른다.

가슴이 떨리다
걱정되고 조마조마하다.

> 예 밤늦게 혼자 집에 갈 때는 뒤에서 작은 소리만 나도 **가슴이 떨린다**.

가슴이 덜덜 떨리는 것과 두근두근 떨리는 것은 느낌이 다르지요? '가슴이 떨리다'라는 표현은 두렵고 걱정되는 상황에서는 조마조마하다는 뜻으로, 행복하고 희망적인 상황에서는 기대된다는 뜻으로 사용할 수 있어요.

가슴이 뜨끔하다
깜짝 놀라거나 양심에 찔리다.

> 예 선생님의 질문에 **가슴이 뜨끔했지만**, 끝까지 모른 척했다.

'뜨끔하다'는 불에 닿은 것처럼 마음에 찔려 화끈하다는 뜻이에요. 부모님께 거짓말이 들통날 뻔하거나 잘못을 하고 들킬 뻔할 때 가슴이 뜨끔하지요.

가슴이 타다
걱정이 많아 애가 타다.

> 예 부모는 늘 자식 걱정으로 **가슴이 탄다**.

불이 벌겋게 붙어서 재로 변하는 것을 '타다'라고 말해요. 가슴이 탄다는 것은 걱정과 고민으로 불이 붙어 마음이 재가 된다는 뜻이에요. 초조하고 불안한 심정을 나타낸 것이지요.

간을 졸이다 매우 걱정이 되어 마음을 놓지 못하다.

예) 합격 발표가 나는 날, 온종일 간 졸이며 지냈다.

몸속의 간은 독소를 제거하는 일을 하는데 스트레스와 마음 상태에 직접적인 영향을 받아요. '졸이다'는 걸쭉하게 끓여서 줄어들게 하는 것을 말해요. 그러니까 '간을 졸이다'는 근심이나 걱정으로 마음이 쪼그라드는 거라고 이해하면 쉽죠.

간이 조마조마하다 마음이 불안하다.

예) 막차를 놓칠까 봐 간이 조마조마했어.

'조마조마하다'는 닥쳐올 일이 걱정되어 마음을 놓을 수 없을 만큼 불안하다는 뜻이에요.

간장을 태우다 마음을 몹시 불안하게 만들다.

예) 그만 간장을 태우고 어서 말 좀 해 봐. 그래서 어떻게 됐는데?

그늘이 지다 걱정이 있어서 표정이 어둡다.

예) 그 아이는 늘 얼굴에 그늘이 져 있다.

노심초사 (성어) 몹시 마음을 쓰며 애를 태우다.

勞心焦思: 일할 로, 마음 심, 그을릴 초, 생각할 사

예) 오늘 소풍이 취소될까 봐 얼마나 노심초사했는지 몰라.

'노심'은 마음을 수고롭게 한다는 뜻이고, '초사'는 애를 태우며 생각한다는 뜻이에요. 걱정하며 애태우는 상황에서 주로 사용하지요.

뒷맛이 쓰다 어떤 일이 끝난 후 기분이 좋지 않다.

예) 결국 그 애와 화해는 했지만, 뒷맛이 쓰고 찝찝하다.

똥줄이 타다   몹시 절박하고 긴장이 되다.

▶ 똥끝이 타다

예 시간은 없지, 시험 문제는 아직 덜 풀었지. 그땐 정말 **똥줄이 탔었어**.

가끔 급하게 볼일을 보면 기다란 똥이 쑥 나오지요? 그게 '똥줄'이에요. 어떤 일을 할 때 똥의 줄기까지 까맣게 될 정도로 애를 태우며 근심한다는 뜻이에요.

마른침을 삼키다   몹시 긴장하다.

예 영희는 무대 뒤에서 **마른침을 삼키며** 순서를 기다리고 있었다.

정말 긴장이 되면 입속의 침이 바짝 말라요. 또 자기도 모르게 자꾸만 침을 삼키게 되지요. '마른침을 삼키다'라는 표현은 이 두 행동을 같이할 정도로 몹시 긴장된다는 뜻이에요.

머리가 무겁다   기분이 좋지 않고 머리가 띵하다.

▶ 머리가 아프다

예 시험 생각만 하면 **머리가 무겁다니까**.

발길이 내키지 않다   가고 싶지 않은 마음에 주저주저하다.

▶ 발길이 무겁다

예 오늘 등산은 왠지 **발길이 내키지 않아**.

'발길'은 앞으로 움직여 걸어 나가는 발을 의미해요. '내키다'는 하고 싶은 마음이 생긴다는 뜻이죠. '발길이 내키지 않다'는 가기는 가야겠는데 마음이 내키지 않아서 머뭇거릴 때 사용하는 표현이에요.

벙어리 냉가슴 앓듯 속담
답답한 사정이 있어도 남에게 말하지 못하고 괴로워하다.

예) **벙어리 냉가슴 앓듯** 혼자 끙끙대지 말고 툭 터놓고 말해 봐.

'냉가슴'은 혼자서 속으로만 걱정하는 모습을 표현한 말이죠. 말을 못 하는 사람은 당연히 하고 싶은 말이 있어도 하지 못하겠죠? 이렇듯 입이 있고 말을 할 수 있지만, 함부로 말을 못 하는 상황을 표현한 말이 '벙어리 냉가슴 앓듯'입니다.

속을 끓이다   몹시 걱정하다.
예) 할머니는 삼촌이 결혼하지 않아 **속을 끓이고** 있어요.

혼자 근심하며 다른 사람에게 속사정을 이야기하지 못한다는 의미를 담고 있어요.

속을 썩이다   마음을 상하게 하다.
예) 이제 나이가 그만하니, 부모 **속 좀 그만 썩여라**.

주로 부모와 자식 관계, 상사와 부하 관계에서 말을 제대로 듣지 않을 때 사용하는 표현이에요.

속이 타다   몹시 걱정되어 마음을 졸이다.
예) 부모님은 아이가 밤이 되도록 집에 들어오지 않아 **속이 탔다**.

손에 땀을 쥐다   마음이 조마조마하다.
예) 김연아 선수의 경기는 **손에 땀을 쥘** 정도로 긴장감이 넘쳤다.

너무 긴장하면 나도 모르게 주먹을 불끈 쥐게 되고 손 사이로 땀이 흘러서 손바닥이 젖게 돼요.

손에 잡히지 않다   마음이 어지러워 일할 수가 없다.

🟣 엄마는 감기 걸린 아이 걱정에 일이 <u>손에 잡히지</u> 않았다.

앞이 캄캄하다   어찌할 바를 모르다.

🟣 이 많은 숙제를 어떻게 다 할지 <u>앞이 캄캄하다</u>.

눈을 감거나 불을 끄면 앞이 캄캄하죠? 앞이 캄캄하면 무슨 물건이 있는지, 어느 길로 가야 하는지 분간하기가 어려워요. 어려운 일이 생겨서 어떻게 할지 모르는 답답한 마음을 표현한 말이랍니다.

애가 닳다   마음이 초조하고 속이 달아오르다.

🟣 봉선이는 어제 남겨 둔 빵을 오빠가 먹을까 봐 <u>애가 닳은</u> 채 뛰어갔다.

'애'는 창자를 나타내는 말이에요. '닳다'는 어떤 것을 너무 오래 써 낡아지는 것이죠. 걱정으로 창자가 다 닳아 버릴 것 같은 심정일 때 사용하는 표현이에요.

애가 마르다   초조하여 속이 상하다.

🟣 애 낳으러 간 아내가 수술실에서 나오지 않아 <u>애가 마르는</u> 듯했다.

애간장을 말리다   몹시 괴롭히거나 걱정을 시키다.

🟣 소희는 밥을 잘 안 먹어 엄마의 <u>애간장을 말리는</u> 딸이다.

좀이 쑤시다   잠시도 가만히 있지 못하다.

🟣 영화 시간이 두 시간이 넘어가자 영희는 <u>좀이 쑤시는지</u> 가만히 앉아 있질 못했다.

'좀'은 옷이나 종이 등을 갉아 먹는 해충이에요. 만일 좀이 사람 몸에 들어와 쑤시기 시작하면 가려워서 잠시도 가만히 있지 못한대요. 이런 모습에 빗대어, 잠시도 가만히 있지 못하고 일어나 돌아다니거나 어찌할 바를 모르고 안절부절못할 때 좀이 쑤신다는 표현을 쓰는 것이죠.

좌불안석 성어 앉아도 자리가 편하지 않다.

坐不安席: 앉을 좌, 아니 불, 편안할 안, 자리 석

예) 형이 아끼던 장난감이 망가진 걸 알까 봐 **좌불안석**이다.

마음이 불안하거나 걱정스러워 자리에 가만히 앉아 있지 못하고 안절부절못하는 모양을 이르는 말이에요.

피가 마르다 몹시 괴롭고 애절하다.

예) 컴퓨터에서 합격자 발표 화면으로 넘어가는 순간 **피가 마르는** 심정이었다.

피를 말리다 몹시 괴롭히거나 걱정을 시키다.

예) 축구가 연장전으로 접어들면서 **피를 말리는** 경기가 진행되고 있습니다.

'말리다'는 오랜 시간 서서히 마르게 한다는 말이어서 '피를 말리다'는 지속해서 괴롭히는 과정을 표현한 말이랍니다.

화와 분노를 나타내는 표현

화는 못마땅하거나 언짢아서 성을 내는 것인데 한자로 '불 화(火)' 자를 쓰지요. 그래서 화, 분노를 나타내는 표현에는 '불'이나 '열', '붉은색'이 자주 등장한답니다.

거품을 물다   몹시 화를 내며 흥분하다.

예) 경찰서에 오자 그 사람은 오히려 자신이 피해자라며 입에 **거품을 물고** 이야기했다.

'거품'은 입에서 나온 속이 빈 침방울을 말해요. '거품을 물다'는 몹시 화가 나서 거친 말을 뱉어낼 때 입속 침방울들이 입가에 묻은 모습에서 나온 표현이에요. 너무 격분한 마음이라 미처 입가의 침을 닦을 새가 없는 것이죠.

골이 상투 끝까지 나다   견딜 수 없을 정도로 화가 나다.

예) 동생이 멋대로 내 가방을 뒤져서 **골이 상투 끝까지 났다**.

'골'은 언짢은 일을 당하여 벌컥 내는 화를 말해요. '상투'는 옛날 장가간 남자들이 정수리 위에 머리를 틀어 감아 맨 것을 말하죠. '골이 상투 끝까지 나다'는 더는 올라갈 데가 없을 정도로 화가 났다는 표현이에요.

눈에 불을 켜다   화가 나서 눈을 부릅뜨다.

예) 미안하다고 말했지만, 언니는 **눈에 불을 켜고** 나를 노려보았다.

눈에 불이 나다   몹시 화가 나다.

예) 근거 없는 소문 때문에 **눈에 불이 났지만** 말리는 친구 덕분에 겨우 참을 수 있었다.

눈에 쌍심지를 켜다 몹시 화가 나서 눈을 부릅뜨다.

▶ 눈에 쌍심지가 나다

예) 동생은 "내가 그런 게 아니라고!"라고 울부짖으며 눈에 쌍심지를 켰다.

'쌍심지'는 심지가 두 개가 있다는 뜻이죠. 심지가 한 개인 등잔보다는 두 개인 등잔이 훨씬 밝고 뜨거울 것입니다. 몹시 화가 나서 두 눈을 부릅뜨고 상대를 노려보는 상태를 표현한 말이에요.

눈에 핏발을 세우다 몹시 화를 내고 흥분하다.

예) 희영이는 눈에 핏발을 세우고 억울한 듯이 쏘아 댔다.

'핏발'은 다치거나 피곤하면 몸의 한 곳에 피가 몰려 붉게 보이는 것을 말해요. 주로 화가 났을 때 눈의 상태를 이렇게 표현하죠.

눈을 부라리다 눈을 크게 뜨고 무섭게 노려보다.

예) 어디 감히 사또 앞에서 눈을 부라리느냐?

눈이 돌아가다 제대로 판단하지 못하다.

예) 누군가 자식을 욕하면 눈이 돌아가는 것이 엄마 마음이다.

눈이 뒤집히다 이성을 잃고 흥분하다.

예) 인종 차별 하는 말을 듣자마자 눈이 뒤집히고 피가 거꾸로 솟았다.

좀비처럼 눈의 흰자가 더 많이 보이는 상태를 '눈이 뒤집히다'라고 해요. 너무 화가 나거나 충격적인 일을 겪어 이성을 잃고 바른 판단이 어려운 상태를 표현하는 말이에요.

뒤로 넘어가다 화가 나서 쓰러지다.
예 반대하는 결혼을 하겠다고 고집을 부리니 속이 상해 <u>뒤로 넘어갈</u> 지경이다.

큰 충격을 받거나 화가 나면 목덜미를 잡고 쓰러져 한동안 기절을 하지요. 사람들이 기절하는 모습을 보고 '뒤로 넘어가다'라고 표현한답니다.

부아가 상투 끝까지 치밀어 오르다 매우 화가 나다.
▶ 부아가 치밀다
예 매번 나를 무시하니 <u>부아가 상투 끝까지 치밀어 올랐다</u>.

'치밀다'는 아래에서 위로 힘차게 솟아오르는 것을 뜻해요. 분하고 억울한 마음이 강하게 생기는 것을 강조해서 표현한 말입니다.

분통이 터지다 분하고 억울하다.
예 괜한 소문에 믿었던 친구마저 등을 돌리니 <u>분통이 터져</u> 못 살겠다.

뿔나다 화가 나다
예 너는 왜 계속 <u>뿔난</u> 얼굴로 앉아 있는 거니?

'뿔'은 화가 나서 일어나는 불쾌한 감정을 나타내는 말이에요.

속을 뒤집다 상대방을 화나게 만들다.
예 늘 내 편이었다가도 엄마는 한 번씩 내 <u>속을 뒤집어</u> 놓는다.

'뒤집다'는 어지럽게 만든다는 뜻이 있어요. 평온한 상대방의 마음을 혼란스럽게 하고 어지럽게 한다는 표현으로 사용합니다.

속이 끓다 답답하고 몹시 화가 나다.

ⓔ 먼저 까분 동생은 혼나지 않고 나만 혼나니 **속이 끓었다**.

'속이 끓다'는 물이 끓어오르는 것처럼 화가 계속 나는 것을 말해요. 문제가 해결되지 않는 답답한 상황에서 주로 쓰입니다.

속이 치밀다 분한 마음이 솟구치다.

ⓔ 내 뒷말이 내 귀에까지 들어오니 **속이 치밀어** 도저히 참을 수가 없다.

속이 터지다 속이 답답하고 상하다.

ⓔ 어이구, **속 터져**! 이렇게 하는 거라고!

일이 뜻대로 되지 않거나, 누군가가 말도 안 되는 소리를 한다든지 해서 화가 치밀어 오를 때 사용하는 표현이에요.

약을 올리다 은근히 화가 나게 하다.

ⓔ 그만 **약 올려**. 더는 참을 수 없으니까.

여기서 '약'은 한자어가 아닌 순우리말이에요. 원래 '약'은 어떤 식물이 가진 맵거나 쓴 성분이에요. 이것이 의미가 확대되어 비위가 상하여 일어나는 쓰디쓴 감정을 나타내요.

얼굴을 붉히다 서로 싸우다.

ⓔ 바닥에 매트도 깔았으니 이제 아랫집과 **얼굴 붉힐** 일은 없겠지?

감정이 격해지면 혈액이 빠르게 얼굴로 몰려 낯빛이 붉어져요. 감정에 따라 나타나는 어쩔 수 없는 현상이죠. 상대방과 싸워 감정이 상했을 때 이 표현을 사용해요.

열에 받치다   몹시 흥분하다.
- 예) 축구 경기 중에 **열에 받친** 관중들이 경기장 안으로 뛰어 들어갔다.

열을 받다   어떤 일에 화가 나다.
- 예) 심판의 오판이 계속되자 감독이 **열 받았다**.

열을 올리다   흥분하여 화를 내다.
○ 열을 내다
- 예) 네가 그렇게 **열 낸다고** 달라지지 않으니 조금만 참아 봐.

염장을 지르다   속을 들쑤시고 괴롭게 하다.
- 예) 너 왜 자꾸 내 **염장을 지르니**?

울화통이 터지다   참을 수 없는 화가 나다.
- 예) 몇 번이나 전화했는데 왜 받질 않아! **울화통 터지게**.

쌓이고 쌓인 화를 '울화'라고 해요. '울화통'은 울화를 강조한 말이에요. '울화통이 터지다'는 그동안 참았던 화를 도저히 참을 수 없을 때 사용해요.

이를 갈다   독한 마음을 먹고 벼르다.
- 예) 어제 겪은 수모를 생각하며 **이를 바드득바드득 갈았다**.

윗니와 아랫니를 맞대고 날카롭게 문대는 것을 말해요. 화가 나면 나도 모르게 입을 악다물고 힘이 들어가지요. 상대방에게 복수하겠다는 독한 마음을 먹었을 때 사용하는 표현이에요.

입에 게거품을 물다 몹시 흥분하여 떠들어 대다.
▶ 입에 거품을 물다
예) 누나! 앞집 종혁이랑 뒷집 호영이가 **입에 게거품을 물고** 싸우고 있어!

'게'는 커다란 집게발을 무기로 자신을 공격하는 적에게 대항하죠. 그러나 게에게는 집게발 말고도 무기가 또 있어요. 그것은 입에서 내는 거품이에요. 거품은 상대방에게 겁을 주는 데 사용하는데, 이것을 '게거품'이라고 한답니다.

지렁이도 밟으면 꿈틀한다 속담
아무리 순한 사람이라도 너무 무시하면 가만히 있지 않는다.
예) **지렁이도 밟으면 꿈틀한다**더니, 온순한 구 씨가 그렇게 화를 낼 줄은 몰랐네.

아무리 작고 힘없는 지렁이라도 몸을 밟으면 엄청나게 꿈틀거린답니다. 힘이 없는 존재라도 함부로 업신여기면 안 된다는 뜻의 속담이에요.

천인공노 성어 하늘과 사람이 함께 분노한다.
天人共怒: 하늘 천, 사람 인, 함께 공, 노할 노
예) 어린아이를 대상으로 하는 범죄는 **천인공노**할 악행이다.

누구나 분노할 만큼 증오스러운 일이나 악행을 저질러 도저히 용납할 수 없을 때 '천인공노하다'라는 표현을 사용해요.

치가 떨리다 몹시 분하고 진저리를 치다.
▶ 이가 떨리다
예) 일제 강점기에 일본이 우리에게 한 만행을 생각하면 **치가 떨린다**.

'치'는 한자어인데 이, 이빨을 뜻해요. 너무 분하고 억울하면 온몸에 힘이 들어가며 부들부들 떨리지요? 너무 화가 나서 온몸이 떨리다 못해 이마저 흔들릴 정도라는 표현입니다.

콩 튀듯 몹시 화가 나서 펄펄 뛰는 모양.
▶ 콩 튀듯 팥 튀듯
예) 옆집 할아버지는 무엇 때문인지 옆집 할머니께 **콩 튀듯** 소리를 질러 대셨다.

콩이나 팥은 조금만 늦게 타작을 해도 꼬투리가 뒤틀리면서 알갱이가 튀어 버려서 수확하기가 힘들다고 해요. 떨어내기도 전에 이리저리 튀어 다니는 콩과 팥의 모양새를 보고 자기 성질을 못 이겨 펄펄 뛰는 사람들의 모양을 비유해 나타낸 표현이에요.

펄펄 뛰다 억울하여 몹시 화를 내거나 강하게 부인하다.
▶ 팔짝 뛰다
예) 저렇게 **펄펄 뛰며** 화를 내니 더 의심스럽군!

피가 거꾸로 솟다 몹시 분하고 화가 솟구치다.
예) 사기꾼이 잘사는 꼴을 보고 있자니 **피가 거꾸로 솟는** 것 같았다.

'거꾸로'는 반대 방향을 말하는데 이 표현은 피가 방향을 바꾸어 머리로 몰린다는 말이에요. 너무 화가 나서 이성을 잃을 정도의 분한 상태를 표현하는 말입니다.

핏대를 세우다 큰소리로 화를 내다.
예) 뭐 이런 일에 **핏대를 세우기까지** 하니?

잔뜩 화가 나서 목에 핏줄을 세워 가며 상대방에게 덤비듯 말하는 상황을 표현한 말이랍니다.

혈압이 오르다 매우 화가 나다.
예) 무개념 고객들을 만나면 **혈압이 오르기** 일쑤이다.

놀람을 나타내는 표현

무언가를 보고 놀라면 얼굴이나 신체에 변화가 일어나지요? 일단 눈이 커지고, 가슴이 철렁하고, 입이 벌어지기도 합니다. 놀랐을 때 신체 변화를 생각해 보면 말뜻을 쉽게 이해할 수 있어요.

가슴이 내려앉다   큰 충격으로 매우 놀라다.

예) 어머! 깜짝이야! 너 때문에 **가슴이 내려앉는** 줄 알았잖니?

간이 떨어지다   순간적으로 몹시 놀라다.

▶ 간담이 떨어지다
예) 동생의 갑작스러운 비명에 **간 떨어질** 뻔했다.

'가슴이 내려앉다'와 비슷한 상황에서 사용해요.

경악을 금치 못하다   소스라치게 깜짝 놀라다.

예) 지진의 피해를 직접 눈으로 보니 **경악을 금치 못할** 정도였다.

'경악'은 소스라치게 깜짝 놀란 것을 뜻해요. '금치 못하다'는 '금하지 못하다'의 줄인 말인데 참지 못한다는 뜻이지요. 그러니까 이 표현은 놀라움을 참지 못한다는 뜻이랍니다.

눈이 나오다   놀라서 기가 막히다.

예) 매장의 옷 가격을 확인하고 너무 비싸 **눈이 나왔다**.

깜짝 놀랐을 때를 생각해 보면 눈이 커지는 모습을 볼 수 있지요? 너무 놀라서 기가 막힐 때는 눈이 커지다 못해 눈이 튀어나올 것 같아요. 생각했던 것보다 지나친 것을 봤을 때 이 표현을 사용할 수 있어요.

눈이 등잔만 하다 너무 놀라서 눈이 커지다.

예) 폭발 소리를 들은 사람들은 모두 눈이 등잔만 해졌다.

마른하늘에 날벼락 속담
뜻하지 않은 상황에서 당하게 된 큰 재난.

▶ 청천벽력 성어

예) **마른하늘에 날벼락**이라더니, 이게 무슨 일이니?
예) 할아버지가 돌아가셨다는 **청천벽력** 같은 소식을 들었다.

'마른하늘에 날벼락'은 맑은 하늘에 갑자기 벼락이 친다는 뜻으로 전혀 예상치 못한 어려움이나 불행이 닥치게 된 상황을 표현하는 말이랍니다.

식은땀이 나다 몹시 긴장하다.

예) 번지 점프대에 서자 온몸에 **식은땀이 났다**.

'식은땀'은 몹시 긴장하거나 놀랐을 때 흐르는 땀이에요. 운동하거나 날씨가 더워서 나는 땀과는 다르죠. '식은땀이 나다'는 몹시 긴장한 상태를 나타내는 말이랍니다.

아연실색 성어 뜻밖의 일에 얼굴빛이 변할 정도로 매우 놀라다.

啞然失色: 벙어리 아, 그러할 연, 잃을 실, 빛 색

예) 이 일을 모두 어린 꼬마가 꾸며낸 거라니! 우리는 모두 **아연실색**했다.

뜻밖의 일에 너무 놀라서 벙어리가 된 듯 말문이 막히고 얼굴빛도 변했다는 뜻입니다.

애가 떨어질 뻔하다 충격으로 몹시 놀라다.

예) 집에 가는데 고양이가 갑자기 튀어나와서 정말 **애 떨어질 뻔했어**.

얼굴이 하얘지다 너무 놀라서 얼굴에 핏기가 없다.
예 소녀는 너무 놀라 **얼굴이 하얘졌다**.

입을 다물지 못하다 몹시 감탄하거나 놀라다.
예 백두산 천지의 아름다운 모습에 모두 **입을 다물지 못했다**.

입이 딱 벌어지다
엄청나거나 갑작스러워 놀라다.

예 할머니 댁 마당에 놓인 어마어마한 배추를 보고 **입이 딱 벌어졌다**.

'딱'은 어떤 것이 활짝 벌어지거나 열린 모양을 말해요. 사람이 놀라거나 어이가 없으면 저절로 입이 벌어지고 멍한 상태가 되지요.

자라 보고 놀란 가슴 솥뚜껑 보고 놀란다 속담
비슷한 물건을 보기만 해도 겁을 낸다.

예 **자라 보고 놀란 가슴 솥뚜껑 보고 놀란다**고, 검은 물체만 보여도 바퀴벌레일까 봐 놀란다.

자라는 거북이와 비슷하게 생긴 동물이에요. 등딱지가 솥뚜껑을 엎어 놓은 것과 비슷하게 생겼죠. 자라를 보고 깜짝 놀란 사람은 솥뚜껑만 봐도 자라가 떠올라 다시 놀란다고, 비슷한 사물만 봐도 겁을 내는 것을 놀리듯 표현한 속담입니다. '오우천월'이라는 성어도 비슷한 뜻인데 오나라의 소가 더위를 두려워한 나머지 밤에 뜬 달을 보고도 해인가 하고 헐떡거렸다는 이야기에서 유래했어요. 겁이 많아 공연한 일에 미리 두려워하며 허둥거리는 사람을 이르는 말이랍니다.

혀가 굳다 너무 놀라서 말이 안 나오다.
예 방송국 카메라 앞에 서니 **혀가 굳고** 갑자기 머리가 새하얘졌어.

혼비백산 성어 혼백이 흩어져 어찌할 바를 모르다.
魂飛魄散: 넋 혼, 날 비, 넋 백, 흩어질 산
예 비행기가 심하게 흔들려서 승객들이 **혼비백산**했다.

'혼백'은 넋을 말하는데, 사람의 마음과 정신을 이르는 말이죠. 넋이 흩어져 날아갈 정도로 몹시 놀랐다는 의미랍니다.

두려움과 공포를 나타내는 표현

공포나 두려움을 느끼면 피부 속 혈관이 수축해 입술이나 얼굴이 파랗게 질리게 돼요. 또 손과 등에 식은땀이 나기도 하고요. 두려움을 나타내는 표현에는 이와 같이 무서울 때 느끼는 신체의 변화를 표현한 말들이 많아요.

가슴이 서늘하다　두려워 마음이 선득하다.

예 친구의 낯선 눈빛을 생각하면 아직도 **가슴이 서늘하다**.

사람이 공포를 느낄 때 대응하는 뇌는 체온을 유지하는 일도 해요. 그래서 두려움이나 공포를 느끼면 체온이 내려간 듯 춥고 서늘한 느낌을 받게 되지요.

가슴이 섬뜩하다　불안이나 위협을 느끼다.

예 평소 지나는 길에 큰 사고가 났다는 소식을 듣고 **가슴이 섬뜩했다**.

간담이 서늘하다　몹시 놀라서 섬뜩하다.

예 공포 영화를 보는데 갑자기 텔레비전이 꺼져 **간담이 서늘했다**.

대담하거나 무서운 일이 있을 때 주로 '간'에 빗대어 표현해요. 이 표현은 '서늘하다'와 함께 쓰여 무서운 일을 당해 몹시 놀라고 오싹하다는 뜻이 됩니다.

간담이 한 움큼 되다　몹시 놀라서 두려워하다.

예 얼마나 놀랐는지 **간담이 한 움큼 됐잖아**. 장난도 적당히 해야지!

'움큼'은 손으로 쥔만큼의 분량, 즉 한 주먹만큼을 나타내요. 이 표현은 너무 놀라서 간과 쓸개가 주먹만 하게 작아졌다는 뜻이랍니다.

간이 벌름거리다 몹시 두려워 가슴이 두근거리다.
- 예 숨어 있는 동안 누군가에게 발견될까 봐 <u>간이 벌름거렸다</u>.

간이 서늘하다 위험하고 두려워 몹시 놀라다.
- 예 절벽 아래를 내려다보니 <u>간이 서늘했다</u>.

간이 콩알만 해지다 몹시 무서워 위축되다.
▶ 간이 오그라들다
- 예 귀신 얘기를 듣자 <u>가슴이 콩알만 해졌다</u>.
- 예 너무 놀라서 <u>간이 오그라들었다</u>.

'콩알'은 아주 작은 물건을 대신 표현하는 말이에요. 어떤 일에 대해 불안하고 두려워서 용기가 나지 않는 상태를 표현합니다.

귀신보다 사람이 더 무섭다 속담 사람의 음모가 가장 무섭다.
- 예 <u>귀신보다 사람이 더 무섭다</u>더니 그 친구가 내 뒤통수를 칠 줄이야.

사람이 꾸미는 음모나 계략으로 더 큰 피해를 볼 수 있음을 이르는 말이에요.

등골이 서늘하다 두렵고 아찔하다.
- 예 초행길이고 또 밤도 깊어서 순간 <u>등골이 서늘했다</u>.

'등골'은 등뼈 속에 있는 골수를 가리키는 말이에요. 신경을 담당하는 중요한 기관인 등골이 두려움에 긴장 상태가 되었다는 뜻이지요.

등골이 오싹하다 무서워 소름이 끼치다.
- 예 나는 이 장면만 보면 <u>등골이 오싹하다</u>.

똥줄이 당기다　몹시 두려워 겁내다.

🔵 오빠는 귀신이라는 말만 들어도 **똥줄이 당기는** 모양이야.

공포가 심하면 항문이나 방광의 기능도 마비가 된다고 해요. 그래서 자기도 모르는 사이에 똥오줌을 지리기도 하지요. 무섭고 두려운 일을 당해 순간적으로 항문에 힘이 들어간 듯 얼어붙었을 때 이런 표현을 사용할 수 있어요.

머리끝이 쭈뼛쭈뼛하다　움찔움찔할 정도로 너무 무섭다.

🔵 어둠 속에서 나를 발견한 친구는 마치 귀신을 본 듯 **머리끝이 쭈뼛쭈뼛했다고** 한다.

머리털이 곤두서다　무서워서 신경이 날카로워지다.

🔵 텔레비전에서 무서운 장면이 나오자 나는 **머리털이 곤두섰다.**

쥐가 고양이를 만나면 등을 웅크린 채 몸의 털을 곤두세워요. 사람도 극심한 두려움을 느끼는 순간 머리카락이 쭈뼛쭈뼛 일어서는 현상이 일어나죠. '머리털이 곤두서다'는 너무 무서워서 신경이 날카로워진 상태를 표현하는 말이에요.

모골이 송연하다　너무 끔찍해서 온몸의 털이 서다.

예 구급차가 빨리 오지 않았으면 어떤 일이 벌어졌을지 생각만 해도 **모골이 송연하다**.

'모골'은 털과 뼈를 이르는 말이에요. '송연'은 두려워서 몸을 웅크릴 정도로 오싹한 상황을 표현하는 말이죠. 그러니까 이 표현은 털이 곤두설 만큼 두렵고 끔찍하다는 뜻이랍니다.

사색이 되다　얼굴빛이 창백해질 정도로 겁이 나다.

예 친구는 **사색이 되어** 나를 불렀다.

사색(死色: 죽을 사, 빛 색)이란 죽은 사람처럼 창백한 얼굴빛을 뜻해요. 큰 걱정거리가 있거나 겁이 나서 하얗게 질린 얼굴빛을 가리킵니다.

소름이 끼치다　공포를 느끼거나 충격을 받다.

▶ 소름이 돋다

예 어둠 속에서 혼자 친구를 기다리자니, **소름 끼치도록** 무서웠다.

속이 떨리다　몹시 겁이 나고 긴장되다.

▶ 간이 떨리다

예 전망대에서 아래를 내려다본 순간 **속이 떨렸다**.

전전긍긍 성어　매우 두려워 벌벌 떨며 조심하다.

戰戰兢兢: 두려워 떨 전, 두려워 떨 전, 두려워할 긍, 두려워할 긍

예 친구가 무서운 놀이기구를 같이 타자고 할까 봐 **전전긍긍**했다.

『시경』이라는 책에 있는 시의 구절에서 나온 말이에요. '전전'은 몹시 두려워 벌벌 떠는 모양이고 '긍긍'은 몸을 움츠리고 조심하는 모양을 이르지요. 위기의 상황에서 어찌할 바를 몰라 쩔쩔매는 절박한 심정을 나타낸 표현입니다.

파랑게 질리다 겁에 질려 얼굴빛이 변하다.

예 너 얼굴이 <u>파랗게 질렸어</u>! 대체 무슨 일이 있었던 거야?

몹시 놀라거나 무서워서 얼굴빛이 변하는 것을 '질리다'라고 해요. 대개 '하얗게 질리다' 또는 '파랗게 질리다'라고 표현하는데 이것은 피부 혈관이 수축해 핏기가 사라져 하얗게 보이거나 파란 정맥 핏줄이 선명하게 보이기 때문이랍니다.

우리 사이는 어떤 사이?

관계
에 어울리는 **찰떡 표현**

- 원인, 결과
- 일치, 어울림
- 어긋남
- 인정, 받아들임
- 경쟁
- 아첨, 아부
- 배신
- 책임
- 요구
- 주도권
- 특별함, 뛰어남
- 중요함
- 혈연관계

원인과 결과를 나타내는 표현

무슨 일이든 처음과 끝이 있고 원인과 결과가 있지요. 식물은 뿌리가 있어서 열매라는 결과를 맺을 수 있고요. 그래서 그런지 원인과 결과를 나타내는 표현에는 '씨'와 '뿌리', '열매'에 빗댄 말들을 쉽게 찾아볼 수 있어요.

결자해지 (성어) 자기가 저지른 일은 자기가 해결해야 한다.

結者解之: 맺을 결, 사람 자, 풀 해, 그것 지

> 예) 이 일은 네가 알아서 해결해. **결자해지**해야지.

한자 그대로 풀이하면 매듭을 묶은 사람이 그것을 풀어야 한다는 거예요. 그러니까 문제를 일으킨 사람이 문제를 해결해야 한다는 뜻이지요.

까마귀 날자 배 떨어진다 (속담)

관계없는 두 일이 공교롭게 같이 일어나 의심을 받다.

▶ **오비이락** (성어)

> 예) **까마귀 날자 배 떨어진다**고 컴퓨터 앞에 앉자마자 게임 했다고 의심을 받으니 너무 억울해.

까마귀가 푸드덕 날자 배가 나무에서 떨어졌어요. 이를 본 다른 사람이 까마귀 때문에 배가 떨어졌다고 의심하는 상황이에요. 알고 보면 전혀 상관없는 일인데 말이죠. 까마귀 입장에서는 공연히 의심을 받아 억울한 상황이지요.

다름이 아니라 다른 이유가 있는 것이 아니라.
- 예) 선생님! **다름이 아니라**, 제가 배가 아파서 조퇴해야 할 것 같아요.

본전도 못 찾다 오히려 하지 않은 것이 나을 뻔하다.
▶ 본전도 못 건지다
- 예) 괜히 남의 일에 끼어들어 아는 척하다가 **본전도 못 찾았다**.

'본전도 못 찾다'는 일이 실패하여 밑천도 못 찾을 만큼 손해를 보았다는 뜻입니다. 괜히 어떤 일에 나섰다가 핀잔을 들을 때도 사용하죠.

불씨가 되다 어떤 사건의 원인이 되다.
- 예) 사소한 오해가 **불씨가 되어** 큰 싸움으로 번지게 되었다.

뿌리를 뽑다 어떤 일이 생겨날 수 있는 원인을 없애 버리다.
- 예) 학교 폭력의 **뿌리를 뽑기** 위해 학교에서는 대대적인 캠페인을 시작했다.

뿌리를 뽑으면 식물이 완전히 죽어 버리듯 어떤 일의 원인을 제거해서 완전히 사라지게 하겠다는 뜻의 표현이에요.

사필귀정 (성어) 모든 일은 반드시 바른길로 돌아간다.
事必歸正: 일 사, 반드시 필, 돌아갈 귀, 바를 정
- 예) 지금은 어렵더라도 조금만 인내하고 기다리자. 모든 일은 **사필귀정**이라고 했어.

오해를 받아 억울한 일이 있어도 나중에는 반드시 진실이 밝혀진다는 의미랍니다.

씨를 뿌리다 원인을 제공하다.
- 예) 모두 자기가 **씨를 뿌린** 대로 거두는 거지.

아니 땐 굴뚝에 연기 날까 속담 원인 없는 결과는 없다.

예 스캔들이라고 하더니 정말 둘이 사귄다면서? 어쩐지, 아니 땐 굴뚝에 연기 나겠어?

불을 때지도 않았는데 굴뚝에서 연기가 날 수 없는 것처럼 원인 없는 결과는 없다는 뜻입니다.

유종의 미 어떤 일을 잘 마무리하여 얻어낸 성과.

예 여러분 모두 유종의 미를 거두시길 바랍니다. 고생 많으셨습니다.

유종(有終: 있을 유, 마칠 종)은 시작한 일에 끝이 있음을 일컫는 말이에요. 미(美)는 아름다움을 뜻하죠. 어떤 일을 시작하여 끝을 잘 마무리하는 아름다움을 표현하는 말입니다.

인과응보 성어 좋은 일을 하면 좋은 결과가 나쁜 일을 하면 나쁜 결과가 뒤따른다.

因果應報: 원인 인, 결과 과, 응할 응, 갚을 보

예 나쁜 짓을 그렇게 많이 했으니 벌을 받은 것은 당연한 인과응보다.

본래는 불교에서 쓰이던 말로 전생에 지은 죄에 따라 다음 생이 결정된다는 의미예요. 그러니까 죄를 많이 지은 사람은 다음 생에 고생을 많이 하게 되는 것이죠. 요즘은 종교와 상관없이 좋은 일을 하면 좋은 결과를, 나쁜 일을 하면 나쁜 결과를 얻는다는 뜻으로 쓰입니다.

콩 심은 데 콩 나고 팥 심은 데 팥 난다 속담
어떤 원인에 따라 그에 걸맞은 결과를 얻는다.

예 콩 심은 데 콩 나고 팥 심은 데 팥 난다고, 공부를 열심히 해야 좋은 결과가 나오지.

핑계 없는 무덤이 없다 속담 그럴만한 원인이 있었다고 변명하는 말.

예 핑계 없는 무덤 없다더니, 남의 그림을 다 망쳐 놓고도 변명뿐이구나!

죽음에는 다 그만한 이유가 있겠지요. 늙거나 병이 나서 혹은 다쳐서 말이에요. 이 속담은 큰 잘못을 저지르고도 변명만 늘어놓는 경우에 질책하듯 사용합니다.

일치와 어울림을 나타내는 표현

일치한다는 것은 서로 어긋나지 않고 딱딱 들어맞는다는 것이죠. 그래서 '가재와 게', '바늘과 실', '손과 발'처럼 잘 어울리고 서로 떼려야 뗄 수 없는 사이의 것들에 빗댄 표현들이 많이 있어요.

가재는 게 편이다 속담 같은 부류끼리 친하다.

예) **가재는 게 편이라**더니, 같은 학교에 다닌다고 편드는 거야?

가재와 게는 생김새가 비슷하죠? 이 속담은 비슷한 사람끼리 서로 편을 드는 것을 의미해요.

각별한 사이 특별한 관계.

예) 이 친구와 나는 같은 마을에서 태어나 지금까지 인연을 이어온 **각별한 사이**다.

눈이 맞다 두 사람의 마음이 서로 통하다.

예) 우리 엄마 아빠는 대학 때 음악 동아리에서 **눈이 맞으셨**대.

여기서 '눈'은 주고받는 시선을 뜻해요. 서로 시선을 주고받으며 눈길이 마주칠 때 '눈이 맞다'라고 하죠.

다리를 놓다 서로 연결하다.

예) 두 사람이 결혼할 수 있게 **다리를 놓아** 준 사람이 바로 나야!

두 손뼉이 맞아야 소리가 난다 〔속담〕 서로 뜻이 맞아야 일이 벌어진다.
- 예) **두 손뼉이 맞아야 소리가 나는** 것처럼, 절대 한 사람만의 잘못은 아니다.

두 손뼉이 맞아야만 소리가 나듯 서로의 뜻이 맞아야 무슨 일이든 이루어진다는 뜻이죠. 한편으로는 서로 똑같기 때문에 싸운다는 뜻도 있답니다.

딱 맞아떨어지다 일치하다.
- 예) 처음에 내가 계산했던 것과 **딱 맞아떨어졌다**.

'맞아떨어지다'는 남지도 모자라지도 않는다는 거예요. 기준에 꼭 들어맞는다는 것이죠.

마음이 맞다 생각이 서로 같다.
- 예) **마음 맞는** 친구와는 무엇을 해도 어디를 가도 재미있다.

맞장구를 치다 남의 말에 서로 호응하거나 동의하다.
- 예) 이장의 말에 동네 사람들은 모두 고개를 끄덕이며 **맞장구를 쳤다**.

'맞장구'란 둘이 마주 서서 주거니 받거니 장구를 치는 것을 말해요. 그래서 '맞장구를 치다'는 어떤 사람과 마음이 맞아서 그 사람이 하는 말에 지지를 보내거나 잘한다고 추켜세울 때 사용해요.

바늘 가는 데 실 간다 〔속담〕 둘 사이가 긴밀하여 늘 서로 붙어 다닌다.
- 예) **바늘 가는 데 실 간다**더니, 너희 둘은 항상 붙어 다니는구나!

발을 맞추다 말이나 행동을 같은 방향으로 일치시키다.
- 예) 4차 산업혁명 시대에 **발맞추어** 미래에 대비해야 한다.

여러 사람이 동시에 걸으면서 같은 쪽 발을 함께 떼고 딛는 것을 말해요. 말이나 행동이 같은 방향으로 일치하여 서로 협력한다는 뜻이 있죠.

보조를 맞추다 여럿이 일할 때 서로 조화를 이루다.

예 다른 사람들과 <u>보조를 맞추어</u> 일을 무사히 끝냈다.

여기서 '보조'는 걷는 속도를 맞춘다는 뜻이에요. 여럿이 일할 때 서로 속도나 뜻을 맞춘다는 의미가 되지요. 주로 '~와(과) 보조를 맞추다'의 형태로 쓰입니다.

선을 대다 어떤 인물이나 단체와 관계를 맺다.

예 그 사람은 고위층에 <u>선을 대서</u> 회사에 취직했다는 소문이 있어.

손발이 맞다 의견이나 행동이 서로 맞다.

예 은수와 나는 <u>손발이 맞는</u> 환상의 단짝이다.

손을 잡다 서로 힘을 합쳐 돕다.
예) 너와 내가 **손을 잡고** 댄스 경연 대회에 출전하면 1등은 문제없어.

어깨를 겯다 같은 목적을 위해 행동을 같이하다.
예) 유비, 관우, 장비는 서로 **어깨를 겯고** 삼국 통일에 힘썼다.

'겯다'는 풀어지지 않도록 서로 어긋나게 끼거나 걸친다는 뜻이에요. '어깨를 겯다'라고 하면 어깨동무를 한 모습을 생각하면 돼요. 하나의 목적을 위해 함께 뜻을 맞춰 나아간다는 뜻이에요.

어깨를 나란히 하다 같은 목적으로 함께 일하다.
▶ 어깨를 같이하다
예) 김구 선생과 윤봉길 의사는 우리나라 독립을 위해 **어깨를 나란히 하였다**.

어깨를 나란히 하고 걸으면 방향이나 속도를 맞추어 갈 수 있겠죠? 그러니까 같은 목적으로 함께 일한다는 뜻이 됩니다.

우호적 개인끼리나 나라끼리 사이가 좋은.
예) 우리나라는 미국과 **우호적**인 관계이다.

'우호적'이라는 것은 친구처럼 사이가 좋다는 뜻이에요.

유유상종 성어 같은 무리끼리 서로 사귀다.
類類相從: 무리 류, 무리 류, 서로 상, 따를 종
예) **유유상종**이라더니 어떻게 비슷한 애들끼리 매일 몰려다니니?

이구동성 성어 여러 사람의 말이 한결같다.
異口同聲: 다를 이, 입 구, 같을 동, 소리 성
예) 눈이 오니 아이들은 **이구동성**으로 운동장에 나가자고 외쳤다.

이심전심 성어 마음과 마음으로 서로 뜻이 통하다.
以心傳心: 써 이, 마음 심, 전할 전, 마음 심
예 동생은 나와 쌍둥이라 그런지 **이심전심** 잘 통한다.

일맥상통 성어 생각이나 상태 등이 서로 통하거나 비슷하다.
一脈相通: 하나 일, 맥 맥, 서로 상, 통할 통
예 우리는 식성이 **일맥상통**하는 면이 있다.

'맥'은 기운이나 힘을 의미하기도 하고 서로 이어진 관계를 뜻하기도 해요. 이러한 맥이 하나가 되어 서로 통한다는 뜻이니 성질이나 기운, 생각하는 것이 서로 비슷해진다는 의미가 됩니다.

일심동체 성어 한마음 한 몸처럼 떼려야 뗄 수 없는 관계.
一心同體: 하나 일, 마음 심, 한가지 동, 몸 체
예 부부는 **일심동체**라고 엄마는 늘 아빠 편이다.

서로 한 몸인 듯 의견이 잘 맞고 긴밀하게 연결된 관계를 의미하죠.

입 안의 혀 비위를 잘 맞춰 주다.
▸ 입의 혀 같다
예 할머니는 엄마가 **입 안의 혀** 같은 딸이라고 하셨다.

입 안에 있는 혀를 내 마음대로 움직일 수 있는 것처럼 내 뜻대로 움직여 주는 것을 일컫는 표현이에요.

죽이 척척 맞다 서로 뜻이 맞다.
예 우리는 원래 **죽이 맞는** 사이다.

여기서 말하는 '죽'은 먹는 죽이 아니라 옷이나 그릇을 열 개씩 묶어 세는 단위예요. 그러니 '죽이 맞다'라고 하면 남는 것 없이 짝이 딱 맞는다는 것이죠. 이렇듯 예전에는 숫자가 맞으면 '죽이 맞다'라고 했는데 지금은 서로 뜻이 맞는다는 의미로 확대되어 쓰여요.

한 몸이 되다[1] 마음과 힘을 한데 뭉치다.
예 줄다리기에서 이기려면 우리 편 모두가 **한 몸이 되어야** 한다.

한마음 한뜻 여러 사람의 마음과 뜻이 같다.
예 모든 국민이 **한마음 한뜻**이 되어 어려운 IMF 시기를 이겨 냈다.

한배를 타다 같은 입장이 되다.
예 너랑 나는 이제 **한배를 탔으니** 죽어도 같이 죽고 살아도 같이 사는 거야!

같은 배를 타고 있으면 중간에 내릴 수도 없고, 비바람이 불어도 함께 어려움을 겪을 수밖에 없겠지요? 그래서 운명을 같이하다 또는 입장이나 처지가 같다는 의미로 쓰인답니다.

한솥밥을 먹다 함께 생활하며 지내다.
예 앞으로 **한솥밥을 먹게** 되었네요.

같은 솥에서 푼 밥을 먹는다는 뜻이에요. 어떤 일을 함께하기 위해 같은 공동체에 소속된다는 의미로 사용됩니다.

호흡을 같이하다 상대방의 의도를 알고 보조를 맞추다.
예 일할 때는 **호흡을 같이해야** 빨리 끝낼 수 있다.

호흡을 맞추다 서로의 의도를 잘 알고 처리해 나가다.
예 저 두 배우가 **호흡을 맞춘** 뮤지컬 공연을 보러 갈 예정이에요.

호흡이 맞다 서로의 생각과 의도가 맞다.
예 이번 대회는 선수들 사이에 **호흡이 잘 맞아서** 큰 성과를 거둘 수 있었다.

어긋남을 나타내는 표현

어긋났다는 것은 서로 잘 맞지 않는다는 거예요. 그래서 어긋남을 나타내는 표현에는 뜻이나 마음이 맞지 않고 다르다, 혹은 반대하다의 의미를 가진 말들이 많습니다.

고양이와 개 서로 앙숙인 관계.

예) 저 둘은 서로 **고양이와 개**야. 같이 있으면 꼭 싸운다니까!

개는 상대가 좋다는 표현으로 꼬리를 흔들지만, 고양이는 상대를 공격할 때 꼬리를 이리저리 움직인다고 해요. 이처럼 서로 이해하지 못하고 앙갚음하려고 벼르는 사이를 일컫는 표현이에요.

괘장을 부치다 찬성했던 일에 갑자기 반대하여 일이 안 되게 하다.

예) 넌 왜 갑자기 **괘장을 부쳐서** 일을 망치는 거니?

처음에는 할 것처럼 하다가 갑자기 딴전을 부리고 하지 않는 것을 '괘장'이라고 해요. '괘장을 부치다'는 한 번 찬성했던 일인데, 갑자기 태도를 바꾸어 일이 안 되도록 한다는 말이에요. 이런 일이 생기면 정말 황당하겠죠?

다른 목소리를 내다 의견이 다르다.

예) 서로 **다른 목소리를 내던** 두 교수님이 드디어 같은 의견을 말씀하셨다.

도둑질을 해도 손발이 맞아야 한다 (속담)
무슨 일이든 서로 뜻이 맞아야 이루기 쉽다.

예) **도둑질을 해도 손발이 맞아야 한다**고, 너하고 나는 일하는 방식이 너무 다르다.

동문서답 성어 물음과는 전혀 상관없는 엉뚱한 대답.
東問西答: 동쪽 동, 물을 문, 서쪽 서, 대답 답
예 <u>동문서답</u>하지 말고 성의 있게 답변해 주시기 바랍니다.

한자 그대로 풀이하면 동쪽을 묻는데 서쪽을 대답한다는 뜻이에요. 묻는 말에 대해 아주 딴소리로 대답한다는 뜻입니다.

동상이몽 성어 같은 상황에서 서로 다른 생각을 한다.
同床異夢: 한가지 동, 침대 상, 다를 이, 꿈 몽
예 팀원들은 대상으로 받은 상금을 가지고 <u>동상이몽</u>을 꾸고 있었다.

같은 자리에 자면서 다른 꿈을 꾼다는 말로 겉보기에는 친하고 같아 보여도 속으로는 각자 딴생각을 하고 있다는 의미랍니다.

들고 일어서다 저항하여 힘 있게 일어서다.
예 체육 시간을 수학 시간으로 바꾼다고 하자 학생들이 모두 <u>들고 일어섰다</u>.

물과 기름 서로 어울리지 못하여 겉도는 상태.
예 그 둘은 언제나 <u>물과 기름</u>처럼 서로 어울리지 못했다.

반기를 들다 반대의 뜻을 표시하다.
예 선생님의 말씀에 늘 <u>반기를 드는</u> 학생이 있다.

반기(反旗: 반대할 반, 깃발 기)는 반란을 일으킨 무리가 그 표시로 들던 깃발인데, 반대의 뜻을 나타내는 행동이나 표시를 의미하기도 해요.

손발이 따로 놀다 마음이나 의견이 맞지 않다.
예 투수와 1루수의 <u>손발이 따로 놀아</u> 점수를 내주고 말았다.

쌍지팡이를 짚고 나서다 어떤 일에 적극적으로 반대하다.

◎ 쌍지팡이를 들고 나서다

예 우리 마을에 쓰레기장은 절대 들어올 수 없다고 사람들이 **쌍지팡이를 짚고 나섰다**.

다리를 못 쓰는 사람까지 쌍지팡이를 짚고라도 나서서 반대하는 일이니 얼마나 강하게 적극적으로 반대하는지 짐작이 가지요?

어깃장을 놓다 반항하는 말이나 행동을 하다.

예 지난번 나와 싸운 이후로 현주는 내가 하는 일마다 **어깃장을 놓았다**.

옛날에는 부엌문을 나무로 만들어서 쉽사리 비틀어지거나 휘어지기 일쑤였죠. 그래서 비틀어지지 말라고 대각선으로 나무를 붙였는데 이를 '어깃장'이라고 불렀답니다. 지금은 '어깃장을 놓다'라는 말이 바로 되지 못하게 훼방 놓는다는 뜻으로 쓰이고 있어요.

척을 지다 사이가 나빠져 등을 돌리다.

예 누나와 싸웠다고 평생 **척을 지고** 살 순 없지 않겠니? 서로 이해하고 화해하렴.

조선 시대에도 재판이 있었는데 이때 소송을 당한 피고를 '척'이라고 했어요. 재판을 하게 되면 원고와 피고(척)는 자기가 옳다고 주장하며 서로를 헐뜯겠죠? 그래서 '척을 지다'라고 하면 다른 사람과 원수가 되거나 사이가 나빠졌다는 뜻이 되었답니다.

인정과 받아들임을 나타내는 표현

인정한다는 것은 어떠한 사실을 받아들이고 그렇다고 여기는 것이에요. 다른 사람의 말을 인정할 때 자연스럽게 나오는 몸짓들을 생각하면 인정과 수용을 나타내는 표현이 금방 이해될 거예요.

고개를 끄덕이다   찬성하거나 인정하다.
예) 환경 문제가 점점 심각해지고 있다는 말에 모두 고개를 끄덕였다.

그렇고 말고   상대방의 말에 옳다고 인정할 때 이르는 말.
예) 그렇고 말고, 네 말이 맞아.

명불허전 (성어)   이름이 널리 알려진 데에는 그럴만한 이유가 있다.
名不虛傳: 이름 명, 아니 불, 빌 허, 전할 전
예) 여기 떡볶이집이 유명하다더니, 역시 명불허전이구나!

중국의 맹상군이라는 사람이 언제나 손님을 잘 대접해서 그 주변에 인재들이 많이 모여들었대요. 그래서 맹상군이 사는 마을에 사람이 늘어 집이 6만여 채나 되었다는 것을 듣고 사마천이 『사기』라는 책에 '맹상군이 손님을 좋아하고 즐거워하였다고 하더니 그 이름이 헛된 것이 아니었다.'라고 기록한 데서 '명불허전'이라는 표현이 나왔어요. 유명해진 데는 그만한 까닭이 있다고 인정할 때 사용할 수 있는 말이랍니다.

명실상부 (성어)   이름과 실제 모습이 꼭 들어맞다.
名實相符: 이름 명, 열매 실, 서로 상, 들어맞을 부

▶ 명실공히

예) 우리나라는 명실상부 IT 강국이다.

알려진 것과 실제 능력에 차이가 없음을 인정할 때 사용해요.

손뼉을 치다   어떤 일에 찬성하거나 좋아하다.

🔵 운동장에 나가자는 선생님의 말씀에 아이들은 모두 **손뼉을 쳤다**.

쌍수를 들다   완전히 지지하고 환영하다.

▶ 두 손을 들다[1]

🔵 달리기 잘하는 영호가 우리 축구팀에 들어온다니 **쌍수를 들고** 반길 일이다.

두 손을 머리 위로 올리는 것을 '쌍수를 들다'라고 하는데 적극적으로 환영하거나 찬성할 때 쓰여요. '두 손을 들다'도 같은 뜻이지만 포기하고 그만둔다는 뜻도 가지고 있답니다.

용납하다   받아들이다.

🔵 과학 실험을 할 땐 작은 실수라도 **용납해서는** 안 돼. 자칫 사고가 날 수 있거든.

'용납'은 너그러운 마음으로 남의 말이나 행동을 받아들인다는 뜻이지요. '받아들이다'로 순화해서 사용해도 좋겠어요.

이를 데 없다   더 말할 필요가 없다.

🔵 우리 선생님은 나에게 **이를 데 없이** 고마운 분이시다.

'이르다'는 말한다는 뜻이에요. '이를 데 없다'는 것은 덧붙여 말할 필요도 없이 옳거나 대단하다는 말입니다.

자타공인 성어   자기와 남이 함께 인정하다.

自他共認: 자기 자, 다른 사람 타, 함께 공, 인정할 인

🔵 쟤는 **자타공인** 우리 반 최고의 수학 천재야.

본인뿐 아니라 다른 사람도 인정하는, 즉 객관적으로 인정되었다는 뜻이에요. 잘난 척하는 사람들은 보통 본인 스스로만 인정하는 경우가 많죠? 그런데 자타가 공인했다고 하면 다른 사람들도 인정할 정도로 훌륭한 사람을 가리킨답니다.

경쟁을 나타내는 표현

같은 목적을 두고 서로 앞서려고 겨루는 것이 경쟁이지요? 그래서 그런지 서로 앞서거니 뒤서거니 하는 모습을 묘사한 표현들이 많아요. 또 전쟁과 관련된 표현들도 종종 보이네요.

각축을 벌이다 서로 이기려고 다투다.

예) 전국 어린이 체육 대회에는 수많은 초등학생이 참가하여 **각축을 벌였다**.

각(角)은 짐승들이 뿔을 비벼 대며 다투는 것이고, 축(逐)은 돌진하며 쫓는 것을 말해요. 그러니까 '각축을 벌이다'는 서로 이기려고 조금의 양보도 없이 다투는 모습을 표현한 말이에요.

경합을 벌이다 비슷한 실력으로 경쟁을 하다.

예) 우리 학교와 이웃 학교는 줄넘기 시합에서 치열한 **경합을 벌였다**.

경합(競合: 겨룰 경, 합할 합)은 서로 맞서 겨루는 것을 말합니다. 상대편과 비슷한 실력으로 경쟁을 할 때 사용하는 표현이므로 '경쟁하다'로 순화해서 사용하면 좋아요.

도토리 키재기 속담 고만고만한 사람끼리 서로 다투다.

예) 네가 나보다 크다고? 너나 나나 **도토리 키재기**지.

도토리가 커 봤자 얼마나 크겠어요? 비슷한 크기의 도토리들이 키를 재듯, 실력이 비슷한 사람들끼리 서로 자신이 더 훌륭하다고 겨루는 모습을 표현할 때 써요.

불꽃이 튀다   겨루는 모양이 치열하다.

예 **불꽃 튀는** 접전 끝에 패배한 선수들이 너무 안타깝다.

캠핑하러 가서 모닥불을 피우면 불의 작은 파편들이 튀죠? 그것을 '불꽃'이라고 해요. 경쟁이나 토론이 서로 간에 치열하다는 뜻으로 쓰인답니다.

아성을 깨뜨리다   실력자를 이기다.

예 우리 팀은 세계 최고의 탁구 실력을 갖춘 중국의 **아성을 깨뜨렸다**.

'아성'은 상아 장식이 달린 깃발을 꽂아 둔 성을 말해요. 임금이나 대장이 지내는 성이기 때문에 다른 성과는 다르게 튼튼했어요. 그러니 좀처럼 무너뜨릴 수 없는 아성을 깨뜨렸다는 것은 그만큼 훌륭한 실력을 갖춘 상대를 이겼다는 의미가 되는 것이지요.

앞서거니 뒤서거니   서로 앞에 서기도 하고 뒤에 서기도 하며 나가는 모양.

예 두 팀이 **앞서거니 뒤서거니** 하며 열띤 경쟁을 하고 있다.

앞을 다투다   지지 않으려고 서로 경쟁하다.

예 선생님의 질문에 아이들은 **앞을 다투어** 손을 들었다.

용호상박 (성어)   비슷한 실력자끼리 서로 경쟁하다.

龍虎相搏: 용 룡, 호랑이 호, 서로 상, 칠 박

예 결승전에서 맞붙은 두 선수의 경기는 **용호상박**이었다.

'용호상박'은 중국 삼국 시대에 조조와 마초가 맞붙어 싸운 이야기에서 유래했어요. 조조는 용, 마초는 호랑이에 빗대어 용과 호랑이가 서로 치고받고 싸운다는 뜻이에요. 조조와 마초처럼 비슷한 실력을 지닌 강자끼리 경쟁할 때 사용하는 성어예요.

접전을 벌이다   승부가 쉽게 나지 않는 경기를 하다.

㉠ 일본과 우리나라는 결승전 티켓을 두고 **접전을 벌였다**.

접전(接戰: 접할 접, 싸울 전)은 경기나 전투에서 맞붙어 팽팽하게 싸우는 것을 뜻하는 말이에요.

출사표를 던지다   참여하겠다는 뜻을 밝히다.

㉠ 민수는 전교 회장 선거에 **출사표를 던졌지만** 아쉽게 떨어졌어.

'출사표'는 중국 삼국 시대 촉나라의 재상 제갈공명이 위나라를 토벌하러 떠나며 임금에게 바친 글을 말해요. 요즘은 선거에 출마할 때 자주 쓰이는 말이랍니다.

피가 터지다   경쟁이 심하다.

㉠ 상대가 만만치 않으니 이번 경기는 **피 터지겠군**.

아첨이나 아부를 나타내는 표현

아첨이나 아부는 다른 사람의 비위를 맞추기 위해 알랑거리는 말과 행동을 말한답니다.

간을 꺼내어 주다 마음을 얻기 위해 중요한 것을 주다.

예) 승진하기 위해서라면 <u>간을 꺼내어 주기</u>라도 하겠다.

생명과 연결된 간을 꺼내서 주겠다고 하니 아주 중요한 것까지도 아낌없이 주겠다는 의미가 된답니다.

간이라도 빼어 줄 듯 아낌없이 다 줄 것처럼 아첨하다.

예) <u>간이라도 빼어 줄 듯</u> 굴더니 요즘은 눈도 안 마주치더라?

요즘은 간 이식이 가능하지만, 옛날에는 간을 빼어 줄 수는 없었어요. 간을 빼 준다는 말은 중요한 것까지도 아낌없이 주겠다는 뜻이지요. 하지만 그렇게 할 수는 없으니 '줄 듯', '줄 것처럼'의 형태로 사용한답니다. 이 표현은 다른 사람에게 잘 보이려고 목숨까지도 바칠 것처럼 구는 경우를 이르지요.

감언이설 (성어) 남을 꾀는 달콤하고 듣기 좋은 말.

甘言利說: 달 감, 말씀 언, 이로울 리, 말씀 설

예) 네가 아무리 <u>감언이설</u>을 늘어놓아도 엄마는 절대 안 넘어가.

'감언'은 달콤한 말이라는 뜻이고 '이설'은 이로운 말이라는 뜻이에요. 그런데 이렇게 좋은 말만 해 주는 사람은 뭔가 바라는 것이 있기 때문이지 않을까요? '감언이설'은 결국 다른 사람을 꾀기 위한 말이랍니다.

비위를 맞추다 다른 사람의 마음에 들도록 아부하다.

예) 동생이 아프니 웬만하면 **비위 좀 맞춰** 주렴.

비위(脾胃: 비장 비, 위장 위)는 의미가 확장되어 어떤 것을 좋아하거나 싫어하는 기분을 뜻하기도 해요. 이 표현은 나의 기분과 관계없이 다른 사람의 기분을 맞추어 주는 것이에요.

비행기를 태우다
남을 지나치게 칭찬하거나 높이 치켜세우다.

예) 엄마는 출품한 내 그림이 대상은 문제없다며 **비행기를 태우셨어**.

기분이 좋으면 붕 떠오르는 느낌이 들지요? 마치 비행기를 탄 것처럼 말이에요. 이 표현은 다른 사람을 지나치게 높이 치켜세우며 아부하는 상황을 뜻한답니다.

사타구니를 긁다 눈치를 살피며 아첨하다.

예) 언니 옷을 몰래 입은 사실이 들킬까 봐 **사타구니를 긁었어**.

사타구니는 두 다리 사이를 말해요. 한여름 두 다리 사이를 상상해 보세요. 살이 서로 맞닿아 찝찝하고 가려울 때가 많아요. 그런데 말하지 않아도 가장 가려운 곳을 긁어 준다면 정말 시원하고 좋겠지요? 이 말은 상대방의 마음을 눈치채고 아첨할 때 쓰는 표현이에요.

손을 비비다 아부하다.

예) 일제 강점기 시절 앞잡이들은 일본에 **손을 비벼** 원하는 것을 얻었다.

아부 근성 뼛속 깊이 자리 잡은 아부하는 태도.

예) 형준이의 **아부 근성**은 알아줘야 한다니까.

근성(根性: 뿌리 근, 성질 성)은 태어날 때부터 가지고 있는 성질을 뜻하는데 의미가 확장되어 뿌리 깊게 박힌 성질을 뜻하기도 해요.

아양을 떨다 귀염을 받으려고 애교를 부리다.
- 예) 동생은 용돈 주는 아빠가 최고라며 **아양을 떨었다**.

'아양'은 아얌에서 온 말이에요. 아얌은 겨울에 여자들이 머리에 쓰던 쓰개를 말하는데 앞에는 수술 장식이, 뒤에는 댕기처럼 긴 아얌드림이 달려 있지요. 예쁜 아얌을 쓰고 흔들면 주위 사람들의 시선을 끌게 되겠지요? 그래서 남에게 잘 보이려고 일부러 하는 행동을 뜻하게 되었답니다.

입맛을 맞추다 상대방의 마음에 들도록 하다.
- 예) 모든 사람의 **입맛을 맞출** 수는 없다.

입에 발린 소리 겉치레로 하는 말.
- 예) 엄마는 매장 직원의 **입에 발린 소리**에 넘어가서 또 코트를 샀다.

듣기 좋은 소리만 입으로 떠들고 마음속에서는 우러나오지 않는다는 말이에요. 자칫 '입바른 소리'와 헷갈리기 쉬운데 '입바른 소리'는 바른말을 거침없이 한다는 뜻이에요.

입에 침 바른 소리 겉만 번지르르하게 꾸민 말.
- ▶ 입술에 침 바른 소리
- 예) **입에 침 바른 소리** 그만하고 사실만 말해라.

마른 입술에 침을 바르면 촉촉하고 반짝반짝 보기 좋게 되지요? 듣기 좋고 보기 좋게 꾸민 말을 '입에 침 바른 소리'라고 해요. '입술에 침 바른 소리'라고도 하지요.

장단을 맞추다 남의 기분을 맞추기 위한 말이나 행동을 하다.
- 예) 친구들이 하자는 대로 **장단 맞추는** 것도 정말 힘들어.

춤이나 노래의 빠르기가 장단이에요. 음악의 빠르기에 맞춰 손뼉을 치거나 "얼쑤!" 하며 추임새를 넣는 것을 '장단을 맞추다'라고 하지요. 다른 사람의 기분에 맞춰 무조건 찬성하는 말이나 행동을 할 때도 '장단을 맞추다'라고 하는데 이런 행동은 그 사람에게 잘 보이기 위한 마음이 담겨 있으니 아부의 뜻이 된답니다.

배신을 나타내는 표현

믿음이나 의리를 저버리는 것이 배신이죠. 배신은 늘 뒤에서 몰래 이루어지기 때문에 눈에 보이지 않는 '뒤통수', '발꿈치', '발뒤축'에 빗댄 표현들이 많아요.

고무신을 거꾸로 신다   여자가 사귀던 남자를 차버리다.
- 예) 자기야, 나 군대 가도 <u>고무신 거꾸로 신으면</u> 안 돼.

다른 남자와 있는 모습을 들켜 허겁지겁 도망치느라 신발을 제대로 신지도 못하는 상황을 표현한 말이랍니다. 이 표현은 주로 군대 간 남자를 여자가 배신하는 경우에 사용해요.

달면 삼키고 쓰면 뱉는다 (속담)
자신의 이익에 따라 옳고 그름을 판단하다.
- ▶ 감탄고토 (성어)
- 예) <u>달면 삼키고 쓰면 뱉는</u>다고 너는 필요할 때만 나를 부르더라.
- 예) 회사는 경영 사정이 안 좋아지니 직원을 해고시키는 <u>감탄고토</u>의 자세를 보였다.

이 속담은 내 입맛에 따라 생각하고 행동한다는 것이에요. 결국 자신에게 이익이 되지 않으면 입에 쓴 것을 뱉어 버리듯 배신을 하겠지요.

뒤통수를 때리다   믿음을 저버리다.
- ▶ 뒤통수를 치다
- 예) 보이스 피싱은 사람들의 <u>뒤통수를 때려</u> 돈을 가로채는 악질 범죄야.
- 예) 어떻게 네가 내 <u>뒤통수를 칠</u> 수 있니?

뒤통수를 때리는 행동은 상대방이 전혀 예상하지 못한 상황에서 가격하는 것이죠. 그만큼 충격도 크겠고요. 믿음을 저버리는 배신도 이처럼 몰래 이루어진다는 공통점이 있어요.

뒤통수를 맞다 　예상치 못한 배신을 당하다.

- 예) 믿었던 삼촌한테 **뒤통수를 맞고** 우리 가족은 길거리에 나앉았어.

갑자기 뒤통수를 맞으면 깜짝 놀랄 거예요. 전혀 대비하지 못했기 때문이죠. 믿었던 사람의 배신은 아마 더 가슴 아프고 충격이 클 거예요.

믿는 도끼에 발등 찍힌다 　속담
믿었던 사람이 배신하여 오히려 해를 입다.

▶ 발등을 찍히다
- 예) 우리 집 강아지에게 코를 물렸어. **믿는 도끼에 발등 찍혔지**, 뭐야.
- 예) 믿었던 친구에게 **발등을 찍혔어**.

옛날엔 도끼로 나무를 쪼개어 땔감을 만들었죠. 늘 사용해서 손에 익은 도끼가 갑자기 빠져 발등을 찍으면? 아마 더 황당하고 아플 거예요. 믿었던 사람이나 일에 배신을 당했을 때 이 속담을 사용하는데 간단하게 '발등을 찍히다'라고 표현하기도 합니다.

발뒤축을 물다　은혜를 베풀어 준 상대에게 해를 입히다.
▶ 발꿈치를 물다
예) 저 사람은 **발뒤축을 물고도** 남을 사람이니 특별히 조심해.

우리나라 속담 중에 '내가 기른 개가 내 발뒤축을 문다'라는 말이 있어요. 열심히 밥도 주고 돌봐 주었는데 그 은혜도 모르고 주인을 물었으니 그야말로 배신이죠. '발뒤축을 물다'는 이 속담에서 나왔어요.

발뒤축을 물리다　은혜를 베풀어 준 상대로부터 해를 입다.
예) 믿었던 직원에게 **발뒤축을 물렸다**.

발등을 찍다　남에게 해를 입히다.
예) 그 회사는 친환경 농산물이라고 속여 소비자들의 **발등을 찍었다**.

배은망덕 (성어)　은혜를 잊어버리고 배신하다.
背恩忘德: 배반할 배, 은혜 은, 잊을 망, 덕 덕
예) 힘들 때 도와줬는데 고맙다는 말도 없이 떠났대. 정말 **배은망덕**하지?

토사구팽 (성어)　필요할 때는 쓰고 쓸모없으면 버린다는 뜻.
兔死拘烹: 토끼 토, 죽을 사, 개 구, 삶을 팽
예) 평생 일한 회사에서 **토사구팽**을 당했다.

토끼를 사냥할 때 필요했던 사냥개를 사냥이 끝난 후에는 가차 없이 잡아먹는다는 거예요. 필요할 때는 중요하게 쓰고 필요 없으면 매정하게 버리는 행동을 꼬집은 표현이지요.

책임을 나타내는 표현

어떠한 일을 책임지고 도맡아 한다면 마음속엔 부담감이 들게 마련이지요. 이런 부담감은 마음속 짐과 같아서, 책임을 나타내는 표현에는 등이나 어깨에 얹거나 짊어지는 모습을 담은 표현들이 많아요.

뒤를 맡기다 뒷일을 맡기다.
예) 너에게 뒤를 맡긴다. 내가 돌아올 때까지 잘 부탁해.

어깨가 가볍다 책임에서 벗어나 마음이 홀가분하다.
예) 지난해 맡았던 총무를 안 하게 되니 어깨가 한결 가벼워.

어깨를 짓누르던 무거운 짐을 내려놓았을 때를 생각하면 이 표현이 얼마나 홀가분하고 상쾌할 때 사용하는지 알 수 있어요.

어깨가 무겁다 마음에 부담이 크다.
예) 학급 반장이 되고 나니 새삼 어깨가 무거워.

어깨를 짓누르다 중압감을 주다.
예) 어깨를 짓누르는 책임감 때문에 잠이 오질 않는다.

어깨에 걸머지다 일을 책임지고 맡게 되다.
예) 대통령은 한 나라의 운명을 두 어깨에 걸머지고 나가야 하는 사람이다.

어깨에 지다   어떤 일에 대한 책임이나 의무를 마음에 두다.

▶ 어깨에 짊어지다

예) 요즘은 초등학생 때부터 공부에 대한 부담감을 <u>어깨에 지고</u> 있다.

옛날에는 무거운 물건을 나를 때 지게를 이용했어요. 두 어깨에 지게를 지고 볏짚이든 나무든 물건들을 옮겼어요. 두 어깨에는 항상 무거운 짐이 있었죠. 그래서 무거운 책임이나 의무가 지어질 때 '어깨에 지다'라는 표현을 사용해요.

잘되면 제 탓 못되면 조상 탓 〔속담〕
일이 안될 때 그 책임을 남에게 돌리는 태도.

▶ 안되면 조상 탓 〔속담〕

예) <u>잘되면 제 탓 못되면 조상 탓</u>이라더니, 자기가 잘못해 놓고 왜 친구 핑계를 대니?

일이 잘되면 자기가 잘해서 그런 것이고, 못되면 조상님이 도와주지 않았거나 못자리를 잘못 써서 그런 거라고 남을 원망한다는 말이에요.

총대를 메다   꺼리는 일을 맡다.

예) 내가 이 일에 책임을 지고 <u>총대를 멜</u> 테니 너희들은 너무 걱정하지 마.

옛날에는 총이 흔하지 않았기 때문에 총을 든 병사는 그만큼 중요한 임무를 맡거나 전쟁에서 맨 앞에 나서야 했답니다. 그래서 '총대를 메다'가 아무도 나서서 맡고 싶어 하지 않는 일을 대표로 맡게 되었을 때를 속되게 일컫는 말이 되었답니다.

요구를 나타내는 표현

무엇인가 필요할 때 우리는 어떻게 하나요? 직접 손을 내밀어 달라고 하기도 하고 슬쩍 눈치를 줘서 알게 하기도 하지요. 요구를 나타내는 표현에는 우리의 이러한 행동들이 말에 담겨 있답니다.

곁눈을 주다   남이 모르도록 눈짓하다.
- 예) 아빠 몰래 빨리 나가라고 언니에게 **곁눈을 주었다**.

얼굴은 돌리지 않고 눈알만 옆으로 굴려서 보는 눈을 '곁눈'이라고 해요.

귀띔하다   미리 슬그머니 일깨워 주다.
- 예) 오늘 엄마 생신이라고 오빠에게 **귀띔했다**.

다리아랫소리   남에게 굽실거리거나 애걸하는 말.
- 예) 상황이 급하다 보니 **다리아랫소리**를 하지 않을 수 없었다.

머리를 다리 아래까지 숙여 내는 소리를 말해요. 남에게 굽실거리는 모습을 표현한 것이죠.

물에 빠진 놈 건져 놓으니까 내 봇짐 내라 한다 〔속담〕
은혜도 모르고 생트집을 잡으며 억지 요구를 하다.

▷ 물에 빠진 놈 건져 놓으니까 망건값 달라 한다 〔속담〕
- 예) **물에 빠진 놈 건져 놓으니까 내 봇짐 내라 한다**더니 내가 왜 의심을 받아야 하는 거니?

물에 빠진 사람을 힘들게 구해 줬더니 자기 봇짐은 어쨌냐며 생트집을 잡는 어이없는 상황이네요. 남에게 은혜를 입고서 그 고마움도 모르고 억지 부리는 사람을 보면 이 속담을 사용해 보세요.

손을 내밀다 무엇을 달라고 요구하다.
- 손을 벌리다
- 예) 고모는 사업이 어려워 할머니께 **손을 내밀었다**.
- 예) 스무 살이 지나면 부모님께 **손 벌리지** 않고 내 용돈은 내가 벌어서 쓸 생각이야.

손을 뻗치다 적극적으로 도와달라거나 요구하다.
- 손길을 뻗치다
- 예) 친구에게 도와달라고 **손을 뻗쳤지만**, 친구는 모른 척하고 지나가 버렸다.
- 예) **손길을 뻗치는** 가난한 사람들을 차마 외면할 수 없었다.

애걸복걸 [성어] 소원을 들어 달라고 애처롭게 사정하며 빌다.
哀乞伏乞: 불쌍히 여길 애, 빌 걸, 엎드릴 복, 빌 걸
- 예) 혹부리 영감은 제발 목숨만 살려 달라며 도깨비에게 **애걸복걸** 빌었어요.

불쌍하게 생각해 달라며 엎드려서 빌고 또 비는 것을 '애걸복걸'이라고 해요. 소원을 들어 달라고 요구하며 간절하게 비는 모습이죠.

엎드려 절 받기 [속담] 상대방은 마음에 없는데 억지로 요구하여 대접을 받다.
- 억지로 절 받기 [속담]
- 예) 생일이라고 동네방네 떠들어서 선물을 받았으니 **엎드려 절 받기**지, 뭐니?

내가 인사를 하면 인사할 생각이 없던 상대방도 얼떨결에 나에게 인사를 하겠죠? 이처럼 상대방은 생각도 하지 않는데 자기 스스로 요구하여 대접을 받을 때 사용하는 표현이에요.

옆구리를 찌르다
옆구리를 찔러 비밀스럽게 신호를 보내다.
- 예) 동생은 내가 **옆구리를 찔러도** 눈치채지 못하고 계속 떠들어 댔다.

줄수록 양양 속담 주면 줄수록 더 달라고 보채다.

▶ 줄수록 냠냠 속담

예 너는 선물을 받았으면 고마워해야지, 왜 <u>줄수록 양양</u>이니?

'양양'은 어린아이의 울음소리이고, '냠냠'은 어린아이가 먹는 소리예요. 그러니까 이 속담은 이미 많이 줬는데도 볼멘소리를 하며 더 달라고 보챌 때 사용해요.

주도권을 나타내는 표현

주도권은 주도적으로 이끌어 나가는 힘이나 권력을 말해요. 자신에게 주어진 힘을 가지고 이리저리 이끄는 것이라 '고삐를 잡다', '쥐고 흔들다'처럼 손의 움직임과 관련된 표현들이 많아요.

고삐를 잡다 통제하다.

- 예) 승리의 **고삐를 잡은** 한국 팀이 마침내 최종 우승을 했다.

'고삐'는 말이나 소를 몰려고 재갈이나 코뚜레에 잡아매는 줄이에요. 고삐를 잡고 있으면 말이나 소를 마음대로 몰고 다닐 수 있죠. 그래서 '고삐를 잡다'가 통제하거나 주도한다는 의미를 지니게 되었어요. 주로 '~의 고삐를 잡다'와 같은 형태로 쓰이죠.

고삐를 틀어쥐다 어떤 일을 틀어쥐고 능동적으로 주도하다.

- 예) 정신을 바짝 차리고 **고삐를 틀어쥐어야** 우리가 이길 수 있다.

깃발을 꽂다 남보다 앞서서 차지하다.

- 예) 우리 회사가 유럽의 전기차 부분에서 첫 **깃발을 꽂았다**.

전쟁에서 이기면 그 땅을 차지했다는 의미로 깃발을 세워요. 그러니까 이 표현은 먼저 차지하고 주도권을 잡았다는 의미랍니다.

꽉 잡고 있다 주도권을 차지하고 있다.

- 예) 이 동네는 내가 **꽉 잡고 있으니** 나만 믿고 따라오면 돼.

들었다 놨다 하다 주도권을 잡아 자기 마음대로 다루다.

- 예) 멋진 노래로 심사위원의 마음을 **들었다 놨다 했다**.

떡 주무르듯 하다   하고 싶은 대로 다루다.

🔵 돈줄을 거머쥔 김 이사는 타 부서를 떡 주무르듯 하였다.

떡 반죽은 부드럽고 유연해서 사람이 주무르는 대로 모양이 나오죠. 이처럼 어떤 일을 떡 주무르듯 마음대로 다룰 수 있을 때 이 표현을 사용해요.

북 치고 장구 치다   혼자서 여러 가지 일을 다 하다.

🔵 수비도 하고 공격도 하고. 너 혼자서 북 치고 장구 치고 다 하는구나!

북도 치고 장구도 친다는 것은 여러 사람이 해야 할 일을 혼자 다 한다는 말이죠. 주로 혼자서 주도권을 잡고 놓지 않는 것을 비꼴 때 사용해요.

손아귀에 넣다   완전히 자기 소유로 만들거나 통제 아래 두다.

▶ 손안에 넣다

🔵 나폴레옹은 전 유럽을 자신의 손아귀에 넣으려고 했다.

'손아귀'는 손으로 쥐는 힘을 뜻하는데, 세력이나 힘이 미치는 범위로 확대되어 쓰이기도 하지요. 이 표현은 완전히 주도권을 잡았다는 뜻이지만 주로 부정적인 의미로 쓰여요.

손안에서 주무르다   마음대로 움직이다.

🔵 그 녀석은 컴퓨터를 손안에서 주무를 정도로 잘 다룬다.

주름잡다   모든 일을 마음대로 움직이다.

🔵 그 배우는 이십 년 전 안방극장을 주름잡던 배우였다.

다리미로 천을 내 마음대로 주름잡는 것처럼 원하는 대로 거침없이 일할 때 '주름잡다'라고 해요.

주도권 | 091

쥐고 흔들다 자기 마음대로 조정하다.

▶ 쥐었다 폈다 하다, 쥐락펴락하다

예 아름다운 모습을 한 왕비가 한 나라를 쥐고 흔들었다니 믿기지 않는다.
예 아빠는 용돈을 빌미 삼아 우리를 쥐락펴락하며 심부름을 시키셨다.

꼼짝 못 하게 쥐고 흔들면 내가 흔드는 대로 마구 흔들리겠죠? 그러니까 '쥐고 흔들다'는 내 마음대로 조정한다는 뜻이에요. 쥐었다 폈다 하는 모습을 나타내는 '쥐락펴락'도 남을 자기 손아귀에 넣고 마음대로 부린다는 뜻이 있으니 모두 같은 의미랍니다.

칼자루를 잡다 결정권을 가지다.

▶ 도낏자루를 쥐다

예 칼자루를 잡은 사람은 너니까 네 마음대로 해.

'자루'는 연장에 달린 손잡이를 말해요. 칼이나 도끼는 위험한 물건이긴 하지만 자루를 잡은 사람에 따라 위험하게 쓰일 수도 아닐 수도 있지요. 그래서 칼자루를 잡았다는 표현은 어떤 일의 권력이나 주도권을 잡았다는 뜻이 됩니다.

호랑이 없는 골에 토끼가 왕 노릇 한다 속담
뛰어난 사람이 없는 곳에서 보잘것없는 사람이 세력을 잡는다.

▶ 호랑이 없는 동산에 토끼가 선생 노릇 한다 속담

예 호랑이 없는 골에 토기가 왕 노릇 한다더니 선생님이 안 계시니 반장 마음대로다.

호랑이를 동물의 왕이라고 하죠. 힘센 호랑이가 없는 골에서는 힘없는 토끼가 왕 노릇을 한다고 하니 뛰어난 사람이 없는 곳에서 보잘것없는 사람이 주도권을 잡은 형국을 이르는 말입니다.

특별하거나 뛰어남을 나타내는 표현

'여간', '여느', '예사', '범상'과 같은 말들의 공통점을 아시나요? 바로 평범하다는 뜻의 말들이에요. 여기에 부정을 나타내는 '아니다'를 붙이면 평범하지 않은 특별함을 나타낸 표현이 되지요.

군계일학 〈성어〉 많은 사람 가운데서 뛰어난 인물.
群鷄一鶴: 무리 군, 닭 계, 하나 일, 학 학

예) 그 친구는 찾기 쉬울 거야. 사람이 많아도 키로 보나 외모로 보나 **군계일학**이거든.

중국 위나라에 지혜롭고 재주 많은 혜소라는 사람이 있었어요. 사람들은 그를 보고 "의젓하고 당당한 것이 마치 닭 무리 속에 고고히 서 있는 한 마리 학 같다."라며 칭찬을 아끼지 않았죠. 여기서 군계일학이 유래했어요. '닭 무리 속에 한 마리 학' 그러니까 많은 사람 중에 유난히 돋보이는 뛰어난 사람을 가리키는 말입니다.

독보적 홀로 뛰어난.

예) 우리나라는 반도체 분야에서 **독보적**인 기술을 가졌다.

'독보적'이라는 것은 혼자 걸음이 앞섰다는 것이니 그만큼 뒤처지지 않고 뛰어나다는 의미입니다.

두각을 나타내다 남다른 재능을 보이다.

예) 웅빈이는 노래에 남다른 **두각을 나타냈다**.

'두각'은 원래 짐승의 머리에 있는 뿔을 뜻하는데 뛰어난 학식이나 재능을 일컫는 말로 확대되어 쓰여요. 아마 머리의 뿔이 클수록 많은 무리 가운데 돋보이기 때문일 거예요.

발군 특별히 뛰어나다.
拔群: 빼어날 발, 무리 군

예) 지성이는 축구에서 **발군**의 실력을 발휘했다.

방점을 찍다 강한 인상을 남길 만큼 뛰어나다.

예 이번 영화에서 그의 화려한 발차기는 **방점을 찍었다**는 평가를 받았다.

방점(傍點: 곁 방, 점 점)은 글자 옆이나 위에 찍는 점을 뜻해요. 글을 쓰는 사람들이 특별히 강조하고 싶은 단어 위에 점을 찍었는데 이것이 어떤 것을 특별히 강조하거나 그만큼 중요하고 뛰어나다는 의미로 확장된 것이랍니다. 주로 '~에 방점을 찍다'의 형태로 쓰여요.

백미 (성어) 여럿 가운데 가장 뛰어난 것.

白眉: 흰 백, 눈썹 미

예 이번 연주회의 **백미**는 단연 피아노 독주였어.

여럿 가운데 가장 뛰어난 사람이나 물건을 이를 때 '백미'라고 해요. 한자 그대로 풀이하면 흰 눈썹이라는 뜻인데 중국 촉한 때 마씨의 다섯 형제 중 눈썹 속에 흰 털이 난 마량이 가장 뛰어났다는 데서 유래했어요.

범상치 않다 특별하다.

예 수진이 그림 솜씨가 **범상치 않아**. 학원에서 따로 배우지도 않았대!

'범상치 않다'는 '범상하지 않다'를 줄여 쓴 말이에요. '범상하다'는 평범하다는 뜻이니까 '범상치 않다'는 특별하다는 뜻이겠죠?

보통이 아니다 뛰어나다.

예 저 꼬마 아이 말솜씨가 **보통 아니네**.

'보통 아니다'는 만만하게 여길 만큼 평범하지 않다는 뜻이에요. 무언가를 잘할 때 칭찬하는 말로 사용되지요.

세상없다 세상에 다시없다.

예 저렇게 사랑스런 아이는 **세상없을** 거야.

세상천지에 세상 어디에도.

● 세상천지에 그 사람보다 착한 사람은 없지.

'세상'과 '천지'는 비슷한 의미예요. 그러니까 이 표현은 이 세상에 더는 없다는 것을 강조한 말이에요. 그만큼 특별하다는 말이죠.

손가락 안에 꼽히다 몇 안 되게 특별하다.

● 현주는 바이올린 연주에서 **손가락 안에 꼽히는** 실력자였다.

압권 여럿 가운데 가장 뛰어난 것.

● 그 뮤지컬의 **압권**은 모든 배우가 한자리에 모여 합창을 하는 장면이야.

압권(壓卷: 누를 압, 책 권)은 시험지를 누른다는 뜻이에요. 옛날 과거 시험에서 합격한 답안지를 임금에게 올릴 때, 장원인 답안지를 제일 위에 올려놓았어요. 그러니 가장 위에서 나머지를 누르는 답안지가 제일 훌륭한 답을 적은 답안지죠. 여기에서 여럿 가운데 가장 뛰어난 것을 가리키는 '압권'이라는 말이 유래하였어요.

여간이 아니다 보통이 아니고 대단하다.

● 아직 꼬맹이인데 창 하는 솜씨가 **여간 아니라** 사람들이 깜짝 놀랐다.

'여간'은 보통으로 보아 넘길 만한 것을 나타내요.

여느 때 없이 보통 때와는 다르게.

● 누가 오시는지 식탁은 **여느 때 없이** 산해진미로 차려졌다.

평소에는 없는, 그러니까 보통 때와 다른 특별함을 의미합니다.

예사롭지 않다 특별하다.

● 춤 솜씨가 **예사롭지 않은데**? 연습을 정말 많이 했나 봐.

'예사롭다'는 흔히 있을 만하다는 뜻이에요.

유례가 없다 비슷한 예가 없다.

예) 이번 추위는 역사상 **유례가 없는** 강추위이므로 철저히 대비해야겠습니다.

'유례가 없다'는 같거나 비슷한 예가 없다는 뜻으로 놀랄 만한 새로운 일이나 현상을 강조할 때 사용해요.

유일무이 (성어) 오직 하나뿐이고 둘도 없다.

唯一無二 : 오직 유, 하나 일, 없을 무, 둘 이

예) 그렇게 발명을 좋아하는 친구는 정말 **유일무이**할 거야.

전무후무 (성어) 이전에도 없었고 앞으로도 없다.

前無後無 : 앞 전, 없을 무, 뒤 후, 없을 무

예) 이번 올림픽에서 러시아 펜싱 선수는 **전무후무**한 기록을 세웠다.

중요함을 나타내는 표현

금이야 옥이야 속담   매우 애지중지하여 귀중히 여기다.
예 지난해 아빠가 사주신 게임기는 내가 금이야 옥이야 아끼는 물건이야.

달걀로 치면 노른자다 속담   가장 중요한 부분.
예 케이크 위에 초콜릿 장식은 달걀로 치면 노른자야. 얼마나 맛있다고!

노른자는 달걀의 한가운데, 영양분이 가장 많은 부분이에요. 이 속담은 가장 중요한 부분을 일컬을 때 사용한답니다.

대수롭다   중요하게 여길 만하다.
예 대수롭지 않은 일이니 너무 신경 쓰지 마세요. 제가 알아서 할게요.

둘도 없다   오직 하나뿐이고 더는 없다.
예 세상에 둘도 없는 우리 딸!

둘도 없다는 것은 오직 그거 하나뿐이라는 말이에요. 그 이상 되는 것이 없을 만큼 지극히 귀중하다는 뜻이죠.

앞에 내세우다 다른 것보다 중요하게 여기다.
예 이번 광고에서는 디자인보다 기술력을 앞에 내세우기로 합시다.

약방에 감초 속담 어떤 일에 꼭 있어야 하는 물건이나 사람.
예 은희는 약방에 감초처럼 어딜 가나 사람들에게 인기가 좋다.

한약을 짓는데 빠지지 않는 약재 중에 달콤한 맛을 내는 감초가 있어요. 한약방에는 언제나 감초가 있다는 것을 생각하면 이 속담의 뜻을 이해하기 쉬워요.

열 일 제치다 제일 우선순위로 두다.
예 네 일이라면 열 일 제치고 달려갈게.

화룡점정 성어 무슨 일을 이루는 데 가장 중요한 부분을 완성하다.
畵龍點睛 : 그림 화, 용 룡, 점 점, 눈동자 정
예 이어달리기야말로 운동회의 화룡점정이지.

장승요라는 사람이 용 네 마리를 그렸는데, 이상하게도 눈동자를 그려 넣지 않았대요. 그리고는 "눈동자를 그리면 용이 날아가 버리기 때문이다."라고 말했답니다. 사람들이 그 말을 비웃자 용 한 마리에 눈동자를 그려 넣었는데 정말로 용이 벽을 깨치고 나와 하늘로 올라가 버렸다는 이야기가 있어요. 이 이야기에서 유래해 '화룡점정'이 사물의 가장 중요한 부분을 완성한다는 의미가 된 것이죠.

혈연관계를 나타내는 표현

가족, 형제, 친척은 나와 피를 나눈 사람들이에요. 이렇게 같은 핏줄로 연결된 인연을 혈연관계라고 합니다. 그래서 혈연관계를 나타내는 표현에는 핏줄을 의미하는 '피'가 들어간 표현이 많아요.

가까운 남이 먼 일가보다 낫다 속담
어려운 일이 있을 때 멀리 사는 친척보다는 가까이 사는 이웃이 도움을 주고받기 쉽다.
- 먼 사촌보다 가까운 이웃이 낫다 속담
- 예) 가까운 남이 먼 일가보다 낫다고, 매번 우리 가족을 도와주셔서 정말 감사합니다.

옛날 농사를 짓고 살 때는 마을 사람들끼리 품앗이를 하며 서로 돕고 살았어요. 오늘은 이 집에 가서 이웃들이 도와주고 내일은 저 집에 가서 이웃들이 도와주었지요. 그러니 이 속담처럼 멀리 사는 친척보다 가까이에서 힘든 일을 도와주는 이웃이 더 가깝게 느껴졌겠지요?

그 아버지에 그 아들 속담
자식이 여러 면에서 부모와 닮은 경우를 이르는 말.
- 그 어머니에 그 딸 속담
- 예) 아침잠 많은 것도 똑같으니 정말 그 아버지에 그 아들이라니까.

배가 다르다 아버지는 같으나 어머니가 다르다.
- 밭이 다르다
- 예) 나와 언니는 배다른 자매지만 사이가 좋다.

어머니가 배에 아이를 품고 있다 낳았기 때문에 생긴 말이죠. 남자의 정자를 '씨', 여자의 자궁을 '밭'에 비유해서 어머니가 다를 경우 '밭이 다르다'라고도 해요. 이런 형제 관계를 한자로 이복형제(異腹兄弟: 다를 이, 배 복, 형 형, 아우 제)라고 하지요.

사돈의 팔촌 남이나 다름없는 먼 친척.

예 집안 행사에 **사돈의 팔촌**까지 다 모여서 사람들로 북적북적하다.

'사돈'은 결혼으로 맺어진 관계라 친척이 아니에요. '팔촌'은 혈연관계에서 가장 먼 사람이죠. 나와 피 한 방울 섞이지 않은 사돈의 먼 팔촌이니 알 가능성이 거의 없거나 남이나 다름없는 아주 먼 친척을 표현할 때 '사돈의 팔촌'이라고 해요.

열 손가락 깨물어 안 아픈 손가락 없다 속담
자식은 다 귀하고 소중하다.

예 **열 손가락 깨물어 안 아픈 손가락 없다**더니 어쩜 이렇게 다 예쁠까.

팔이 안으로 굽지 밖으로 굽나 속담
자기와 가까운 사람에게 더 정이 쏠린다는 말.

▶ 팔이 들이굽지 내굽나 속담

예 **팔이 안으로 굽지 밖으로 굽겠니**? 당연히 동생한테 일이 생기면 내가 도와줘야지.

간혹 팔을 밖으로 굽힐 수 있는 사람도 있지만 보통은 팔이 다 안으로 굽지요? 피를 나눈 가족이나 자기와 가까운 사람에게 일이 생기면 특히 더 챙길 수밖에 없다는 것을 말하는 표현이에요.

피는 물보다 진하다 속담 남보다 피를 나눈 혈육의 정이 더 깊다.

예 **피는 물보다 진하다**더니, 그래도 어려운 일 생길 때 형제가 큰 힘이 되는구나!

피를 나누다 혈육의 관계이다.

예 형은 나와 **피를 나눈** 형제인데 어쩜 이렇게 성격이 다를까?

여기서 '나누다'는 주고받았다는 의미예요. 같은 핏줄을 타고나 피를 주고받은 부모나 형제 관계를 말할 때 사용하는 표현이에요.

핏줄이 당기다 혈육의 정을 느끼다.

예) 어머니와 헤어져 20년 만에 만났지만, 핏줄이 당겨서 그런지 금방 어색함이 사라졌다.

한 어미 자식도 아롱이다롱이 속담
한 어미에게서 난 자식도 각각 다르다는 말.

예) 한 어미 자식도 아롱이다롱이라는 말처럼 오빠와 나는 식성이 정반대야.

같은 어머니 밑에서 태어나도 자식들이 서로 다르다는 뜻이에요. 모든 일이 똑같지 않을 때에도 이 속담을 사용하기도 해요.

한 치 걸러 두 치 속담
촌수가 멀어질수록 사이가 더욱 벌어진다.

▶ 한 다리가 천 리 속담

예) 한 치 걸러 두 치라고, 할머니의 손주 사랑보다 부모의 자식 사랑이 더 깊다.

'한 치', '두 치'에 쓰이는 '치'는 길이를 나타내는 단위인데 한 치를 건너뛰고 두 치가 되었으니 그만큼 거리가 더 멀어진 것이겠죠? 이 속담은 친족 사이에서 촌수가 멀어질수록 사이가 더 벌어진다는 뜻으로 쓰여요. 촌수와 관계없는 친분에도 사용할 수 있어요.

마음가짐
에 어울리는 **찰떡 표현**

- 당당함
- 당당하지 못함
- 억눌림, 위축됨
- 희망, 기대
- 욕심, 지나침
- 관심, 흥미
- 무관심
- 결심
- 노력, 끈질김
- 포기, 항복
- 칭찬, 존경

당당함을 나타내는 표현

다른 사람 앞에서 꿀릴 것이 없이 떳떳한 것을 당당하다고 하지요. '당당하다'의 당(堂)은 터를 높이 돋우고 앞이 툭 터져 개방된 집을 말해요. 그 자신감 있고 우뚝한 모습에서 '당당하다'는 말이 생겼어요.

가슴을 펴다 굽힐 것 없이 당당하다.
ⓔ 운동은 자신 있어서 체육 시간만큼은 **가슴을 펴고** 다닌다.

거리낌이 없다 마음에 걸리는 것이 없다.
ⓔ 우리나라는 밤에 **거리낌이 없이** 돌아다녀도 될 만큼 안전한 편이다.

'거리낌'은 방해되는 것이나 마음에 걸려 꺼림칙한 것을 말해요. 그러니 '거리낌이 없다'는 표현은 그만큼 마음에 걸리는 것 없이 당당하다는 뜻이죠.

고개를 들다 떳떳이 대하다.
ⓔ 누명을 벗어 **고개를 들고** 다닐 수 있게 됐다.

떳떳하지 못하면 고개를 들고 눈을 마주치기도 부끄러울 거예요. 반대로 부끄러울 일이 없으면 당당하게 고개를 들겠지요.

기탄없이 말하다 거리낌 없이 솔직하게 말하다.
ⓔ 할 말이 있으면 이 자리에서 **기탄없이 말해 봐.**

'기탄'은 어렵게 여겨 꺼린다는 뜻이에요. 그러니까 '기탄없이'는 거리낌이 없다는 뜻이 되죠.

뒤가 깨끗하다 숨겨 둔 약점이나 잘못이 없다.

예) 저 친구는 **뒤가 깨끗한** 사람이야. 정말 믿을 수 있는 사람이지.

다른 사람에게 보여 주고 싶지 않은 무언가를 숨길 때는 뒤에 몰래 감추게 되지요. 그런데 뒤에 감추거나 숨겨 둔 것 없이 깨끗하니 그만큼 떳떳하다는 의미가 된답니다.

어깨를 펴다 굽힐 것 없이 당당하다.

예) 이제는 **어깨를 펴고** 당당하게 말할 거야.

얼굴을 들다 남을 떳떳이 대하다.

▶ 낯을 들다

예) 엄마가 온 동네에 달리기 1등이라고 자랑을 하셔서 **얼굴을 들** 수가 없어.
예) 너 때문에 창피해서 **낯을 들고** 다닐 수가 없다.

'얼굴'을 '낯'으로 바꿔서 '낯을 들다'라고도 해요. 흔히 '~하지 못하다', '~수 없다'를 붙여 떳떳하지 못하다는 부정적인 표현으로 사용하지요.

의기양양 성어 기분이 날아갈 듯 뽐내고 자랑하는 모양새.

意氣揚揚: 뜻 의, 기운 기, 오를 양, 오를 양

예 최우수상을 받고 <u>의기양양</u>한 얼굴로 돌아왔다.

옛날 중국에 유명한 재상을 모시던 마부가 있었어요. 그런데 어느 날 이 마부의 아내가 이혼을 하자고 하는 거예요. 마부가 그 이유를 물어보니 "당신이 모시는 재상은 벼슬이 높아도 오히려 겸손한데 당신은 그 분의 수레를 몰면서 그렇게 의기양양하게 뽐내고 다니니 너무 창피해요."라는 거예요. 마부는 아내를 통해 자신의 모습을 깨닫고 겸손한 사람이 되었대요. 이 옛이야기에서 '의기양양'이라는 표현이 나왔어요. 마부가 마치 자신이 높은 사람인 양 자랑스러워하는 모습을 떠올리면 이해하기 쉬울 거예요.

위풍당당 성어 풍채가 위엄 있고 당당하다.

威風堂堂: 위엄 위, 바람 풍, 집 당, 집 당

예 군인들의 행진하는 모습이 늠름하고 **위풍당당**해 보였다.

'풍채'는 겉으로 드러나 보이는 사람의 모양새를 뜻해요. '위풍당당'이라고 하면 사람이 위엄 있어 보이고 떳떳하다는 의미가 됩니다.

당당하지 못함을 나타내는 표현

'낯을 들다'와 '낯을 못 들다', '어깨를 펴다'와 '어깨를 움츠리다'처럼 당당함과 반대되는 표현들이 많아요.

구차하다 　말이나 행동이 떳떳하지 못하다.

예) **구차하게** 굴지 말고 그냥 네가 하고 싶은 대로 해라.

살림이 몹시 가난한 경우에 '구차하다'라고 표현해요. 말과 행동도 번듯하게 내세울 것이 없을 때 '구차하다'라고 사용한답니다. '구차하다'에 '굴다'라는 동사가 붙으면 떳떳하지 못하게 행동하는 것을 의미하게 됩니다.

낯을 못 들다 　창피하여 떳떳하지 못하다.

예) 남자친구와 뽀뽀하는 모습을 엄마에게 들킨 후로 **낯을 못 들고** 다니겠어.

도둑이 제 발 저리다 (속담) 　지은 죄가 있어 마음이 조마조마하다.

예) **도둑이 제 발 저린다**더니, 네가 먼저 청소할 때부터 알아봤지.

발이 오래 눌려 있으면 피가 잘 통하지 않아 저릿저릿 아파지는데 그런 현상을 '저리다'라고 해요. 도둑이 자기 죄가 들통날까 봐 안절부절못하는 모습이, 발이 저려 일어나지도 앉지도 못하는 모습과 같아서 생긴 속담이에요. 잘못된 행동을 들킬까 봐 조마조마하다가 결국에는 실수를 했을 때, 이 표현을 사용할 수 있답니다.

뒤가 구리다 　숨겨 둔 약점이 있다.

예) 나를 볼 때마다 피하는 걸 보니 **뒤가 구린** 게 틀림없어.

지독한 냄새가 날 때 '구리다'는 표현을 사용해요. 방귀를 뀌었는데 아닌 척하는 사람을 보면 의심의 눈길을 보내지요? 약점이나 비밀이 있는 것 같은데 아닌 척할 때 '뒤가 구리다'라는 표현을 사용할 수 있어요. 그리고 보니 방귀 냄새와 약점은 들키고 싶지 않다는 공통점이 있네요.

뒤가 켕기다 약점이나 잘못이 있어 마음이 불안하다.

◉ 교실 청소를 하지 않고 도망가려니 자꾸 뒤가 켕긴다.

'켕기다'는 탈이 날까 불안해한다는 의미가 있어요. 또 '뒤'는 드러나지 않는 부분이죠. '뒤가 켕기다'는 아직 드러나지 않은 사실이나 잘못 때문에 불안할 때 사용하는 표현이에요.

어깨가 움츠러들다 떳떳하지 못하고 부끄럽다.

◉ 수업 시간에 준비물을 챙겨 오지 않아 어깨가 움츠러들었다.

기를 펴지 못하고 주눅이 들어 있는 상황에서 사용할 수 있는 표현이에요.

어깨가 처지다 풀이 죽고 기가 꺾이다.

▶ 어깨가 늘어지다
◉ 은서가 회장 선거에서 떨어져서 그런지 오늘따라 어깨가 처져 보이네.
◉ 시험에서 떨어진 후로 어깨가 축 늘어졌다.

유구무언 성어 입이 있으나 변명할 말이 없다.

有口無言: 있을 유, 입 구, 없을 무, 말씀 언

▶ **입이 열 개라도 할 말이 없다** 속담

예) 범인은 증거가 나오자 <u>유구무언</u>하였다.

예) 죄송합니다. 다 제 잘못입니다. <u>입이 열 개라도 할 말이 없네요.</u>

크게 잘못해서 사람들 앞에 당당하게 나설 수 없는, 미안해서 변명의 말조차 할 수 없는 상황에서 사용하는 표현이에요. '입이 열 개라도 할 말이 없다'는 속담도 비슷한 의미로 사용할 수 있어요.

의기소침 성어 기운이 없어지고 풀이 죽다.

意氣銷沈: 뜻 의, 기운 기, 녹일 소, 가라앉을 침

예) 친구보다 키가 작다고 <u>의기소침</u>하지 마. 점점 더 클 거야.

기운을 드날리는 '의기양양'과는 반대로 '의기소침'은 기운이 가라앉은 모습을 나타내요. 뜻하던 일이 제대로 되지 않았거나 자신감이 떨어졌을 때 사용하는 표현입니다.

억눌리고 위축됨을 나타내는 표현

어떤 힘에 눌려 졸아들거나 기를 펴지 못하는 상황에서 사용할 수 있는 표현들입니다.

고양이 앞에 쥐 속담 무서운 사람 앞에서 꼼짝 못 하는 모양.
▶ 쥐가 고양이를 만난 격 속담
- 예 경찰 아저씨 앞에선 죄도 없는데 꼭 고양이 앞에 쥐가 된다니까.

쥐에게 가장 무서운 천적은 바로 고양이죠. 쥐가 고양이 앞에서 설설 기듯이 한없이 움츠러들고 기를 펴지 못하는 상황을 의미해요.

기가 꺾이다 기운이 수그러들다.
- 예 기가 꺾여서 제대로 싸워 보지도 못했다.

기가 질리다 겁이 나고 두렵다.
- 예 우리 편이 이기는 것을 보고 기가 질렸는지 상대편이 기권을 하였다.

놀라거나 두려워서 얼굴빛이 변하는 것을 '질리다'라고 해요.

기를 죽이다 힘 빠지게 하다.
- 예 여보, 열심히 하는 애 기 죽이지 말고 칭찬 많이 해 주세요.

기죽다 기세가 꺾여 약해지다.
- 예 그까짓 일에 기죽지 마라.

꼬리를 내리다   물러서거나 움츠러들다.

예) 상대편 씨름 선수의 허벅지를 본 순간, 꼬리를 내릴 수밖에 없었다.

개가 꼬리를 내리거나 다리 사이에 집어넣고 숨기는 것은 두려움, 항복의 표시라고 해요. 힘센 상대를 만났을 때 개가 꼬리를 내리듯 상대방 앞에서 기를 펴지 못할 때 사용하는 표현이에요.

꼬리를 사리다   겁이 나 슬금슬금 피하다.

예) 짚라인 탈 차례가 다가오자 모두 꼬리를 사렸다.

'사리다'는 꼬리를 다리 사이에 구부려 낀다는 뜻이에요. 의미가 확대되어 살살 피하고 몸을 아낀다는 의미도 있어요.

꼼짝 못 하다   힘에 눌려 기를 펴지 못하다.

예) 아빠는 엄마 앞에서 꼼짝 못 하신다.

눈칫밥을 먹다   눈치를 살피면서 불편하게 생활하다.

예) 그는 어린 시절 부모님을 일찍 여의고 눈칫밥을 먹고 자랐지만 굳은살 없이 바르게 자랐다.

다른 사람의 눈치를 보아 가며 얻어먹는 밥을 '눈칫밥'이라고 해요. 다른 사람의 기분을 살피느라 마음껏 먹지도 마시지도 못하는 불편한 상황에 주로 사용하는 표현이에요.

설설 기다   기가 죽어 순종만 하다.

예) 아버지가 설설 기는 사람은 오직 할아버지뿐이야.

'설설'은 벌레가 기어 다니는 모양을 말해요. '설설 기다'는 기가 죽어 자신 없는 모습을 벌레처럼 작고 힘없는 동물에 비유한 것입니다.

숨도 제대로 못 쉬다 표현하지 못하고 억압받다.
▶ 숨도 크게 못 쉬다
예) 도망치다 잡혀 온 노예들은 **숨도 제대로 못 쉬고** 살았다.

이 표현은 마음대로 할 수 없고 자기 의견도 내세울 수 없는 상황에서 사용할 수 있어요.

숨을 죽이다 아무 말도 못 하다.
예) 강아지의 자는 모습을 카메라에 담으려고 가족 모두 **숨죽이고** 조용히 있었다.

입을 막고 숨을 죽이면 아무 말도 할 수 없는 것처럼 하고 싶은 말이나 행동을 하지 못한다는 뜻이에요.

숨통을 조이다 중요한 부분을 제압하다.
예) 부모님의 지나친 관심은 자식의 **숨통을 조인다**.

싹을 밟다 처음부터 못 하게 막다.
예) 이제 막 시작한 민주주의의 **싹을 밟아서는** 안 된다.

오금을 못 펴다 두려워 꼼짝 못 하다.
▶ 오금을 못 쓰다
예) 그는 빚쟁이들 앞에서 **오금을 못 펴고** 쩔쩔맸다.

무릎의 구부러지는 오목한 안쪽 부분을 '오금'이라고 해요. 오금을 못 편다는 것은 다리에 힘을 주고 서 있을 수 없을 만큼 두렵고 쩔쩔맨다는 뜻이에요. 반대로 '오금을 펴다'는 마음 놓고 자유롭게 지낸다는 뜻이 있어요.

입 안의 소리 웅얼거리는 작은 말소리.
▶ 목 안의 소리
예 **입 안의 소리**로 대답하는 병사를 보고 대장이 버럭 화를 냈다.

분위기에 압도되어 남이 알아들을 수 없을 정도로 작게 웅얼대는 말소리를 이르는 표현이에요.

주눅이 들다 기를 펴지 못하고 움츠러들다.
▶ 주눅이 잡히다
예 평소답지 않게 잔뜩 **주눅이 들어서** 제대로 노래도 못했다.

쪽을 못 쓰다 기가 눌려 꼼짝 못 하다.
예 역시 프로 선수와의 시합에서는 **쪽을 못 쓰겠다**.

찍소리 못 하다 아무 말도 못 하다.
예 형은 엄마 앞에서 **찍소리도 못 하더니** 나한테만 큰 소리야.

쥐가 자신을 지키기 위해 덤벼들면서 "찍" 하고 소리를 내는 것처럼 아주 조금이라도 반대하거나 항의하려는 말을 '찍소리'라고 해요. 그런 찍소리조차 못 하는 상황이니 아무 말도 못 하는 것이죠.

코가 빠지다 기가 죽고 맥이 빠지다.
예 너 왜 **코 빠진** 사람처럼 멍하게 앉아 있는 거야?

코로는 숨을 쉬잖아요. 숨이 다 빠지고 난 것처럼 기세가 수그러들었다는 의미입니다.

풀이 죽다 활발한 기운이 없다.

ⓔ 늘 자신감 넘치던 사람이었는데 요즘은 **풀이 죽어** 지내더라.

'풀'은 붙이거나 바르는 데 쓰이는 끈끈한 물질을 말해요. 옛날에는 쌀가루나 밀가루로 풀죽을 쑤어 천에 바르기도 했는데 그렇게 하면 옷이 빳빳해지고 힘이 생겼어요. 그래서 세찬 기운, 활발한 기운을 이르는 말로 사용하기도 하지요. '풀이 죽다'는 결국 기운이 없다는 뜻이에요.

한풀 꺾이다 활발한 기운이 어느 정도 약해지다.

ⓔ 여름에 그렇게 덥더니 이제 더위도 **한풀 꺾였네**.

허리를 못 펴다 쩔쩔매다.

ⓔ 그는 경찰 단속에 걸리자 **허리를 못 펴고** 굽실거리기만 했다.

허리를 펴지 못하고 굽실굽실하는 모습에서 생겨난 표현이에요.

활기를 잃다 기운이 없어 맥이 빠지다.

▶ 생기를 잃다

ⓔ 대형 마트 때문에 전통 시장이 **활기를 잃었다**.

활기(活氣)는 살아있는 듯 활발한 기운을 의미해요.

희망이나 기대를 나타내는 표현

희망은 어떤 일이 이루어지길 바라며 기대하고 기다리는 마음이에요. 무언가 이루어지길 바랄 때 가슴이 콩닥콩닥 뛰기도 하고 초조하게 기다리기도 하지요. 희망과 기대를 품은 우리의 모습을 생각하면 이 표현들의 뜻을 이해할 수 있어요.

가슴이 뛰다　기대에 부풀어 흥분되다.
▶ 심장이 뛰다
예) 지금도 입학할 때를 생각하면 **가슴이 뛰어**.

가슴이 부풀다　기대가 마음에 가득 차다.
예) 종석이는 새 장난감을 살 생각에 **가슴이 부풀었다**.

꿈을 꾸다　바라거나 희망하다.
예) 미래의 과학자를 **꿈꾸는** 아이들이 이번 대회에 참가했다.

여기서 '꿈'은 잠잘 때 꾸는 꿈이 아니라 희망이나 기대를 나타내요. 그래서 '꿈을 꾸다'와 반대로 '꿈을 깨다'라고 하면 희망을 낮추거나 버린다는 뜻이 되지요.

떠오르는 별
새로 등장하여 뛰어난 재능을 보이는 사람.
예) 선희는 국악계의 **떠오르는 별**로 인정받고 있어.

희망·기대 | **115**

떡 줄 사람은 꿈도 안 꾸는데 김칫국부터 마신다 속담
해 줄 사람은 생각도 안 하고 있는데 이미 다 된 줄 알고 기대한다.
- ▶ 김칫국부터 마신다 속담
- 예) 떡 줄 사람은 꿈도 안 꾸는데 김칫국부터 마신다고 하더니 너무 기대하는 거 아니니?

떡을 먹을 때는 목이 메기 때문에 김칫국과 함께 먹을 때가 많았어요. 이 속담은 떡을 줄 것으로 기대해 김칫국부터 마시고 있다는 뜻이에요. 아직 이루어지지 않은 일을 다 된 일로 여겨 한껏 기대하고 있을 때 비꼬듯 사용하는 표현이죠.

목이 빠지게 기다리다 몹시 애타게 오랫동안 기다리다.
- ▶ 눈이 빠지게 기다리다
- 예) 이틀 전 주문한 택배를 목이 빠지게 기다리고 있다.

친구들을 오랫동안 기다려 본 적이 있나요? 언제 오나 목을 쭉 빼고 눈을 동그랗게 떠서 내다보지요. 무엇인가를 애타게 기다릴 때 이 표현을 써요.

손꼽아 기다리다 기대에 찬 마음으로 날짜를 꼽으며 기다리다.
- 예) 한 달 전부터 어린이날만 손꼽아 기다렸다.

실낱같은 희망 사라질 듯 아주 작은 희망.
▶ 실오라기 같은 희망
예 이름도 없이 봉사하는 사람들이야말로 우리 사회의 **실낱같은 희망**이다.

'실낱'은 실오라기라고도 하는데 한 가닥의 가는 실을 뜻해요. 그러니 '실낱같은 희망'은 끊어질 듯, 사라질 듯 아주 작은 희망을 표현하는 말이지요.

앞날이 창창하다 앞날이 많이 남아서 희망이 있다.
예 **앞날이 창창한** 아이들에게 희망의 메시지를 전하는 게 좋겠어요.

'창창하다'는 앞길이 멀어서 아득하다는 뜻이 있어요. '앞날이 창창하다'는 말은 그만큼 희망이 있는 날이 많이 남았다는 뜻이에요.

전도유망 성어 앞으로 잘 될 희망이 있다.
前途有望: 앞 전, 길 도, 있을 유, 바랄 망
예 이 학생은 운동에 소질이 있는 **전도유망**한 어린이입니다.

한자 뜻 그대로 '앞길에 희망이 있다'는 말이에요. 장래가 기대되는 일이나 사람에게 쓸 수 있는 표현이랍니다.

쥐구멍에도 볕들 날 있다 속담
고생하는 삶에도 언젠가는 좋은 날이 온다.
예 **쥐구멍에도 볕들 날 있다**더니 드디어 우리에게도 기회가 왔구나!

어려운 상황 속에서도 희망이나 기대를 저버리지 말라고 격려할 때 사용할 수 있는 표현이에요.

학수고대 성어 학처럼 목을 길게 빼고 기다리다.
鶴首苦待: 학 학, 머리 수, 쓸 고, 기다릴 대
예 대회 결과가 빨리 나오기를 **학수고대**하고 있다.

'학수'는 학처럼 목을 길게 빼고 본다는 말이고 '고대'는 말 그대로 괴롭게 기다린다는 뜻이에요. 무엇인가 간절하게 기다리는 상황을 나타내는 것이죠.

욕심이나 지나침을 나타내는 표현

가는 토끼 잡으려다 잡은 토끼 놓친다 속담
욕심을 부리다가 손에 잡은 것도 놓치게 된다.

예 <u>가는 토끼 잡으려다 잡은 토끼 놓치겠어!</u> 자꾸 일 벌이지 말고 하나만이라도 잘해.

지나가는 토끼를 잡겠다고 욕심을 부리다가 손에 잡은 토끼를 놓치게 되었다는 뜻으로, 지나치게 욕심을 부리다가 이미 차지한 것까지 잃어버리게 됨을 비유적으로 나타내는 속담이에요. '뛰는 토끼 잡으려다 잡은 토끼 놓친다', '산돼지를 잡으려다가 집돼지까지 잃는다', '토끼 둘을 잡으려다가 하나도 못 잡는다' 등 다양하게 사용한답니다.

견물생심 성어   물건을 보면 욕심이 생긴다.
見物生心 : 볼 견, 물건 물, 날 생, 마음 심

예 <u>견물생심</u>이라고 장난감을 보면 자꾸 사고 싶어져.

좋은 물건을 보면 그것을 가지고 싶은 욕심이 생기는 것은 당연하죠. 하지만 지나친 욕심은 화를 부르게 됩니다. '견물생심'은 지나친 욕심을 경계하는 표현이에요.

과욕을 부리다   지나친 욕심을 내다.

예 너무 <u>과욕을 부리면</u> 도리어 일을 그르치기 쉽다.

과유불급 성어   정도를 지나침은 미치지 못함과 같다.
過猶不及 : 지날 과, 오히려 유, 아닐 부, 미칠 급

예 <u>과유불급</u>이라고 아무리 좋은 음식이라도 너무 많이 먹는 것은 몸에 좋지 않다.

과유불급은 『논어』에 나오는 이야기예요. 자공이라는 사람이 공자에게 자장이라는 사람과 자하라는 사람을 비교하여 누가 더 어진가를 물었답니다. 공자는 자장은 지나친 면이 있고, 자하는 미치지 못한 면이 있다고 대답했다고 해요. 즉 자장과 자하 중 누가 더 어질다고 할 수 없고 둘은 같다고 말한 것이죠. 모든 것이 지나치거나 미치지 못하는 것 없이 적당해야 좋다는 뜻이랍니다.

군침을 삼키다   이익이나 재물을 보고 몹시 탐을 내다.

- 예) 값비싼 보석을 보고 군침을 삼켰다.

음식을 보고 먹고 싶어서 입맛을 다실 때 '군침을 삼키다'라고 하지요? 여기서 의미가 확대되어 물건이나 재물을 가지고 싶어 탐을 낼 때도 이 표현을 사용해요.

군침이 돌다   이익이나 재물에 욕심이 생기다.

- 예) 희영이는 게임에서 이기면 예쁜 옷을 사주겠다는 아빠의 말에 군침이 돌았다.

'군침'은 입안에 도는 침을 말해요. 맛있는 음식을 보면 저절로 먹고 싶은 마음이 생길 때 쓰는 말이죠. 이익이나 재물에 욕심이 생길 때도 '군침이 돌다'라는 말을 써요.

극성스럽다   지나치게 적극적이다.

- 예) 아이돌 그룹은 늘 극성스러운 팬이 따라다닌다.

남의 손의 떡은 커 보인다 (속담)
남의 것이 더 좋아 보이고, 남의 일은 더 쉬워 보인다.

- ▶ 남의 손의 떡이 더 커 보이고 남이 잡은 일감이 더 헐어 보인다 (속담)
- 예) 남의 손의 떡은 커 보이는 법! 다른 사람하고 비교하지 말고 네 거나 먹으렴.

이상하게 엄마가 음식을 똑같이 나누어 주셔도 동생이나 언니의 것이 더 많아 보이는 경험을 해 보았나요? 이 속담은 인간의 끝없는 욕심을 재치 있게 표현한 속담입니다.

놀부 심보   인색하고 심술궂은 마음씨.

- ▶ 놀부 심사
- 예) 친구들에게 나눠 주지 않고 너 혼자 다 가지려고 하다니. 완전 놀부 심보네.

다른 사람에게 마음을 쓰는 것을 '심보' 또는 '심사'라고 해요. '심보가 고약하다'와 같이 주로 좋지 못한 마음을 가리킬 때 쓰죠.

눈독을 들이다 욕심을 내어 눈여겨보다.
- 예) 너, 내 아이스크림에 눈독 들이지 마. 알겠지?

'눈독'은 눈에 독기를 가지고 보는 것이에요. 욕심을 내어 쳐다보는 것이라고 할 수 있죠.

배를 불리다 많은 재물로 욕심을 채우다.
▶ 배를 채우다, 뱃속을 채우다
- 예) 놀부는 갖은 방법으로 자기 배를 불리었다.
- 예) 부자들이 자기 뱃속만 채우지 말고 다른 사람을 도와주면 좋겠어.

'배'는 신체 중 가장 볼록한 부분이지요? 무엇인가를 먹고 채워서 볼록하게 만들기 때문에 '욕심'을 나타내는 말로도 쓰여요. '배를 불리다'는 옳지 않은 방법으로 욕심을 채운다는 뜻이랍니다.

사리사욕 (성어) 개인적인 이익과 욕심.
私利私慾: 사사로울 사, 이로울 리, 사사로울 사, 욕심 욕
- 예) 그분은 사리사욕을 채우기보다 우리 사회에 보탬이 되려고 기부를 많이 하셨어.

소탐대실 (성어) 작은 것을 욕심내다가 큰 것을 잃는다.
小貪大失: 작을 소, 탐할 탐, 큰 대, 잃을 실
- 예) 길을 만들기 위해 주변의 나무를 다 자른다면 결국 소탐대실이 될 것이다.

중국의 진나라와 촉나라가 싸울 때, 진나라는 촉나라의 험한 지형 때문에 군사를 보내기가 어려웠어요. 그러자 진나라의 신하들이 꾀를 내어 촉나라 왕에게 옥으로 만든 소와 진귀한 보물을 잔뜩 보낸다는 소문을 퍼뜨렸어요. 촉나라 왕은 보물에 눈이 어두워 진나라 군사들이 보물을 가져올 수 있도록 길까지 내주었죠. 진나라 군사들은 무사히 촉나라에 들어올 수 있었고 결국 촉나라는 진나라에 망하고 말았답니다. 여기서 '소탐대실'이 유래했어요. 보물 욕심에 나라를 잃은 것처럼 작은 것에 눈이 어두워 큰 것을 잃는다는 뜻이지요.

염불에는 맘이 없고 잿밥에만 맘이 있다 속담
맡은 일은 정성을 들이지 않고 이익만 챙긴다.
- 예 김 씨는 염불에는 맘이 없고 잿밥에만 맘이 있어서 늘 일을 건성으로 하는 편이지.

염불을 드릴 때 제단에 음식을 차려 놓는데, 승려들이 염불을 드리는 동안 염불에는 집중하지 않고 나중에 먹을 음식 생각만 한다는 뜻이죠. 생각이나 마음이 다른 곳에 있다는 의미가 됩니다.

오르지 못할 나무는 쳐다보지도 마라 속담
불가능한 일은 처음부터 욕심내지 않는 것이 좋다.
- ▶ 못 오를 나무는 쳐다보지도 마라 속담
- 예 우리 반 혜경이랑 사귀고 싶다고? 오르지 못할 나무는 쳐다보지도 말라고 했어.

자리를 넘보다 다른 사람의 자리를 욕심내다.
- 예 신하가 왕의 자리를 넘보는 것은 반역이다.

침을 삼키다 몹시 탐내다.
- 예 최신 휴대폰을 유리창 너머로 보며 침을 삼켰다.

맛있는 음식을 보면 저절로 침을 삼키게 되지요? 이처럼 가지고 싶은 것을 내 것으로 하고 싶어 탐낸다는 뜻으로 '침을 삼키다'라는 표현을 사용합니다.

혈안이 되다 어떠한 일에 미친 듯 달려들다.
- 예 그들은 자기 욕심을 채우는 데만 혈안이 되어 있어.

'혈안'은 빨갛게 충혈된 눈인데 기를 쓰고 달려드는 독이 오른 눈을 의미해요. 어떤 일이나 물건에 욕심을 내며 달려드는 모양을 표현한 말이랍니다.

관심이나 흥미를 나타내는 표현

어떤 것에 마음이 끌리면 보고 싶고 만지고 싶고 가지고 싶지요? 그래서 관심이나 흥미를 나타내는 표현에는 '눈', '귀', '손'과 관련된 말들이 자주 등장해요.

각광을 받다 주목을 받다.

예) 제주도는 요즘 한 달 살기로 **각광 받는** 곳이다.

각광은 무대 아래에서 위로 비추는 조명을 가리켜요. 다리 쪽이 빛을 받고 환해져 각광이라고 하지요. 무대 아래에서 조명을 받게 되면 당연히 여러 사람의 관심을 받게 되지요.

개 눈에는 똥만 보인다 [속담]
자신이 좋아하고 관심 있는 것만 눈에 보인다.

예) **개 눈에는 똥만 보인다고**, 빨간색을 좋아한다고 죄다 빨간색 옷만 골라 오면 어떡하니?

요즘 개는 주로 사료를 먹지만 옛날에는 남은 음식이나 똥을 먹기도 했어요. 지금은 이해하기 어렵지만, 똥은 개의 먹을거리였던 것이죠. 그러니 이 속담은 평소에 자신이 좋아하거나 관심이 있는 것만 눈에 띈다는 것을 놀림조로 일컫는 표현이에요.

구미가 당기다 욕심이나 관심이 생기다.

▶ 구미가 돌다

예) 친구가 댄스 동아리에 가입하자고 하는데 살짝 **구미가 당긴다**.

'구미'는 입맛을 뜻해요. '구미가 당기다'는 입맛이 당긴다는 말로 어떤 일에 흥미가 일어날 때 쓰여요.

구미를 돋우다 관심을 가지게 하다.

예) 저 광고 정말 **구미를 돋우게** 잘 만든 것 같아! 너무 사고 싶어.

귀가 번쩍 뜨이다 들리는 말에 선뜻 마음이 끌리다.
▶ 눈이 번쩍 뜨이다
예) 우리 아들은 고기라면 자다가도 **귀가 번쩍 뜨일** 정도로 좋아해.

귀는 항상 열려 있지만 늘 주의해서 소리를 듣는 것은 아니에요. 다른 생각에 빠지면 선생님께서 수업 시간에 하시는 말씀이 안 들리고 하나도 기억나지 않잖아요. 그러다가 어느 순간 흥미로운 소리가 들리면 그때는 자신도 모르는 사이에 집중해서 귀를 기울이게 되죠? '귀가 번쩍 뜨이다'는 바로 이런 경우를 말하는 표현이에요.

귀가 솔깃하다 남의 말이 그럴듯하게 여겨져 마음이 끌리다.
예) 선생님의 수학여행 제안에 아이들의 **귀가 솔깃해졌다**.

'솔깃하다'는 그럴듯해 보여 마음이 쏠린다는 뜻이에요.

귀에 들어오다 말이나 이야기가 그럴듯하게 들리다.
예) 텔레비전에 정신이 팔려 엄마 이야기가 하나도 **귀에 들어오지** 않았다.

눈에 밟히다 잊히지 않고 자꾸 눈앞에 떠오르다.
예) 잠자리에 들었는데 마트에서 본 터닝메카드가 자꾸 **눈에 밟힌다**.

눈에 아른거리다 예전 기억이 떠오르다.
▶ 눈앞에 어른거리다
예) 여긴 지난여름에 왔던 곳이잖아! 그때 친구들과 물놀이 했던 게 **눈에 아른거리네**.

'아른거리다'는 무엇이 분명하지 못하고 어렴풋하게 보이다 말다 한다는 뜻이에요. 뚜렷하지는 않지만 지난 일이나 사람이 자꾸 떠오를 때 사용합니다.

눈을 끌다 마음이 쏠리다.
예) 인터넷을 뒤지다가 내 **눈을 끄는** 운동화를 발견했다.

눈을 돌리다 관심을 돌리다.
예 피아노가 지겨우면 다른 악기에도 한번 눈을 돌려 봐.

맛을 들이다 좋아하거나 즐기다.
예 동생은 요즘 농구에 맛 들여서 하교하면 무조건 농구장에 가.

맛을 들인다는 것은 음식을 자주 먹거나 좋아하여 그것을 즐기게 되었다는 뜻인데 무엇인가에 재미를 느껴 자주 한다는 의미로 확대되어 쓰이기도 합니다.

맛을 붙이다 재미를 붙이다.
예 아빠는 이제 막 요리에 맛을 붙이기 시작하셨어.

손을 대다 관심을 두고 참여하다.
예 그 감독이 손댄 영화는 다 흥행에 성공했어!

관심이 있는 물건이 있으면 한 번이라도 만져 보고 싶어지게 마련이죠. 그렇듯 어떤 물건이나 일에 손을 댄다는 것은 그만큼 관심을 가지고 참여하고 싶다는 의미가 되기도 해요. 반대로 '손을 떼다'라고 하면 하던 일을 그만두고 다시 손대지 않는다는 뜻이 됩니다.

신경을 쓰다 세심하게 주의를 기울이다.
예 할머니가 멀리 계시지만 자주 전화해서 신경을 쓰자꾸나.

오지랖이 넓다 쓸데없이 지나치게 참견하다.
예 엄마는 오지랖이 넓어서 온 동네일을 도맡아 하셔.

'오지랖'은 윗옷의 앞자락을 뜻해요. 오지랖이 넓으면 옷의 품이 커져서 이것저것 다 덮을 만큼 옷이 넉넉해지죠. 이처럼 이 일 저 일 가리지 않고 무슨 일에나 참견하고 나서서 간섭하는 경우를 일컬을 때 이 표현을 사용해요.

이목을 끌다 관심을 받다.

예) 동생은 어려서부터 영재라는 소리를 들을만큼 주변의 **이목을 끌었다**.

이목(耳目)은 한자 그대로 풀이하면 귀와 눈이에요. 듣고 보는 관심을 뜻하는 말이죠.

입맛을 다시다 욕심을 내다.

예) 잡지에 멋진 자동차가 나오자 현수는 **입맛을 다시며** 책장을 넘기지 못했다.

이 말은 맛있는 음식을 보고 먹고 싶어 입을 움직이는 모습을 말해요. 무엇을 갖고 싶어 하거나 어떤 일을 하고 싶어 욕심을 낸다는 뜻으로 확장되어 쓰인답니다.

입맛이 당기다 하고 싶은 마음이 들다.

예) 자네 계획을 들어 보니 나도 **입맛이 당기는군**.

주목을 받다 관심을 끌다.

예) 학교 학예회에서 내가 주인공보다 더 연기를 잘해서 **주목을 받았다**.

치마가 열두 폭인가 (속담) 남의 일에 쓸데없이 간섭하고 참견하다.

예) **치마가 열두 폭인가**, 왜 이리 쓸데없이 남의 일에 참견하니?

한복 치마는 여러 개의 천을 붙여서 만들어요. 이때 치마의 너비를 치마폭이라고 해요. 치마폭이 열두 폭이라는 것은 열두 개의 천을 이어 붙인 아주 넓은 치마를 말하죠. 이것저것 가리고 덮을 만큼 넉넉한 옷처럼 지나치게 다른 사람을 간섭한다는 의미로 사용하는 속담이에요.

한몫 끼다 함께 참가하다.

예) 우리 학교를 알리는 중요한 행사라고 하니 나도 **한몫 끼고** 싶다.

무관심을 나타내는 표현

무관심하게 되면 그 일을 하고 싶지도 않잖아요. 그래서 무관심을 나타내는 표현에는 몸을 움직이지 않는다는 뜻의 표현이 많아요. 특히 뒷짐을 지거나 팔짱을 끼는 것처럼 손을 사용하지 않는 것으로 나타내죠.

강 건너 불구경 무관심하게 지켜보다.

예) 친구가 싸우고 있는데 말리지도 않고! 강 건너 불구경이니?

강 건너에 불이 났지만, 이쪽으로 번질 일도 없고 불을 끄러 갈 수도 없어 바라만 보고 있는 상황이에요. 이렇듯 자기에게 관계없는 일이라고 여겨 적극적으로 나서지 않을 때 사용할 수 있는 표현입니다.

거들떠보지 않다 아는 척도 하지 않다.

예) 시험이 끝났다고 책은 거들떠보지도 않는구나!

귀 밖으로 듣다 듣는 둥 마는 둥 하다.

예) 엄마 말을 귀 밖으로 듣지 말고 새겨들으렴.

그러거나 말거나 무엇을 하든 관계없이.

예) 다른 사람들은 그러거나 말거나, 너는 네 할 일이나 열심히 하면 돼.

'그렇게 하거나 말거나'를 줄인 말이에요. 뒤에 '상관없이'를 붙이면 뜻을 이해하기 쉬울 거예요.

나 몰라라 하다 무관심한 태도로 대하다.

예) 동생 일인데 나 몰라라 할 수는 없잖아.

눈길을 거두다 그만 보다.

예) 꽃이 너무 예뻐서 한동안 **눈길을 거두지** 못했다.

'눈길'은 사람의 시선이 머무는 방향을 말해요. 눈길을 거둔다고 하면, 보고 있던 것을 그만 보거나 다른 것으로 눈을 돌렸다는 뜻이 되죠. 그만큼 관심을 가지지 않게 되었다는 거예요.

닭 소 보듯, 소 닭 보듯 속담 서로 보고도 모른 체하다.

▶ 개 닭 보듯 속담

예) 오랜만에 만난 사촌 동생이 나를 **닭 소 보듯, 소 닭 보듯** 쳐다보니 서운한 마음이 들었다.

혹시 소와 닭이 싸우는 것을 본 적이 있나요? 소와 닭은 싸우기는커녕 서로 옆으로 지나가도 신경도 안 쓴답니다. 서로 있는지 없는지 별 상관하지 않는 사이라는 뜻이죠.

담을 쌓다 관심이 없어 전혀 관계하지 않다.

▶ 담을 지다

예) 저 둘은 저번에 싸운 이후로 **담쌓고** 지내고 있어.
예) 요즘 너무 바빠서 운동하고는 **담을 지고** 산다.

뒷짐을 지다 상관없는 것처럼 구경만 하다.

예) 엄마 아빠는 **뒷짐을 지고** 우리가 어떻게 청소하는지 지켜보고 계셨다.

손가락 하나 까딱 않다
아무 일도 안 하고 뻔뻔하게 놀고만 있다.

▶ 손끝 하나 까딱 안 하다, 손톱 하나 까딱하지 않다

예) 아빠는 소파에 누워 **손가락 하나 까딱 않고** 뭐든 시키기만 하세요.

손을 놓다 하던 일을 그만두다.

🔸 손을 떼다

예 엄마는 이제 집안일에 **손을 놓을** 거라고 선언하셨어요.

'놓다'는 물건을 내려놓는다는 의미로, 들이고 있던 힘을 뺀다는 의미로도 쓰여요.

수수방관 성어 간섭하지 않고 내버려 두다.

袖手傍觀: 소매 수, 손 수, 곁 방, 볼 관

예 정부는 광장에서 시위하는 시위대를 **수수방관**만 하고 있다.

'수수방관'은 소매 속에 손을 넣고 곁에서 지켜보기만 한다는 뜻이에요. 어떤 일을 당하여도 간섭하거나 거들지 않고 옆에서 보고만 있을 때 사용해요.

아랑곳없다 마음 쓰지 않다.

예 숙소가 좁은 것은 **아랑곳없다**는 듯 모두 여행에 피로하여 잠들기 바빴다.

'아랑곳'이라는 말이 좀 낯설지요? 일에 나서서 참견하거나 관심을 두는 것을 이르는 순 우리말이랍니다.

입맛이 떨어지다 흥미를 잃다.

예 기대했던 로봇 대회에서 입상도 못 해서 그런지 로봇 만들기도 **입맛이 떨어졌다**.

'입맛이 떨어지다'는 부정적인 뜻이 강해요. 먹고 싶은 마음이 사라질 정도로 몹시 불쾌하다는 뜻으로 쓰이고 어떤 충격으로 인하여 흥미를 잃었다는 뜻으로도 사용됩니다.

죽이 되든 밥이 되든 일이 제대로 되든지 안 되든지.

예 **죽이 되든 밥이 되든**, 네가 결정한 것이니 네가 알아서 해.

일이 제대로 되든지 안 되든지 알아서 하라는 무관심한 표현이에요. 결국 상관하지 않겠다는 말이죠.

천하태평 성어 세상 걱정 없고 무관심하다.
天下泰平: 하늘 천, 아래 하, 클 태, 평평할 평

예 밖에서는 난리가 났는데 너는 **천하태평**이구나.

하늘 아래 온 세상이 평화롭고 편안하다는 좋은 뜻이기도 하지만 어떤 일에 무관심한 상태로 자기 혼자만 걱정 없이 편안하게 있는 태도를 놀리는 말이기도 해요.

팔짱을 끼고 보다 나서지 않고 보고만 있다.

예 그렇게 **팔짱 끼고 보고만** 있지 말고, 너도 와서 어서 도와.

결심을 나타내는 표현

어떤 일을 하기로 마음을 굳게 정했을 때의 몸짓을 생각해 보세요. 주먹을 꽉 쥐거나 입술에 힘을 주게 되지요? 이런 몸짓을 생각하며 결심을 나타내는 표현을 읽어 보세요.

너 죽고 나 죽자 결판이 날 때까지 싸우겠다는 의지나 결심.
예) 너 죽고 나 죽자고 끝까지 달려들어 도저히 당해낼 수 없었다.

눈 딱 감고 다른 것을 생각하지 않다.
예) 눈 딱 감고 이번 한 번만 저를 믿어 주세요.

목에 칼이 들어와도 무슨 일이 있더라도.
예) 목에 칼이 들어와도 비밀은 꼭 지킬게.

누군가 위협하며 목에 칼을 들이밀어도 절대 의지를 굽히지 않겠다는 말이에요. 죽을 각오로 끝까지 버티겠다는 뜻을 강조한 표현이에요.

성을 갈다 어떤 일을 다시는 하지 않겠다고 맹세하다.
예) 내가 다시 네 말을 믿으면 성을 갈겠어.

'박 씨', '김 씨', '이 씨'와 같은 성(姓: 성씨 성)은 마음대로 바꿀 수 없어요. 이 표현은 내가 한 맹세를 지키지 않으면 가문을 버리겠다며 그 의지를 강조해서 말하는 거예요.

용단을 내리다 용기 있게 결단을 내리다.
예) 감독님, 누구를 국가 대표 선수로 뽑을지 용단을 내려야 합니다.

어떤 일을 망설이고 있을 때, 빨리 판단하고 결정해야 할 때 사용하는 표현이에요.

이를 악물다 난관을 뚫고 나가기 위해 큰 결심을 하다.

▶ 이를 깨물다
예) IMF를 극복하기 위해 온 국민이 이를 악물었다.

입술을 깨물다 결심을 굳게 하다.
예) 반드시 가수가 되겠다고 다짐하며 입술을 깨물었다.

작심삼일 (성어) 결심한 마음이 사흘을 가지 못한다.
作心三日 : 지을 작, 마음 심, 셋 삼, 날 일
▶ 지어먹은 마음이 사흘을 못 간다 (속담)
예) 다이어트를 하겠다는 결심은 늘 작심삼일로 끝나고 만다.
굳은 결심이 오래가지 못하고, 쉽게 포기할 때 흔히 사용하는 표현이에요.

주먹을 불끈 쥐다 주먹을 꼭 쥐며 결심을 나타내다.
예) 두 주먹을 불끈 쥐며 꼭 이기겠다고 결심했다.

죽기 아니면 까무러치기 온갖 위험을 무릅쓰고 모든 힘을 다하다.
예) 죽기 아니면 까무러치기지! 점프해서 두 바퀴 회전을 꼭 완성하고 말 거야.
정신을 잃고 죽은 사람처럼 기절하는 것을 '까무러치다'라고 해요. 이 표현은 죽을힘을 다 하겠다는 의지를 나타내는 거예요.

칼을 갈다 어떤 일을 이루기 위해 독한 마음을 먹다.
예) 나는 시험에 합격하기 위해 3년 동안 칼을 갈았어.

큰마음을 먹다 어려운 결심을 하다.
예) 언니는 <u>큰마음 먹고</u> 외국으로 유학을 떠났다.

하늘이 두 쪽이 나도 아무리 어려운 경우라도.
○ 하늘이 무너져도
예) <u>하늘이 두 쪽 나도</u> 이 일은 꼭 하고 말겠어.

하늘이 갈라져 두 쪽이 난다는 것은 말이 안 될 정도의 극한 상황을 의미해요. 그러니까 '하늘이 두 쪽이 나도'는 큰 곤경이나 어려움이 닥쳐도 꼭 이루고 말겠다는 의지를 강조하는 표현이지요.

호랑이 굴에 가야 호랑이 새끼를 잡는다 속담
원하는 바를 이루려면 그에 따른 행동을 해야 한다.

예) <u>호랑이 굴에 가야 호랑이 새끼를 잡는다</u>고, 자꾸 망설이지 말고 신청서라도 빨리 내 봐.

호랑이가 두려워서 굴에도 들어가지 못한다면 호랑이는커녕 호랑이 새끼도 잡을 수 없을 거예요. 그러니까 뜻하는 바를 이루기 위해서는 용기를 가지고 도전하라는 말입니다.

노력과 끈질김을 나타내는 표현

노력은 무엇을 이루기 위해 몸과 마음을 다해 힘쓰는 것을 의미해요. 그래서 노력과 끈질김을 나타내는 표현에는 부지런히 움직이는 행동에 관한 표현들이 많이 나와요.

개 발에 땀 나다 어려운 일을 이루기 위해 부지런히 움직이다.

예 **개 발에 땀 나도록** 일해야 오늘 목표한 일을 다 할 수 있다.

개는 사람에 비해 땀이 잘 나지 않아요. 그런 개 발에 땀이 날 정도라고 하니 얼마나 열심히 뛰어다녔을지 짐작이 가지요? 해내기 어려운 일을 이루기 위해 부지런히 움직이는 것을 개에 빗대어 나타낸 표현이에요.

공든 탑이 무너지랴 속담 열심히 한 일은 그 결과가 헛되지 않다.

예 열심히 노력했으니 좋은 결과가 있을 거야. 설마 **공든 탑이 무너지겠어?**

'무너지랴'는 '무너질 리가 없다'는 말을 강조하는 표현이에요. 공들여 쌓은 탑은 쉽게 무너지지 않는다는 뜻이지요. 그만큼 열심히 노력한 일은 그 결과가 헛되지 않다는 의미의 속담이랍니다.

구르는 돌은 이끼가 안 낀다 속담
꾸준히 노력하는 사람은 계속 발전한다.

예 **구르는 돌은 이끼가 안 낀다**잖아. 훌륭한 요리사가 되기 위해 오늘도 열심히 연습하자!

'구르는 돌'은 계속 움직이고 변화해야 함을 비유적으로 표현한 것이에요. 꾸준히 노력하는 사람은 제자리에 머물지 않고 앞으로 발전한다는 뜻을 가진 속담입니다.

기를 쓰다 있는 힘을 다하다.
예 생일 파티에 간다니 동생이 **기를 쓰고** 나를 따라왔다.

땀을 흘리다
온갖 정성을 쏟아 노력하다.
예 실수 없이 연주를 끝내고 박수 소리를 듣자 그동안 **땀 흘리며** 연습했던 것이 생각났다.

떡심이 좋다 끈기 있고 잘 견디다.
예 **떡심 좋은** 것이 그 아이의 최고의 장점이야.

'떡심'은 억세고 질긴 근육을 말해요. 매우 끈기 있는 사람을 비유해서 이르기도 하죠.

똥줄이 빠지게 몹시 힘들여.
예 **똥줄 빠지게** 연습했는데 결과가 좋지 않아서 속상해.

마부작침 성어 도끼를 갈아서 바늘을 만들 듯 노력하면 무엇이든 이룰 수 있다.
磨斧作針: 갈 마, 도끼 부, 만들 작, 바늘 침

▶ 낙숫물이 댓돌을 뚫는다 속담

예 라이트 형제는 여러 번 실패했지만, **마부작침**의 마음으로 끊임없이 도전하여 마침내 비행기를 만들었다.

이백이 산에 들어가 공부를 하다가 공부에 싫증이 나서 산에서 내려오고 있었대요. 그런데 어떤 할머니가 바늘을 만들겠다며 도끼를 갈고 있더랍니다. 이백이 그것이 가능하냐며 비웃자 할머니는 "중간에 포기하지만 않는다면 도끼를 갈아서 바늘을 만들 수 있단다."라고 했답니다. 이백은 할머니의 말에 큰 깨달음을 얻어 그 후로 열심히 공부해 중국의 유명한 대시인이 되었다는 이야기에서 유래한 말이에요.

머리를 싸고 있는 힘과 마음을 다하여.

📗 나는 도대체 왜 이 문제를 틀렸는지 머리를 싸고 생각해 보았다.

몸부림을 치다 있는 힘을 다해 애쓰다.

📗 그 사람은 병을 이기기 위해 몸부림쳤다.

'몸부림'은 있는 힘을 다해 저항한다는 뜻이에요. 안 되는 일 또는 쉽지 않은 일을 온갖 수단을 써 가며 고통스럽게 애쓴다는 뜻으로도 쓰인답니다.

몸을 아끼지 않다 힘껏 일하다.

📗 우리 편의 승리를 위해서라면 몸을 아끼지 않겠다.

물고 늘어지다
어떤 일을 진득하게 붙잡고 놓지 않다.

📗 틀린 문제를 완전히 이해할 때까지 계속 물고 늘어졌다.

박차를 가하다
일이 빨리 이루어지도록 노력하다.

📗 올해 안에 신제품 출시라는 목표를 두고 제품 개발에 박차를 가했다.

박차(拍車: 칠 박, 수레 차)는 말을 탈 때 신는 구두 뒤축에 다는 쇠예요. 말을 툭툭 차서 빨리 달리도록 하는 도구지요. '박차를 가하다'는 달리는 말을 더 빨리 달리도록 하는 것과 같이 일이 빨리 진행되도록 힘과 열의를 더하는 것을 뜻해요.

발버둥을 치다 일을 이루기 위해 온갖 힘을 다하다.

📗 살을 빼 보려고 발버둥을 쳤지만, 몸무게는 꿈쩍도 안 했다.

주저앉거나 누워서 두 다리로 몸부림치는 것을 '발버둥'이라고 해요. 이 표현은 어떤 것을 이루기 위해 갖은 노력을 기울이며 안타까울 정도로 애쓴다는 뜻으로 쓰입니다.

분골쇄신 〈성어〉 있는 힘을 다해 노력하다.
粉骨碎身: 가루 분, 뼈 골, 부술 쇄, 몸 신
⑩ 김구 선생은 우리나라의 독립을 위해 <u>분골쇄신</u>하였다.

한자 그대로 풀이하면 뼈가 가루가 되고 몸이 부서진다는 뜻이에요. 그 정도로 있는 힘껏 노력하겠다는 각오를 표현할 때 사용할 수 있는 성어예요.

비지땀을 흘리다 어려운 일을 하기 위해 열심히 하다.
⑩ 우리 반은 며칠 앞으로 다가온 발표회 준비에 <u>비지땀을 흘렸다</u>.

몹시 힘든 일을 할 때 쏟아져 내리는 땀을 '비지땀'이라고 해요.

사활을 걸다 죽기 살기를 각오로 힘을 쓰다.
⑩ 우리나라는 이번 인공위성 발사에 <u>사활을 걸었다</u>.

사활(死活)은 죽기와 살기라는 뜻이에요. 목숨을 걸 만큼 중요한 문제를 말하죠. 어떤 일을 위해 목숨을 바칠 정도로 힘을 기울인다는 뜻이랍니다.

삼고초려 〈성어〉 인재를 얻기 위해 참을성 있게 노력하다.
三顧草廬: 셋 삼, 돌아볼 고, 풀 초, 오두막집 려
⑩ 그 선생님을 모시고 오려면 <u>삼고초려</u>라도 해야지.

유비가 제갈량의 마음을 돌리기 위해 제갈량의 오두막집까지 세 번이나 찾아갔다는 유명한 이야기에서 유래한 성어예요. 원하는 사람을 얻기 위해 참을성 있게 힘쓴다는 의미로 사용합니다.

심혈을 기울이다 온 정성을 다해서 일하다.
⑩ 전시회에 전시할 작품 마무리에 <u>심혈을 기울였다</u>.

안간힘을 쓰다 매우 노력하다.

예 눈물을 참으려고 안간힘을 썼다.

'안간힘'은 어떤 일을 이루기 위해 몹시 애쓰는 힘을 의미합니다. '안간힘을 쓰다'라고 하면 불만이나 고통을 참으려고 매우 노력한다는 뜻이 되지요.

애쓰다 마음과 힘을 다하여 무엇을 이루려고 힘쓰다.

예 이모는 날씬한 몸매를 유지하려고 무척 애쓴다.

열 번 찍어 아니 넘어가는 나무 없다 속담
아무리 뜻이 굳은 사람이라도 여러 번 권하면 결국은 마음이 변한다.

예 열 번 찍어 아니 넘어가는 나무 없다고, 자꾸 이야기하면 같이 가지 않을까?

아무리 큰 나무도 여러 번 도끼질하면 넘어가겠죠? 안 될 것 같은 일도 끊임없이 시도하면 결국 이루어진다는 말이에요. 고집이 센 사람도 여러 번 설득하면 결국 마음이 돌아선다는 뜻으로도 쓰여요.

우공이산 성어 끊임없이 노력하면 반드시 이루어진다.
愚公移山 : 어리석을 우, 어른 공, 옮길 이, 산 산

예 만리장성은 우공이산의 정신으로 이루어낸 인류 최대의 건축물이다.

'우공이산'은 우공이 산을 옮겼다는 뜻이에요. 옛날 우공이라는 노인이 집 앞을 가로막은 산에 길을 내기 위해 가족과 함께 산의 흙을 퍼 날랐대요. 사람들은 어리석은 짓이라며 비웃었지만 우공은 "아들, 손자까지 대대로 끊임없이 파다 보면 언젠가는 길이 나지 않겠나?" 하며 포기하지 않았지요. 결국 우공의 노력과 정성에 감동한 하느님이 산을 옮겨 주었다는 이야기에서 유래된 성어입니다. 어떤 일이든 끊임없이 노력하면 반드시 이루어진다는 의미죠.

죽기 살기로   매우 열심히.

예 김연아는 피겨 여왕이 되기 위해 **죽기 살기로** 연습하여 올림픽 금메달을 거머쥐었다.

아주 절박한 상황이나 죽음까지 각오한 필사의 노력을 말할 때 '죽음'이란 표현을 사용해요. '죽기 살기로'는 매우 열심히 최선의 노력을 다하겠다는 말이에요.

죽기를 기 쓰다   힘에 겹지만 있는 힘을 다하다.

예 이왕 결심한 일이니 **죽기를 기 쓰고** 한번 해 봐라.

죽기 위한 기운을 쓴다는 것이니 그만큼 죽을 정도의 온 힘을 다한다는 의미가 됩니다.

죽어라 하고   있는 힘을 다하여.

예 **죽어라 하고** 공부해도 1등은 어렵더라.

'죽다'라는 말은 '죽도록', '죽어라 하고', '죽자고'처럼 활용하여 있는 힘을 다한다는 의미로도 쓰입니다.

지성이면 감천 속담

정성을 다하면 몹시 어려운 일도 순조롭게 풀리어 좋은 결과를 맺는다.

예 **지성이면 감천**이라더니, 어머니의 정성으로 아들의 병이 씻은 듯이 나았다.

'지성'은 지극한 정성, '감천'은 하늘이 감동함을 이르는 말이에요. 지극한 마음으로 정성을 기울이면 하늘도 감동한다는 뜻이죠.

첫술에 배부르랴 속담   어떤 일이든지 단번에 만족할 수 없다.

▶ 한술 밥에 배부르랴 속담

예 **첫술에 배부르겠니**, 운동이든 공부든 꾸준히 해야 하는 거야.

'첫술'은 처음 먹는 밥 한 숟가락을 의미해요. '배부르랴'는 '배부르겠니?' 하고 묻는 것이죠. 밥 한 숟가락에 배부를 리가 없는 건 당연한데 일부러 '첫술에 배부르겠니?'라고 묻는 것은 그렇지 않다는 것을 강조하기 위한 표현이랍니다. 결국 무슨 일이든지 한 번으로는 만족할 만한 결과를 얻기 어렵다는 말이죠.

칠전팔기 성어 여러 번 실패해도 포기하지 않고 노력하다.

七顚八起: 일곱 칠, 넘어질 전, 여덟 팔, 일어날 기

예 할머니는 **칠전팔기** 끝에 드디어 운전면허 시험에 합격하셨다.

일곱 번 넘어져도 여덟 번 일어난다는 뜻이에요. 아무리 실패해도 절대 포기하지 않고 끝까지 노력하겠다는 멋진 표현이지요.

피땀을 흘리다 힘과 정성을 다해 노력하다.

예 **피땀 흘려** 그린 그림인데 그냥 버릴 수는 없지. 어디 잘 보이는 곳에 둬야겠다!

'피땀'은 피와 땀을 말해요. 어떤 일을 열심히 할 때 땀이 나는 것은 당연하지만 피가 나지는 않죠? 온갖 힘을 기울이는 수고를 한다는 것을 강조하기 위해 피와 땀을 같이 사용한 표현이에요.

피땀이 어리다 온갖 정성과 힘이 다 들다.

예 이 스웨터는 엄마의 **피땀 어린** 정성이 들어가 있어.

하늘은 스스로 돕는 자를 돕는다 속담
일을 이루기 위해서는 자신의 노력이 중요하다.
- 예 <u>하늘은 스스로 돕는 자를 돕는대</u>! 오디션 보는 게 힘들지만 조금만 더 힘내자!

하늘은 스스로 노력하는 사람을 성공하게 만든다는 뜻이에요. 스스로 노력하지 않고 남에게 기대려고 하는 것을 경계하는 속담이기도 하죠.

혀가 빠지게   몹시 힘을 들여.
- ▶ 혀가 빠지도록
- 예 <u>혀가 빠지게</u> 이삿짐을 날랐다.

힘든 일을 하고 나면 혀를 빼고 헉헉거리며 가쁜 숨을 쉬게 되죠. 그 모습을 생각하면 뜻을 이해하기 쉬울 거예요.

형설지공 성어   어려움에도 포기하지 않고 공부하여 성공을 이루다.
螢雪之功: 반딧불이 형, 눈 설, 어조사 지, 공 공
- 예 헬렌 켈러는 <u>형설지공</u>의 노력으로 대학까지 갈 수 있었어.

어려운 상황에서도 부지런하고 꾸준하게 공부하는 자세를 이르는 말이에요. 진나라 차윤이 반딧불을 모아 그 불빛으로 글을 읽고, 손강이 가난하여 겨울밤에는 눈빛에 비추어 글을 읽었다는 고사에서 유래했답니다.

포기와 항복을 나타내는 표현

경기 중에 포기의 뜻을 나타낼 때는 수건을 던지기도 하고 백기를 들기도 하지요. 이렇게 포기와 항복을 나타내는 표현에는 우리가 도중에 그만둘 때 하는 행동이나 모습을 묘사한 표현들이 많아요.

고개를 숙이다 항복하다.

예 조선의 수군은 왜구의 침입에 대적했지만 결국 고개를 숙이고 말았다.

고개를 숙이는 동작은 자신의 잘못이나 패배를 상대방에게 인정하는 행동이랍니다.

고패를 빼다 굴복하다.

예 내가 잘못했다고 고패를 빼도 그 친구는 계속 화를 냈다.

'고패'는 높은 곳에 물건을 달아 올리고 내리기 위한 줄을 걸치는 작은 바퀴나 고리를 말해요. 도르래와 비슷한 것으로 생각하면 이해하기 쉬울 거예요. 이런 고패를 빼고 나면 힘을 쓸 수 없게 되니 결국 굴복할 수밖에 없겠지요?

꿈을 깨다 희망을 버리다.

예 걔가 너랑 사귈 생각은 없는 것 같으니 일찌감치 꿈 깨!

돌을 던지다[1] 바둑에서 패배를 인정하고 그만두다.

예 이세돌 9단은 알파고와의 바둑 경기에서 접전 끝에 돌을 던졌다.

바둑을 두다가 도저히 이길 수 없다고 생각하면 기권하겠다는 의미로 바둑돌을 바둑판 위 아무 곳에나 올려놓기도 해요. 이런 행동을 돌을 던진다고 해요. 패배를 인정한다는 의미죠.

동곳을 빼다 힘이 모자라서 굴복하다.

ⓔ 말로는 여동생을 이길 수가 없어 결국 **동곳을 빼고** 원하는 것을 들어주었다.

'동곳'은 남자가 상투를 튼 뒤에 머리가 풀어지지 않도록 꽂는 비녀처럼 생긴 물건을 말해요. 그러니까 동곳을 빼면 머리가 풀어지게 되는 거예요. '동곳을 빼다'는 머리를 풀어 항복을 표시한다는 뜻으로, 주장이나 뜻을 굽히고 복종한다는 표현이에요.

두 손 두 발 다 들다 자기 능력에서 벗어나 그만두다.

▸ 두 손을 들다²

ⓔ 이번 여름 너무 더워서 정말 **두 손 두 발 다 들었어**.

'두 손을 들다'를 강조하여 이르는 말이에요. 환영과 찬성의 의미로 쓰이기도 하고 포기하거나 그만둔다는 의미로 쓰기도 해요.

뒤꽁무니를 빼다 달아나거나 도망치다.

▸ 꽁무니를 빼다

ⓔ 일이 점점 커지자 함께 하겠다던 사람들이 하나둘 **뒤꽁무니를 뺐다**.

머리를 굽히다 굴복하다.

▸ 머리를 숙이다

ⓔ 유관순은 일본 순사에게 갖은 고문을 당했어도 절대 **머리를 굽히지** 않았다.

무릎을 꿇다 항복하거나 굴복하다.

ⓔ 토끼는 잔꾀를 부리지 않고 계속 나아가는 거북이에게 결국 **무릎을 꿇었다**.

백기를 들다 굴복하거나 항복하다.

예) 적군은 **백기를 들고** 항복할 수밖에 없었다.

싸움 도중 하얀색 깃발을 흔들거나 던지는 것은 항복한다는 의미가 있어요. 그래서 '백기를 들다'라고 하면 굴복하거나 항복한다는 뜻이 되지요.

손들다 자기 능력에서 벗어나 포기하다.

예) 내 친구 민수는 어찌나 고집이 센지 나도 이제 그 아이에게 **손들었다**.

손을 떼다 하던 일을 그만두다.

예) 나는 학교 임원 활동에서 **손을 뗐다**.

'손을 떼다'는 하던 일을 그만두고 더는 관계하지 않는다는 말이에요.

수건을 던지다 포기하거나 항복하다.

▶ 타월을 던지다

예) 코치는 선수가 바닥에 쓰러지자 흰 **수건을 던져서** 항복의 뜻을 전했다.

주로 권투에서 경기를 계속하기 힘들 때 수건을 던져 항복을 표시해요.

앓느니 죽지 (속담) 당장에 힘이 들더라도 직접 하는 게 낫겠다는 말.

예) 어휴, **앓으니 죽지**. 설거지 좀 하라고 아까 말했는데 아직도 안 했어?

아파서 고통받느니 차라리 죽는 게 낫겠대요. 결국 둘 다 힘든 일인데 수고를 조금 덜자고 남을 시켜서 신경 쓰느니 힘들더라도 내가 하고 말겠다는 의미랍니다. '앓느니 죽겠다'라고도 많이 씁니다.

자포자기 성어   스스로 자신을 해치고 돌보지 않다.

自暴自棄: 스스로 자, 해칠 포, 스스로 자, 버릴 기

예 시작도 하기 전에 **자포자기**하는 거야? 한번 해 보기라도 하자.

맹자가 "스스로를 해치는 사람과는 진리를 말할 수 없고, 스스로를 버리는 사람과는 진리를 행할 수 없다."라고 말한 것에서 유래했어요. 본래는 인(仁)과 의(義)를 따르는 인간의 도리에 관해 설명한 말인데 오늘날에는 절망에 빠져 자신을 포기하는 것을 뜻하는 말이 되었답니다.

칭찬과 존경을 나타내는 표현

칭찬이나 존경은 스스로 하는 것이 아니라 남이 해주는 것이죠. 그래서 상대방을 치켜세워 주는 행동을 묘사한 표현이 많아요.

거울로 삼다 본받다.
예) 난 에디슨을 거울로 삼아 위대한 발명가가 될 거야.

거울로 마주 보듯 상대방을 보고 싶다는 것은 그만큼 본받고 따르고 싶다는 의미가 됩니다.

고개가 수그러지다 존경하는 마음이 일어나다.
예) 아이를 구하고 숨진 소방대원의 이야기를 들으니 저절로 고개가 수그러졌다.

어려운 상황 속에서도 끝까지 최선을 다한 사람들의 이야기는 우리에게 큰 감동을 주고 저절로 고개가 숙여지지요. 이렇듯 '고개가 수그러지다'는 존경하는 마음을 표현하는 자연스러운 행동을 표현한 말이랍니다.

귀감이 되다 본보기가 되다.
예) 어려운 이웃을 도운 학생의 이야기가 모두의 귀감이 되었다.

귀감(龜鑑: 거북 귀, 거울 감)은 거북이의 등껍질과 거울을 뜻해요. 오랜 옛날 거북이의 등껍질은 불에 태워 길흉을 점치는 용도로 사용했고, 거울은 사물을 비춰 예쁨과 못남을 판단하는 물건이었어요. 그래서 거북의 등껍질과 거울을 통해 자신을 돌아보고 바로잡았다고 해요. 오늘날에는 '귀감'이라는 말을 본받을 만한 모범, 본보기라는 의미로 쓰고 있답니다.

높이 사다 공로를 인정하다.
예) 창의적인 측면에서 이 학생의 미술 작품을 높이 사고 싶습니다.

머리를 숙이다 마음속으로 존경심을 나타내다.

예) 스승의 은혜에 **머리를 숙여** 감사드립니다.

'머리를 숙이다'는 패배를 인정한다는 뜻도 있지만, 상대방에게 존경하는 마음을 품는다는 뜻도 있답니다.

어깨가 올라가다 칭찬을 받아 기분이 으쓱해지다.

예) 춤 실력이 많이 늘었다는 칭찬에 온종일 **어깨가 올라갔다**.

엄지손가락을 치켜세우다 최고로 인정하며 칭찬하다.

예) 엄마가 차려 주신 맛있는 음식을 먹으며 연신 **엄지손가락을 치켜세웠다**.

입에 침이 마르다 칭찬이나 자랑을 거듭 말하다.

▶ 입이 닳다, 입이 마르다

예) 우리 엄마는 옆집 아줌마에게 **입에 침이 마르도록** 내 칭찬을 하셨다.

말을 많이 하다 보면 입안의 침이 마르기도 해요. 이 표현은 입에 침이 마를 정도로 다른 사람이나 물건에 대해 거듭 칭찬한다는 뜻이에요. '입이 닳다', '입이 마르다', '혀가 닳다' 등 비슷한 의미로 사용하는 말이 많으니 기억해 두면 좋겠지요?

자화자찬 성어 자기가 그린 그림을 스스로 칭찬한다.

自畵自讚: 스스로 자, 그림 화, 스스로 자, 칭찬할 찬

예 현수는 자기가 만든 음식이 제일 맛있다며 **자화자찬**했다.

자기가 한 일을 자기가 자랑할 때 쓰는 표현이에요.

칭송이 자자하다 칭찬이 여러 사람의 입에 오르내리다.

예 황희 정승은 청렴결백하여 나라 안에 **칭송이 자자하였다.**

'칭송'은 칭찬하는 말을 뜻해요. '자자하다'는 여러 사람의 입에 오르내린다는 뜻이죠. 칭찬하는 말이 여기저기에서 들린다는 뜻으로 사용합니다.

이 상황을 한마디로 한다면?

4

상태·상황
에 어울리는 찰떡 표현

- 성공
- 실패, 실망
- 나타남, 드러남
- 감춤, 사라짐
- 도망
- 곤란함, 난처함
- 모르는 척
- 집중, 산만
- 불가능
- 고생, 어려움
- 꾸지람, 비난
- 외면, 거절
- 유혹, 꾐
- 많음
- 적음
- 자주, 가끔, 항상 있는 일
- 겉모습

성공을 나타내는 표현

많은 사람에게 이름을 알리고 후세에까지 전해진다면 정말 크게 성공한 것이겠죠? 출세나 성공을 나타내는 표현에 '유명', '이름'과 같은 단어가 자주 나오는 이유랍니다.

개가를 올리다 큰 성과를 올리다.

예) 우리나라는 반도체 분야 연구에 큰 **개가를 올렸다**.

개가(凱歌: 승리의 함성 개, 노래 가)는 싸움에서 이기고 돌아올 때 부르는 노래, 개선가를 일컫는 말이에요. '개가를 올리다'는 싸움이나 경쟁에서 이겨 큰 성과를 거두었다는 뜻이랍니다.

금의환향 [성어] 성공하여 고향에 돌아오다.

錦衣還鄕: 비단 금, 옷 의, 돌아올 환, 고향 향

예) 지금은 돈도 없고 힘들지만, 꼭 성공해서 **금의환향**할 거야.

'금의'는 비단옷을 뜻하는 말로 부귀영화를 상징해요. 그러니 값비싸고 멋진 비단옷을 입고 고향에 돌아왔다는 것은 곧 성공을 의미하는 말이 되겠지요?

대박이 나다 크게 성공하다.

○ 대박이 터지다, 대박을 터트리다

예) 이번 영화 꼭 **대박 나기를** 바랍니다!

흥부가 커다란 박을 타서 그 안에 가득한 보물로 부자가 된 것, 모두 알고 있지요? 이 이야기를 생각하면 '대박이 터지다'가 큰 성공이나 횡재를 의미한다는 것을 쉽게 이해할 수 있을 거예요. 사실 '대박'은 노름판에서 주로 쓰이던 말이지만 요즘은 투자나 흥행에 크게 성공했다는 의미가 되었어요.

등용문 성어   어려운 관문을 통과하여 크게 출세하다.
登龍門: 오를 등, 용 룡, 문 문

예 웹툰이 인기를 얻으면서 만화가들의 **등용문** 역할을 하고 있다.

중국 황허강 상류에 '용문'이라는 곳이 있는데 이곳의 폭포는 물의 흐름이 빠르고 높아서 고기들이 오를 수 없었어요. 용문의 폭포를 오르는 잉어는 용이 된다는 전설이 있을 정도였지요. '등용문'은 여기서 유래했어요. 용문에 오른다는 뜻으로 성공을 위해 어려운 관문을 통과하는 것을 상징하게 되었답니다.

샴페인을 터뜨리다   성공을 축하하다.

예 여자 컬링팀은 2연패를 성공하고 **샴페인을 터뜨렸다**.

경기 우승자가 시상대에서 샴페인 병을 터뜨리며 축하하는 모습을 본 적이 있을 거예요. 샴페인은 주로 결혼식과 같은 축하의 자리에서 많이 마시던 와인이에요. 그래서 샴페인을 터뜨린다고 하면 우승이나 성공을 축하한다는 의미가 되지요.

승승장구 〔성어〕 승리의 기세를 타고 계속 몰아치다.
乘勝長驅: 탈 승, 이길 승, 길 장, 몰 구
- 예) 그 사람은 오디션 프로그램에서 **승승장구**하며 결승까지 올라갔다.

한 번 이긴 기세를 타고 연이어 이기는 경우에 사용하는 말입니다.

열매를 맺다   노력한 일의 성과가 나타나다.
- 예) 이왕 시작한 일인데 **열매를 맺을** 때까지 포기하지 않기를 바란다.

우물을 파도 한 우물을 파라 〔속담〕
한 가지 일을 끝까지 해야 성공할 수 있다.
- 예) **우물을 파도 한 우물을 파야지**, 하다가 안 된다고 자꾸 바꾸면 되겠니?

월계관을 쓰다   우승하다.
- 예) 누가 영광의 **월계관을 쓰게** 될까요?

'월계관'은 월계수 나무의 잎으로 만들어 머리에 쓰는 관이에요. 월계관을 쓴다는 것은 성공과 영광, 명예를 상징하는데 고대 그리스에서 경기의 승리자에게 월계관을 씌운 것에서 유래했어요.

이름을 남기다   이름을 후세에까지 전하다.
- 예) 무슨 일을 하든지 장차 **이름을 남길만한** 인물이 되어라.

이름을 남기게 되면 그 이름이 잊히지 않고 계속 불리겠죠? 훌륭한 업적을 이루어서 후세에게까지 기억하게 한다는 뜻입니다.

이름이 있다 유명하다.

예) 오늘 볼 뮤지컬 공연에는 <u>이름 있는</u> 배우들이 많이 출연해.

입신양명 (성어) 출세하여 이름을 세상에 떨치다.
立身揚名: 설 립, 몸 신, 날릴 양, 이름 명

예) 하루빨리 <u>입신양명</u>하여 부모님을 기쁘게 해드리는 것이 효도라고 생각합니다.

'입신'은 몸을 곧게 세워 떳떳하게 꿈을 펼치는 것이고, '양명'은 이름을 세상에 알리는 것이에요. 출세하여 이름을 세상에 드날린다는 '입신양명'은 본래 사람들이 그 이름을 기억하고 나아가 그 부모에 대하여 존경심을 갖게 만든다는 효의 의미까지 담고 있답니다.

출세 가도를 달리다 성공하여 유명해지다.

예) 무명 배우였던 그는 영화가 흥행하여 <u>출세 가도를 달리고</u> 있다.

'출세'는 사회적으로 높은 지위에 오르거나 유명하게 되는 것을 뜻해요. '가도'는 막힘없이 뻥 뚫린 길을 의미하고요. 그러니까 출세 가도를 달린다는 것은 성공의 길이 훤히 뚫려 있다는 것이지요.

한 건 하다 성과를 내다.

▷ 한 건을 올리다

예) 내가 이번에 <u>한 건 하면</u>, 이 은혜 꼭 잊지 않고 맛있는 밥 사줄게. 고마워!

실패와 실망을 나타내는 표현

실패는 일이 뜻대로 이루어지지 않고 엉키거나 깨져 버린 거예요. 죽이나 떡처럼 뭉개진 것이죠. 또 실패했을 때 달갑지 않은 느낌은 쓴맛에 비유되곤 한답니다.

고개를 떨구다   체념하거나 실망하다.
- 고개를 떨어뜨리다
- 예) 국가대표 축구팀은 열심히 경기에 임했지만 골 결정력 부족으로 **고개를 떨구고** 말았다.

'고개 떨구다'는 어떤 일에 실패하여 희망을 버리고 체념하거나 포기하는 듯한 모양새를 표현한 말이에요.

고배를 들다   실패를 경험하다.
- 고배를 마시다, 고배를 맛보다
- 예) 나는 다른 뛰어난 지원자들 때문에 **고배를 들고** 말았다.
- 예) 반장 선거에서는 **고배를 마셨지만**, 덕분에 새로운 친구를 많이 만날 수 있었다.

고배(苦杯)는 쓴 잔, 즉 쓴맛이 나는 술잔을 뜻하는 한자어예요. 맛 중에서도 쓴맛은 실패나 고통, 괴로움을 비유하곤 하지요. 그러니 쓴잔을 들고 마셨다는 말은 실패를 경험했다는 의미입니다.

김이 빠지다   흥이 깨져 실망하다.
- 김새다
- 예) 수학여행 가는 날 하필 비가 오고 난리야? **김빠지게**.

밥을 할 때 중간에 뚜껑을 열어 버리면 김이 새어 나가 뜸이 제대로 들지 않아요. 그러면 밥이 맛이 없게 되지요. 이렇듯 한창 기대하고 있던 일이 중간에 잘못되거나 실패로 돌아가 실망스러울 때 '김이 빠지다'라는 표현을 써요.

날이 새다   가망이 없다.

🔵 이번 일은 <u>날 샜으니</u> 다음 기회에 도전해 보자!

날이 샜다는 것은 날이 밝았다는 말이에요. 하루가 다 가고 새로운 날이 밝았으니 이전 일은 이미 지나간 것이 되어 버렸네요. 일을 이룰 시기가 이미 지나 가망이 없다는 뜻입니다.

낭패를 보다   계획한 일이 실패로 돌아가다.

🔵 멋지게 학생 대표 선서를 해야 했는데 너무 떨어서 <u>**낭패를 보았다**</u>.

'낭패'는 '낭'과 '패'라는 상상 속 동물로 이리와 비슷하게 생겼다고 해요. 앞발이 길고 뒷발이 짧은 '낭'은 용맹하지만 꾀가 부족하고, 반대로 앞발이 짧고 뒷발이 긴 '패'는 겁쟁이지만 꾀가 많지요. 그러니 '낭'과 '패'는 서로 떨어져 있으면 일을 제대로 하지 못하고 실패만 맛보게 된답니다. 이런 이유로 계획한 일이 실패로 돌아가거나 일이 어렵게 되었을 때 '낭패를 보다'라고 말하게 되었어요.

닭 쫓던 개 지붕 쳐다보듯 〔속담〕

애써 하던 일이 실패하여 맥이 빠지다.

▶ 닭 쫓던 개 먼 산 쳐다보듯 〔속담〕

🔵 영화가 예산 부족으로 무산되어 배우들은 <u>**닭 쫓던 개 지붕 쳐다보게**</u> 되었다.

개에게 쫓기던 닭이 지붕 위로 올라가면 개는 어떻게 할까요? 날 수가 없으니 쳐다만 보겠죠? 무엇인가 열의를 가지고 시작했으나 결국 실패하거나, 남이 먼저 그 일을 했을 때의 안타까운 모습을 표현한 말이랍니다.

떡을 치다[1]   일을 망치다.

🔵 이번 시험은 완전히 <u>떡을 쳤어</u>.

옛날에는 찐 밥을 떡메로 쳐서 떡을 만들었어요. 밥알이 으깨지고 뭉개지면서 떡이 되는 것이지요. 하지만 일이 떡처럼 뭉개져 버리면 완전히 망쳤다는 의미가 돼요.

말짱 도루묵 아무런 소득이 없는 헛수고.

🔵 지금까지 고생한 것이 **말짱 도루묵**이 되었네.

임진왜란 당시 피난 중에 선조 임금이 처음으로 '묵'이라는 생선을 먹었대요. 그리고는 맛에 비해 이름이 너무 보잘것없다고 생각해 묵의 이름을 '은어'로 고치게 했어요. 그런데 전쟁이 끝나고 궁궐로 돌아와 다시 먹어 보니, 전쟁 때 잔뜩 허기진 상태에서 먹었던 그 맛이 아니었어요. 실망한 선조는 "도로, 묵이라고 하여라!"라고 다시 명령을 내렸대요. 그래서 한때 은어라고 불리던 묵이 '도루묵'이 되었다는 재미있는 이야기가 있답니다. '말짱 도루묵'이라고 하면 다시 처음으로 돌아가는 것이니 그동안의 수고가 아무 의미 없는 헛수고가 되었다는 뜻이 됩니다.

물 건너가다 모든 상황이 끝나다.

🔵 이번 경기는 이미 **물 건너갔으니** 다음 경기에 더 신경 쓰는 것이 좋겠어.

미역국을 먹다 시험에서 떨어지다.

🔵 어떻게 됐어? 합격했어? **미역국 먹었어?** 어서 말해 봐.

시험에 떨어지거나 승진에서 밀려난 것을 두고 '미끄러졌다'라고 표현해요. 미끌미끌한 미역의 촉감과 맞아떨어져 시험에서 미끄러진 것을 두고 '미역국을 먹다'라고 표현해요.

산통이 깨지다 잘 되어 가던 일이 뒤틀리다.

🔵 누나의 실수로 엄마의 깜짝 생일 파티가 **산통이 깨져 버렸다**.

'산통'은 점쟁이들이 점을 칠 때 쓰는 산가지를 넣은 통이에요. 이 산통이 깨져 버리면 점을 칠 수 없었어요. 점쟁이들에게 중요한 산통이 깨져 버렸으니 모든 일이 틀어지게 된 것이나 마찬가지죠.

싹이 노랗다 잘 될 가능성이 아예 보이지 않다.
▶ 싹수가 노랗다
예) 어린 것이 벌써 거짓말이나 살살 하다니, **싹이 노랗**네.

싹이 노랗게 된 것은 씨앗이나 나무가 병들어서 성장하지 않는다는 말이죠.

쓴맛을 보다 실패를 경험하다.
예) 삼촌은 첫 사업의 실패로 인생의 **쓴맛을 봐야** 했어.

엎지른 물 되돌릴 수 없는 일.
▶ 쏘아 놓은 살이요 엎지른 물이다 속담
예) 도끼를 연못에 빠뜨리고 말았으니 이젠 **엎지른 물**이다.

이미 엎지른 물을 다시 주워 담을 수 없겠지요? 후회해도 돌이킬 수 없는 일, 다시 바로잡을 수 없는 일을 두고 '엎지른 물'이라고 합니다.

원숭이도 나무에서 떨어진다 속담
아무리 잘하는 사람도 간혹 실수할 수 있다.
▶ 닭도 홰에서 떨어지는 날이 있다 속담
예) **원숭이도 나무에서 떨어진다**더니, 토끼가 거북이에게 질 줄 누가 알았겠니?

죽도 밥도 안 되다 어중간하여 이것도 저것도 안 되다.
예) 지금 그만두면 **죽도 밥도 안 된단**다. 조금만 더 노력해 보는 게 어때?

죽을 쑤다 어떤 일을 제대로 하지 못하여 망치다.
예) 이번 시험은 아무래도 **죽을 쑨** 것 같아.

죽은 알갱이가 퍼져서 형체를 알아볼 수 없게 뭉개져 있죠. 그래서 어떤 일이 뜻대로 안 될 때 죽에 비유해요.

쪽박을 깨다 일을 망치다.

예 너는 왜 내가 하는 일마다 **쪽박을 깨고** 나서니?

'쪽박'은 조롱박을 반으로 쪼개서 만든 작은 바가지예요. 주로 거지들이 옆구리에 차고 다니면서 쪽박에 밥을 얻어먹곤 했지요. 이 쪽박을 깬다는 것은 얻어먹는 일도 할 수 없게 모든 것을 망쳐 버렸다는 것입니다.

차질이 생기다 하던 일이 의도에서 벗어나다.

예 태풍 때문에 비행기가 결항하여 여행에 큰 **차질이 생겼다**.

'차질'은 발을 헛디디어 넘어진다는 뜻의 한자어예요. 계획대로 하던 일에 헛디디고 넘어질 일이 생기는 것이니 하던 일이 의도에서 벗어나 틀어졌다는 의미로도 사용하지요.

코가 납작해지다 몹시 무시를 당해 기가 죽다.

예 이장은 그렇게 큰소리치더니 이번 일 때문에 아주 **코가 납작해졌어**.

'코'는 얼굴의 중심에 있기 때문에 자존심이나 오만을 나타내기도 해요. 자신만만하거나 거만하던 사람이 어떤 일이 잘되지 않아 기가 많이 꺾인 상태를 표현하는 말입니다.

한 번 실수는 병가의 상사 (속담) 한 번의 실수는 늘 있는 일.

예 **한 번 실수는 병가의 상사**라고 했어. 다음에 더 잘하면 되니 실망하지 마.

'병가'는 전쟁에 관한 일을 하는 사람을 뜻하고 '상사'는 항상 있는 일이라는 뜻이에요. 이 속담은 전쟁을 하다 보면 한 번의 실수는 늘 있는 일이라는 뜻이에요. 누구나 실수도 하고 실패도 하니 그것으로 낙심할 필요는 없다는 말이지요.

나타남과 드러남을 나타내는 표현

나타나고 드러난다는 것은 가려 있거나 보이지 않던 것이 보이게 되는 것이에요. 그래서 얼굴을 가리고 있던 가면을 벗거나 보이지 않던 바닥이 보이거나, 가라앉았던 것이 떠오른다는 표현이 있는 것이지요.

가면을 벗다 본모습을 드러내다.

ⓔ 이제 **가면을 벗고** 좀 솔직해지는 게 어때?

'얼굴'을 감추어진 본모습, 진실에 비유한다면 '가면'은 겉으로 드러내 보이는 가짜, 거짓을 의미해요. 그러니 가면을 벗으면 거짓으로 꾸민 정체가 드러나게 되는 것이지요.

고개를 내밀다 세력이나 감정이 나타나다.

ⓔ 한밤중에 집에 혼자 있으니 불안감이 **고개를 내밀었다**.

꼬리가 밟히다 행적이 드러나다.

ⓔ 범인은 친구 집에 숨어 있다가 형사에게 **꼬리를 밟히고** 말았다.

'꼬리'는 몸뚱이의 뒤에 붙어 있는 부분이라서 찾거나 쫓아갈 때 단서가 되는 흔적을 뜻하기도 해요. 그러니 꼬리가 밟혔다는 것은 흔적이 들켜 드러났다는 뜻이 될 수 있죠. 속담 중에 '꼬리가 길면 밟힌다'는 말도 있는데 나쁜 짓은 아무리 몰래 해도 오래 하면 들킨다는 뜻이랍니다.

꿈에 밟히다 잊히지 않아 꿈에 나타나다.

ⓔ 군대 간 형의 모습이 밤마다 **꿈에 밟힌다**.

낭중지추 〔성어〕 재주가 뛰어난 사람은 가만히 있어도 저절로 드러난다.
囊中之錐: 주머니 낭, 가운데 중, 어조사 지, 송곳 추

▶ **주머니에 들어간 송곳이라** 〔속담〕

- 예) 역시 나는 어디를 가도 <u>낭중지추</u>의 존재감이 있단 말이지.

'낭중지추'는 주머니 속의 송곳이라는 뜻이에요. 그만큼 숨기기 어려워 저절로 드러난다는 말이죠. 이 성어를 그대로 풀이해 '주머니에 들어간 송곳이라'는 속담도 있어요. 선하거나 악한 일은 숨겨지지 않고 자연스럽게 드러난다는 말입니다.

눈에 띄다   두드러지게 드러나다.
- 예) 요즘 이모가 <u>눈에 띄게</u> 예뻐졌는데 혹시 연애하는 걸까?

들통이 나다   잘못이 드러나다.
- 예) 수아는 거짓말이 <u>들통나자</u> 얼굴이 빨개졌다.

'들통'은 한꺼번에 많은 양을 삶을 수 있는 손잡이가 달린 큰 냄비예요. 이 들통을 있던 자리에서 드러내면 들통으로 가려졌던 것들이 비로소 보인다는 데에서 유래한 표현이에요.

땅에서 솟았나 하늘에서 떨어졌나 〔속담〕
전혀 기대하지 않았던 것이 갑자기 나타나다.

- 예) <u>땅에서 솟았나 하늘에서 떨어졌나.</u> 그렇게 찾아도 안 보이던 안경이 어디서 나타났지?

바닥이 드러나다   부정적인 모습이 드러나다.
- 예) 그 사람도 이제 슬슬 <u>바닥이 드러나는군</u>.

'바닥'은 아래에 있어서 더러운 곳이나 하찮은 곳으로 여겨져요. 그래서 멸시받고 천한 삶을 사는 사람들을 '밑바닥 인생'이라고 업신여겨 말하기도 하지요. '바닥이 드러나다'는 사람이나 어떤 일의 부정적인 모습이 그동안 숨겨져 있다가 밝혀진다는 뜻이에요.

빛을 발하다 능력을 드러내다.

예) 너의 그림 실력이 여기서 **빛을 발하는구나**.

빛은 어둠 속에 있는 것을 드러나 보이게 해 주지요. '빛을 발하다'라고 하면 그동안 숨겨져 있었거나 겉으로 나타나지 않았던 능력이 드러나게 되었다는 의미가 됩니다.

빛을 보다 업적이나 일한 보람이 드러나다.

예) 할아버지의 골동품들이 전시회에서 **빛을 보게** 되었다.

수면 위로 떠오르다 겉으로 드러나다.

예) 대학 등록금 문제가 다시 **수면 위로 떠올랐다**.

수면 위로 떠올랐다는 것은 물 위로 떠올랐다는 것이에요. 가라앉았거나 속에 있어서 보이지 않던 것이 떠올라 겉으로 드러났다는 말이죠.

얼굴에 씌어 있다
감정이나 기분이 얼굴에 나타나다.

예) 너 지금 화났다고 **얼굴에 씌어 있네**.

얼굴을 내밀다 모습을 나타내다.
○ 얼굴을 내놓다, 얼굴을 비치다

예) 몸이 안 좋아서 모임엔 잠깐 **얼굴만 내밀고** 바로 갈게요.

'얼굴 내밀다'는 사람들이 모인 자리에 예의상 잠깐만 모습을 드러내는 것을 말해요.

감춤과 사라짐을 나타내는 표현

만화에선 숨바꼭질하면 꼭 꼬리나 그림자 때문에 들통나는 경우가 많죠? 꼬리나 그림자는 의미가 확대되어 자취나 흔적을 나타내지요. 그래서 여기에선 꼬리나 그림자를 없애거나 숨긴다는 뜻의 표현이 많아요.

가면을 쓰다 속마음을 감추고 거짓으로 꾸미다.
예) 누나는 사람들 앞에만 가면 요조숙녀인 척 가면을 쓴다.

개미 새끼 하나 볼 수 없다 아무도 없다.
예) 경찰이 사건 현장에 도착했을 때는 개미 새끼 하나 볼 수 없었다.
모두 사라지고 아무것도 남지 않았을 때 사용할 수 있는 표현이에요.

겉 다르고 속 다르다 (속담) 겉과 속이 달라 사람 됨됨이가 바르지 못하다.
▷ 겉과 속이 다르다 (속담)
예) 계속 겉 다르고 속 다르게 행동한다면 사람들은 네 말을 믿지 않게 될 거야.
주로 마음속으로는 좋지 않게 생각하면서 겉으로는 좋은 것처럼 꾸며서 행동할 때 사용하는 속담이에요.

구경도 못 하다 본 적이 없다.
예) 태어나서 그렇게 큰돈은 구경도 못 했다.
사라지거나 감추어져 있어 눈으로 아무것도 보지 못했다는 것을 강조하는 말입니다.

귀신도 모르다 아무도 모르다.
예 여기 두었던 가방이 귀신도 모르게 사라졌어.

초인간적이며 초자연적인 능력을 발휘한다는 귀신도 모르는 일이라고 하니 인간은 더욱 알 길이 없겠죠? 아무도 모르거나 전혀 알아챌 수 없을 정도로 티가 나지 않는다는 뜻입니다.

그림자 하나 얼씬하지 않다 한 사람도 나타나지 않다.
예 오래된 빈집에 흉흉한 소문이 돌자 그림자 하나 얼씬하지 않았다.

'얼씬하다'는 눈앞에 잠깐 나타났다 없어지는 것을 뜻해요.

그림자도 없다 흔적이나 자취가 없다.
예 길고양이는 놓아둔 사료만 먹고 벌써 그림자도 없이 사라졌다.

그림자는 형체가 있어야만 생겨요. 그래서 그림자를 사물의 흔적이나 자취로 비유하기도 하죠. 그림자도 없다고 하면 흔적도 자취도 아무것도 없다는 말입니다.

그림자를 감추다 자취를 감추어 모습을 나타내지 않다.
예 물이 오염되면서 그 많던 물고기들이 점점 그림자를 감추고 있다.

그림자조차 찾을 수 없다 도저히 찾을 수 없다.
예 푸른빛의 털을 가진 도도새는 멸종되어 그림자조차 찾을 수 없게 되었다.

기억에서 사라지다 잊다.
예 그때 일은 기억에서 사라진 지 오래야. 우리 서로 화해하자.

꼬리를 감추다 자취를 감추다.
▶ 꼬리를 숨기다
예 "선생님 오신다!"라는 소리에 친구들은 재빨리 **꼬리를 감추고** 도망가 버렸어요.

꼭꼭 숨었다 해도 꼬리가 보이면 잡히기 마련이니 꼬리까지 감추어야 완전히 숨었다고 할 수 있어요. '꼬리를 감추다'는 사람이나 동물이 어디에 있는지 전혀 알 수 없게 모습을 숨기거나 달아났을 때 사용하는 말이에요.

눈을 피하다 남이 보는 것을 피하다.
예 독립 운동가들은 일본 순사들의 **눈을 피해** 만주로 건너갔다.

바닥이 나다 다 써서 없어지다.
예 목욕하러 갔더니 샴푸가 **바닥이 나** 있었다.

바닥까지 드러났다는 것은 물건이나 돈을 다 써서 남아있지 않는다는 뜻이에요.

발톱을 숨기다 본모습을 숨기다.
예 그 사람은 왠지 **발톱을 숨기고** 있는 것 같아요. 조금 더 지켜보는 것이 좋겠어요.

소리 소문도 없이 드러남이 없이 슬그머니.
예 학교 앞 분식집이 **소리 소문도 없이** 이사했다.

속이 시커멓다 마음이 음흉하다.
예 걔는 **속이 시커먼** 녀석이라 하는 말을 곧이곧대로 믿으면 안 돼!

신출귀몰 _{성어} 자유자재로 나타나고 사라지다.
神出鬼沒: 귀신 신, 날 출, 귀신 귀, 없어질 몰
- 예) 홍길동은 <u>신출귀몰</u>하며 탐관오리들을 혼냈다.

동에서 번쩍, 서에서 번쩍. 귀신처럼 자유자재로 나타나고 사라져 어디에 있는지 알 수 없을 때 사용하는 표현이에요.

씨가 마르다 모조리 없어지다.
- 예) 요즘 국내산 대구는 <u>씨가 말라서</u> 찾아보기도 어렵다.

'씨'는 동물이나 식물이 생겨나는 근본이죠. 이 표현은 어떤 종류가 근본까지 모조리 없어져 찾아보기 힘들 때 사용할 수 있어요.

씨를 말리다 아무것도 남기지 않고 모조리 없애다.
- 예) 황소개구리가 토종 개구리의 <u>씨를 말리고</u> 있다.

연막을 치다 교묘하게 본심을 숨기다.
- 예) 나를 안심시키려고 <u>연막 친</u> 거지?

적군이 우리 편의 움직임을 알 수 없도록 피워 놓는 짙은 연기를 '연막'이라고 해요. 연막을 친다는 것은 어떤 수단을 써서 교묘하게 숨긴다는 의미가 됩니다.

온다 간다 말없이 아무에게도 말하지 않고 슬그머니.
- 예) 내가 화장실에 다녀온 사이 걔는 <u>온다 간다 말없이</u> 집에 가버렸다.

자취를 감추다 남이 모르게 어디로 가거나 숨다.
- 예) 동네를 떠돌던 길고양이가 <u>자취를 감추고</u> 사라져 버렸다.

종적을 감추다 남이 모르는 곳으로 숨거나 사라지다.

- 예) 삼촌이 **종적을 감춘** 지 한 달이 되었다.

'종적'은 자취나 흔적을 뜻하는 한자어예요.

쥐도 새도 모르게 감쪽같이 행동하여 아무도 모르게.

- 예) 이번 재판의 결정적인 증거가 **쥐도 새도 모르게** 사라졌다.

밤에 활동하는 쥐도 모르고, 낮에 활동하는 새도 모르게 한다는 것이니 '아무도 알 수 없게', '은밀하게'라는 뜻입니다.

코끝도 볼 수 없다 전혀 볼 수 없다.
▶ 코빼기도 못 보다

- 예) 요즘 무슨 일인지 형님 **코끝도 볼 수가 없네요**.

탈을 쓰다 본색이 드러나지 않게 가장하다.

- 예) 아무리 천사의 **탈을 쓰고** 행동해도 너의 본심은 다 드러나게 되어 있단다.

'탈'은 가면과 같은 의미로 본모습을 드러나지 않게 가린다는 거예요. 나쁜 속마음을 가리기 위해 거짓 행동이나 거짓 태도를 꾸민다는 뜻으로 사용해요.

행방불명 (성어) 간 곳이나 방향을 모르다.
行方不明: 다닐 행, 방향 방, 아니 불, 밝을 명

- 예) **행방불명**되고 이틀이 지났지만, 아직도 동생을 찾지 못했다.

행방이 묘연하다 어디로 간지 모르게 사라지다.

- 예) 수사가 진행되자 유일한 목격자의 **행방이 묘연해졌다**.

'행방'은 간 곳이나 방향을 뜻하고, '묘연하다'는 알 수가 없다는 뜻이에요. 어디에 있는지 찾지 못한다는 뜻이랍니다.

도망을 나타내는 표현

도망을 나타내는 표현을 살펴보면 '꼬리'나 '등'과 같은 단어가 나와요. 왜냐하면 누군가를 피해 달아날 때는 뒷모습을 보일 수밖에 없기 때문이죠.

걸음아 날 살려라   있는 힘을 다해 다급하게 도망치다.
▶ 다리야 날 살려라
⏺ 혹부리 영감은 도깨비를 보자마자 "**걸음아 날 살려라.**" 하고 정신없이 도망갔어요.

기러기 불렀다   멀리 도망가 버렸다.
⏺ 청소하겠다던 친구들이 모두 **기러기 부르고** 가 버렸어.

'기러기가 펄펄 날아갔다.'라는 노랫말에서 유래된 말이에요. 기러기는 철새라 언젠가는 날아가 버린다는 뜻이죠.

꼬리가 빠지게   재빨리 도망치다.
▶ 꽁무니가 빠지게
⏺ 호랑이 선생님이 나타났다는 소리에 우리는 모두 **꼬리가 빠지게** 도망갔다.

만화에서 쌩~ 하고 도망갈 때 꼬리나 눈썹 등 몸의 일부가 빠져서 따로 남는 장면을 본 적이 있나요? 그만큼 재빨리 달아나는 모습을 재미있게 표현한 것이지요. 그런 장면을 떠올리면 '꼬리가 빠지게'의 뜻을 이해하기 쉬울 거예요.

꼬리를 빼다   슬그머니 달아나다.
▶ 꽁무니를 빼다
⏺ 스파이더맨이 나타나자 악당들이 **꼬리를 빼고** 달아났다.
⏺ 오빠는 자신의 잘못에 대한 말만 나오면 슬그머니 **꽁무니를 뺐다**.

어떤 일에 책임을 지지 않으려고 슬그머니 사라지거나 도망치는 행동을 표현한 말이에요.

꽁무니를 사리다   슬그머니 달아나려 하다.

예) 꽁무니 사리지 말고 네가 먼저 발표한다고 해 봐.

'사리다'는 어떠한 일에 적극적으로 임하지 않고 살살 피한다는 뜻이에요. 책임을 회피하기 위해 언제 자리를 떠야 하는지 따져 보고 있다는 것이죠.

등을 보이다   외면하다.

예) 어려움을 당한 친구에게 등을 보이는 것은 두 번 상처를 주는 것이다.

사람들은 서로 대화를 나눌 때 얼굴을 보고 이야기를 나누죠? 등이 보인다는 것은 상대방의 말을 듣지 않겠다는 표현이랍니다.

뛰어야 벼룩 속담   도망쳐 보아야 크게 벗어날 수 없다.

▶ 뛰어 보았자 부처님 손바닥 속담

예) 네가 뛰어야 벼룩이지. 나는 네가 어디 숨을지 다 알고 있다고.

벼룩은 몸길이가 2mm~4mm 정도밖에 되지 않는 아주 작은 곤충이에요. 그러니 이 작은 벼룩이 아무리 톡톡 뛰어 도망가 봤자 사람 눈에는 거기서 거기인 거죠. 도망친 사람을 쉽게 잡을 수 있는 경우에 '뛰어야 벼룩이다'라고 해요.

삼십육계를 놓다   급하게 도망치다.

▶ 삼십육계 줄행랑

예) 범인은 경찰을 보자마자 삼십육계를 놓았다.

『삼십육계』는 중국의 병법서로 전쟁을 하는 데 쓰이는 36가지 계책을 적어 놓은 책이에요. 이 병법서에 적힌 36번째 계책은 '도망치는 것도 뛰어난 전략이다.'랍니다. 여기서 유래해 '삼십육계를 놓다'라고 하면 급하게 도망친다는 의미가 되었어요.

야반도주 성어 한밤중에 몰래 도망가다.

夜半逃走 : 밤 야, 한창 반, 달아날 도, 달릴 주

예 뺑덕어멈은 심청이 아버지를 두고 **야반도주**를 했다.

남의 눈을 피해 한밤중에 도망가는 것을 일컫는 말이에요.

줄행랑을 놓다 달아나다.

○ 줄행랑을 치다, 줄행랑을 부르다

예 오빠는 무섭게 짖는 개를 보자마자 **줄행랑을 놓았다**.

예 걱정하지 마. 나 혼자 살자고 **줄행랑을 치지는** 않을 거야.

한옥 대문 옆에 좌우로 붙어 있는 방을 행랑(行廊)이라고 해요. 주로 하인들이 그 방에 살았죠. 행랑이 여러 개 연이어 붙어 있는 것을 '줄행랑'이라고 하는데 달아남을 뜻하는 주행(走行)과 발음이 비슷해서 '줄행랑'이 도망을 속되게 일컫는 표현이 되었다는 설이 있어요. '삼십육계'와 붙여서 '삼십육계 줄행랑을 놓다'라고도 합니다.

곤란함과 난처함을 나타내는 표현

막다른 골목에 있는데 술래가 잡으러 와요. 그럼 가도 오도 못하고 구석에 몰리게 되지요? 자칫 잘못하면 술래에게 잡힐 곤란한 상황이에요. 이런 곤란하고 난처한 상황에서 사용할 표현을 함께 알아볼까요?

가도 오도 못하다   한 곳에서 움직일 수 없는 상태가 되다.

▶ 오도 가도 못하다

예) 앞뒤로 차가 꽉 막혀서 **가도 오도 못하고** 있어요. 조금 늦을 거 같아요.

오지도 못하고 가지도 못하는 난처한 상황을 이르는 말이에요. 같은 의미로, 앞에도 높은 산이고 뒤에도 높은 산이라 이러지도 저러지도 못해 난처하다는 뜻의 '가자니 태산이요, 돌아서자니 숭산이라'는 속담도 있어요.

곤욕을 치르다   심한 모욕을 당하다.

예) 만세 삼창 운동에 참여한 사람들은 일본 순사에게 잡혀 **곤욕을 치렀다.**

곤욕(困辱: 괴로울 곤, 욕보일 욕)은 참기 힘든 심한 모욕을 말해요. '곤욕을 치르다'라고 하면 몹시 견디기 어려운 모욕을 당했다는 뜻이랍니다.

곤혹스럽다   난처함을 느끼게 하는 점이 있다.

예) 명절 때마다 '반에서 몇 등 하니?'라는 질문이 가장 **곤혹스럽다.**

'곤혹'은 곤란하고 어찌할 바를 모르는 상황을 말해요.

골치를 앓다 어찌해야 할지 몰라 머리가 아프다.
▶ 골머리를 앓다
예) 점점 쌓여 가는 쓰레기 때문에 동네마다 **골치를 앓고** 있다.

'골' 또는 '골치'는 두뇌를 뜻하는 우리말이에요. 속된 말로 '골머리'라고도 하지요. 어떻게 해야 할지 몰라 머리가 아플 정도로 고민할 때 사용하는 표현이에요.

구석에 몰리다 곤란한 처지가 되다.
예) 범인은 결정적인 증거가 나와 **구석에 몰리자** 어쩔 수 없이 자수했다고 한다.

궁지에 몰리다 매우 곤란하고 어려운 일을 당하다.
예) 조심해! 쥐도 **궁지에 몰리면** 고양이를 문다고 했어.

'궁지'는 매우 곤란하고 어려운 일을 당한 형편을 일컫는 말이에요.

내 코가 석 자 (속담) 내 상황이 어려워 다른 사람을 돌아볼 여유가 없다.
▶ 제 코가 석 자 (속담)
예) 지금 **내 코가 석 자**야! 내가 더 급한데 어떻게 널 도와주겠니?

여기서 '코'는 콧물을 의미해요. '자'는 길이의 단위인데 '석 자'라고 하면 약 100cm에 해당하지요. 내 콧물이 석 자나 길게 나온 것을 닦지도 못하는 판에 누구를 걱정할 수 있겠느냐는 의미를 담고 있는 속담이랍니다.

늪에 빠지다 헤어나기 어려운 상황에 놓이다.
예) 도박의 **늪에 빠지면** 정신을 못 차린다.

'늪'은 물과 진흙이 고여 있는 곳인데 한 번 빠지면 나오려고 할수록 자꾸 발이 빠져든다고 해요.

독 안에 든 쥐 궁지에서 벗어날 수 없는 처지.

- 예) 넌 <u>독 안에 든 쥐</u>다! 우리가 포위했으니 더는 도망갈 생각하지 마라!

깊은 항아리에 들어간 쥐를 생각해 보세요. 아무리 발버둥 쳐도 빠져나오기가 쉽지 않겠죠? '독 안에 든 쥐'는 아무리 벗어나려 해도 벗어날 수 없는 처지를 가리키는 말이랍니다.

된서방을 맞다 몹시 어려운 일을 겪다.

▶ 된서방을 만나다, 된서방에 걸리다

- 예) 엄마에게 혼이 나니 <u>된서방을 맞은</u> 것처럼 마음이 힘들었다.

'된서방'은 몹시 까다롭고 못된 남편이라는 뜻이에요. 이런 남편을 만나 산다는 것은 아내에겐 굉장히 힘들고 어려운 일이겠죠?

떡이 되다 크게 곤욕을 당하거나 매를 많이 맞다.

- 예) 주인공 형사는 악당들의 소굴에 잠입하다 붙잡혀 <u>떡이 되도록</u> 맞았다.

빼도 박도 못하다

일이 몹시 곤란하게 되어서 하지도 못하고 그만두지도 못하다.

- 예) 이미 다른 영화로 바꿀 수 있는 시간도 지나서 <u>빼도 박도 못해</u>. 그냥 이 영화 보자.

빼지도 박지도 못하고 있으니 마음대로 할 수 없는 난처한 상황을 이르는 말입니다.

사면초가 (성어) 아무에게도 도움을 받지 못하는 곤란한 상황.

四面楚歌: 넷 사, 얼굴 면, 초나라 초, 노래 가

- 예) 내가 안 도와주면 그 친구는 정말 <u>사면초가</u>에 빠질 것 같아.

사면에서 들려오는 초나라의 노래라는 뜻이에요. 초나라 항우가 한나라 유방의 군사에게 포위되었을 때, 유방은 자기 군사들에게 초나라 노래를 부르게 했대요. 사방에서 초나라 노래가 들려오자 항우는 초나라 백성이 모두 붙잡혀 포로가 된 줄 알고 절망했어요. 결국 전세가 기울고 항우가 이끌던 초나라가 크게 패했지요. 그 후로 '사면초가'라고 하면 주위가 온통 적으로 둘러싸여 도와줄 사람이 없는 어려운 상황을 나타내는 말이 되었답니다.

속수무책 성어 손을 묶은 것처럼 해결할 방법이 없어 꼼짝 못 하다.
束手無策: 묶을 속, 손 수, 없을 무, 꾀 책
- 예 이렇게 **속수무책**으로 있을 거예요? 뭐라도 해 봐야지요!

손이 꽁꽁 묶이면 아무 일도 할 수 없겠지요? 눈앞에 일이 닥쳤지만 해결할 방법이 없어 손쓸 수 없는 곤란한 경우에 사용하는 말이에요.

엿물을 흘렸다 녹초가 될 정도로 어려움을 당하다.
- 예 독립 운동가들은 **엿물을 흘리며** 일제의 탄압에 맞서 싸웠다.

엿물을 오랫동안 달여서 식히면 엿이 돼요. 그런데 엿물이 말갛게 식지 않고 뿌옇게 흐리면 엿으로 뭉쳐지지 않아 고생한다는 데서 이 말이 유래했다고 해요. 엿물이 풀어진 것처럼 맥이 풀려 힘을 못 쓸 정도로 곤란을 많이 겪었다는 뜻입니다.

이러지도 저러지도 못하다 몹시 곤란하여 어찌할 바를 모르다.
- 예 싸우는 두 사람 사이에서 나는 **이러지도 저러지도 못하는** 상황이다.

자승자박 성어 자기가 한 일로 자기가 곤란해지다.
自繩自縛: 스스로 자, 줄 승, 스스로 자, 묶을 박
- ▶ **자업자득** 성어
- 예 혼자만 먹으려다 체한 것이니 **자승자박**이네. 쌤통이다!

자기가 만든 줄로 자기 몸을 묶는다는 말이에요. 자기가 한 말이나 행동이 자신을 속박해 곤란하게 된 경우에 사용할 수 있는 성어입니다.

진땀을 빼다 난처한 일로 몹시 애를 쓰다.
- ▶ **진땀을 흘리다**
- 예 형석이는 잼 뚜껑이 열리지 않아 **진땀을 뺐다**.

'진땀'이란 큰 힘을 쓰거나 몹시 난처하여 흘리는 끈끈한 땀을 말해요. 몹시 힘이 들거나 난처하여 몸에서 끈끈한 땀이 나올 정도로 애를 쓴다는 뜻이죠.

진퇴양난 성어 이러지도 저러지도 못하는 어려운 처지.
進退兩難: 나아갈 진, 물러날 퇴, 둘 량, 어려울 난
예 골프 선수는 공이 호수에 빠져 <u>진퇴양난</u>의 상황에 부닥쳤다.
싸움에서 앞으로 나갈 수도 물러날 수도 없는 매우 곤란한 상황에 부닥쳤다는 말이에요.

피치 못할 어쩔 수 없는.
예 <u>피치 못할</u> 사정이 있겠지. 너무 뭐라고 하지 마.

모르는 척을 나타내는 표현

눈감아 주다 모르는 척하다.
예 이번 일을 한 번만 **눈감아 주시면** 다시는 이런 일이 없도록 하겠습니다.

'눈감다'에는 남의 잘못을 알고도 모르는 체한다는 뜻이 있어요.

딴전을 부리다 상관없다는 듯 모르는 척하다.
▶ 딴전을 피우다, 딴청을 부리다, 딴청을 피우다
예 분명히 봤으면서 못 본 척 **딴전을 부리다니!**

옛날에 물건을 늘어놓고 파는 가게를 전(廛)이라고 했답니다. 딴전을 부린다는 것은 이미 벌여 놓은 자기 장사가 있는데도 다른 전의 장사를 봐주고 있다는 뜻으로, 하고자 하던 일을 제쳐 두고 다른 일에 더 매달리고 있을 때 사용하는 말이지요.

모르면 약이요 아는 게 병 (속담)
차라리 모르면 마음이 편하고 알고 있으면 걱정거리가 많아 해롭다.
▶ 아는 것이 병 (속담)
예 **모르면 약이요 아는 게 병**이라고 했어. 너무 자세히 알려고 하지 마.

시치미를 떼다 자기가 한 일을 하지 않았다고 모른 척하다.
예 내 것 가져가는 거 봤으니 **시치미 떼지** 않는 게 좋을 거야!

사냥을 위해 길들인 매의 꽁지에는 이름표를 달아 소유 표시를 했는데 그것을 '시치미'라고 불렀지요. '시치미를 떼다'는 매를 잡아 시치미를 떼고 마치 자기 것인 양 꾸며댄다는 것에서 나온 말이에요. 남의 매라는 것을 알면서도 모르는 척 잡아떼거나 자기가 하고도 하지 않은 척하는 경우를 일컫습니다.

안면을 바꾸다 갑자기 일부러 모른 척하다.
▶ 안면몰수
예) 집안 사정이 어려워지자 친척들이 <u>안면을 바꿨다</u>.

안면(顔面)은 얼굴 또는 서로 얼굴을 알 만한 친분을 의미해요. '안면을 바꾸다'는 원래 친분이 있던 사이였는데 갑자기 모르는 척 태도를 바꾸는 경우에 사용하는 말이에요.

오리발을 내밀다 딴전을 피거나 시치미를 떼다.
▶ 닭 잡아먹고 오리발 내놓기 속담
예) 완벽한 증거가 있는데도 계속 <u>오리발 내밀</u> 거야?

원래는 '닭 잡아먹고 오리발 내놓기'라는 속담에서 나온 말이에요. 닭을 잡아먹은 사람이 닭을 잡아먹지 않았다고 시치미를 떼며 오리발을 내밀어 속아 넘기려 한다는 뜻이에요.

입을 씻다 이익을 가로채고서 모른 체하다.
▶ 입을 닦다
예) 좋은 일 있으면 한턱내야지. <u>입 씻을</u> 거야?
예) 현수는 심부름하고 남은 돈을 챙기고 <u>입을 싹 닦았다</u>.

호박씨를 까다 안 그런 척 내숭을 떨다.
예) 누나 원래 족발이라면 자다가도 벌떡 일어나잖아! 어디 <u>호박씨를 까</u>!

집중과 산만을 나타내는 표현

어떤 일에 집중하면 보는 것이나 듣는 것이 한 방향으로 쏠리죠. 이렇게 '눈'과 '귀'는 신경을 써서 듣거나 볼 때 쓰이는 신체 부위라 집중과 산만을 나타내는 표현에 많이 등장합니다.

곁눈을 팔다   다른 곳에 관심을 보이다.
▶ 곁눈을 뜨다
예) 곁눈 팔지 말고 해야 오늘 안에 다 할 수 있어.

귀담다   흘려듣지 않고 잘 기억하다.
예) 선배의 충고는 귀담아 둘 필요가 있다.

'귀'와 '담다'가 합쳐진 말로, 흘려듣지 않고 마음에 단단히 새겨 둔다는 의미예요.

귀를 세우다   듣기 위해 신경을 곤두세우다.
예) 옆에서 소곤대는 소리는 아무리 귀를 세우고 들어도 못 알아듣겠어.

귀를 곤두세우고 있다는 것은 그만큼 집중하기 위해 노력한다는 뜻입니다.

귀를 팔다   귀를 딴 데로 돌리고 잘 듣지 않다.
예) 어디에 귀를 팔아서 엄마가 그렇게 불렀는데도 못 듣니?

여기서 의미하는 '팔다'는 돈을 주고 팔았다는 것이 아니라 주의를 집중하여야 할 곳에 두지 않고 다른 데로 돌리고 있다는 뜻이에요.
'정신을 팔다', '한눈팔다'처럼 말이에요.

귓등으로 듣다 집중하지 않고 대강 듣다.

ⓔ 아이스크림 많이 먹지 말라는 말을 **귓등으로 듣더니** 결국 배탈이 났구나.

'귓등'은 귓바퀴의 바깥쪽 부분이에요. 소리는 귀 안쪽으로 들어가 고막을 울려야 들을 수 있는데 귓등으로만 들었다니 결국 안 들었다는 말이나 마찬가지죠.

귓등으로 흘리다 귀담아듣지 않고 흘려듣다.

▶ 귓전으로 흘리다

ⓔ 지금부터 내가 하는 말을 **귓등으로 흘리지** 말고 잘 기억해 둬.
ⓔ **귓전으로 흘린** 이야기라서 잘 기억나지 않는다.

귓등으로도 안 듣다 집중하지 않고 듣지 않다.

ⓔ 오빠는 내 말을 **귓등으로도 안 듣는다**.

귓등으로 듣는다는 것은 대강 듣는다는 뜻인데 귓등으로조차 안 듣는다고 하니 듣지 않고 있다는 것을 강조해서 나타내는 것이죠.

귓전으로 듣다 관심을 기울이지 않고 건성으로 듣다.

ⓔ 어머니의 충고를 **귓전으로 들었던** 것이 큰 실수였어.

'귓전'은 귓바퀴의 가장자리를 말해요. 둘 다 귀 바깥쪽이죠. '귓전으로 듣다'도 '귓등으로 듣다'처럼 소리를 귀 기울여 집중해서 듣지 않고 귓가로, 건성으로 듣는다는 뜻입니다.

눈과 귀가 쏠리다 마음이 끌리어 집중해 듣거나 보다.

ⓔ 새로운 입시 제도 발표에 학생들의 **눈과 귀가 쏠리고** 있다.

눈길을 모으다 시선을 집중시키다.

ⓔ 광장 한가운데 커다란 크리스마스트리가 세워져 지나가는 사람들의 **눈길을 모았다**.

눈을 똑바로 뜨다   정신을 차리고 주의를 기울이다.

▶ 눈을 크게 뜨다
- 예) 거기 가면 소매치기가 많으니 **눈 똑바로 뜨고** 다녀야 해.
- 예) 똑같은 실수를 하지 않도록 **눈을 크게 뜨고** 있어라.

잠을 자거나 기절했던 사람이 정신을 차렸을 때 가장 먼저 하는 행동은 눈을 번쩍 뜨는 것이에요. 그러니까 눈을 똑바로 크게 뜨라는 것은 정신을 바짝 차리고 주의를 기울이라는 뜻이지요.

눈을 밝히다   무엇을 찾으려고 신경을 집중하다.
- 예) **눈을 밝히고** 집 나간 고양이를 찾아다녔지만 결국 찾지 못했다.

눈을 씻고 보다   정신을 바짝 차리고 집중하여 보다.
- 예) **눈을 씻고 보아도** 이렇게 좋은 물건을 이 가격에 찾기는 어려울 거예요.

어떤 것을 더 자세히 관심 있게 보려고 할 때 자기도 모르게 눈을 한번 비비고 다시 보게 되지요? 그런 행동을 눈을 씻는다는 표현으로 나타낸 것입니다.

눈이 벌겋다   자기 이익만 챙기는 데 몹시 열중하다.
- 예) 엄마는 윷놀이 대회에서 1등 상품을 차지하려고 **눈이 벌겋다**.

흥분하거나 어떤 일에 열중하게 되면 기운이 상체 쪽으로 올라 얼굴이나 눈이 벌겋게 돼요. '눈이 벌겋다'는 이처럼 무엇인가에 몹시 열중한다는 뜻인데 주로 돈이나 이득을 좇기를 쓰고 달려드는 모습을 표현하지요.

마음을 붙이다   어떤 것에 마음을 전념하다.
- 예) 철수는 전학간 학교에 **마음을 붙이기** 위해 노력했다.

목을 매다 운명을 걸고 몰두하다.

예) 우리 누나는 검사가 되기 위해 고시 공부에 **목을 매고** 있다.

어떤 것에 목을 매고 있으면 그 움직임에 따라 이리저리 끌려다닐 수밖에 없겠지요? 자칫하면 목숨까지도 왔다 갔다 할 거예요. 주로 '~에 목을 매다'의 형태로 쓰여요.

몸을 던지다 온갖 열정을 다하다.

예) 김구 선생은 하나 된 조국의 독립을 위해 **몸을 던지셨다**.

삼매경에 빠지다 집중하다.

예) 독서 **삼매경에 빠져서** 누가 부르는지도 몰랐다.

삼매경(三昧境: 셋 삼, 새벽 매, 경지 경)은 본래 불교에서 사용하는 말인데 잡념을 떠나서 오직 하나의 대상에만 정신을 집중하는 경지를 말해요. 요즘은 '독서 삼매경', '게임 삼매경' 등 명사와 붙여서 그 일에 온전히 집중하여 빠져 있다는 뜻으로 두루 사용하지요.

신경을 곤두세우다 긴장하며 주의를 기울이다.
예 고3인 누나는 집안에 작은 소리가 날 때마다 **신경을 곤두세우며** 짜증을 냈다.

앞만 보고 달리다 다른 것에 신경 쓰지 않고 온전히 집중하다.
예 형은 누가 뭐라고 하든지 간에 꿈을 향해 **앞만 보고 달렸다**.

여념이 없다 다른 생각을 할 여유가 없다.
예 작가는 마감이 코앞으로 다가와 집필에 **여념이 없었다**.

'여념'은 남은 생각, 나머지 생각이라는 말이에요. 주로 '여념이 없다'는 꼴로 쓰여 어떤 일에 집중하고 있어 또 다른 것을 생각할 여유가 없다는 뜻으로 사용하지요.

유심히 살피다 주의 깊게 보다.
예 나는 물건을 살 때 어떤 기능이 있는지 하나하나 **유심히 살펴서** 사는 편이다.

'유심히'는 '마음을 두고 주의 깊게'라는 뜻이에요. 그러니까 유심히 살핀다는 것은 두루두루 주의하여 대상을 자세히 알아본다는 말이에요.

정신일도하사불성 성어
정신을 한 곳으로 집중하면 무슨 일이나 이룰 수 있다.

精神一到何事不成: 정신 정, 정신 신, 하나 일, 이를 도, 어찌 하, 일 사, 아니 불, 이룰 성

예 **정신일도하사불성**이라고! 불가능한 일은 없어!

말이 길어 어려워 보이지만 뜻은 간단해요. 어떤 일에 온 정신을 집중하면 안 되는 일이 없다는 뜻이죠. 불가능한 일이나 어려운 일을 앞두고 열심히 해 보자는 의미로도 사용할 수 있어요.

촉각을 곤두세우다   정신을 집중하고 즉각 대응할 태세를 취하다.

예) 병사들은 **촉각을 곤두세우고** 장군의 행동을 살폈다.

피부로 느끼는 감각도 촉각(觸覺: 닿을 촉, 깨달을 각)이라고 하지만 여기서 말하는 촉각(觸角: 닿을 촉, 뿔 각)은 더듬이를 의미해요. 곤충은 더듬이를 통해 주위의 물체를 알아보고 적이 오는 것을 탐색한답니다. 그러니 더듬이를 곤두세우고 있다는 것은 정신을 집중하고 신경을 곤두세워 즉각 대응할 태세를 취한다는 뜻이 되지요.

코를 박다   한 가지에 집중하다.

예) 동생은 레고 조립이라면 세 시간이고 네 시간이고 **코를 박고** 있다.

한 우물을 파다   한 가지 일을 끝까지 하다.

예) 뭘 하려면 **한 우물을 파야지**. 이것저것 하다가는 죽도 밥도 안 돼.

한눈을 팔다   해야 할 일에 마음을 쓰지 않고 정신을 딴 데로 돌리다.

예) 핸드폰에 **한눈을 팔고** 걷다가 자동차나 장애물에 부딪히는 사고가 자주 일어난다.

'한눈'은 당연히 보아야 할 데를 보지 않고 엉뚱하게 다른 데를 보는 눈을 말해요.

불가능을 나타내는 표현

계란으로 바위를 치고 바늘구멍으로 코끼리를 몰고, 하늘의 별을 따는 등 재미있고 과장된 비유를 들어 불가능을 나타내는 표현이 많아요.

계란으로 바위 치기 속담 도저히 이길 수 없는 경우.
▶ 달걀로 바위 치기 속담
예 계란으로 바위 치기지만 이대로 그냥 당할 수만은 없어.

쉽게 깨지는 계란으로 단단한 바위를 공격하면 결과는 어떻게 될까요? 맞서 싸워도 도저히 이길 승산이 없는 경우를 나타내는 속담이에요.

고양이 목에 방울 달기 속담 실행하지 못할 것을 의논하다.
예 우리끼리 이야기해봤자 고양이 목에 방울 달기니까 시간 낭비하지 말고 숙제나 하자.

쥐를 잡아먹는 고양이를 피하려고 고양이 목에 방울을 달자는 의견을 내놓았지만 정작 방울을 달겠다고 나서는 쥐는 한 마리도 없었다는 내용의 동물 설화에서 유래했어요. 열심히 의논하고 계획을 세워도 소용없는 불가능한 일을 빗대서 표현한 속담입니다.

되지도 않는 소리 전혀 실현 가능성이 없는 말.
예 일주일 안에 5kg을 빼겠다고? 되지도 않는 소리는 하지를 마.

말이 되지도 않는 소리라고 이해하면 쉬워요. 말이 되지 않는다는 것은 이치에 닿지 않거나 전혀 실현 가능성이 없는 헛소리라는 뜻이죠.

바늘구멍으로 코끼리를 몰라 한다 속담
가능성이 없는 일을 하라고 강요하다.

예 바늘구멍으로 코끼리를 몰라 하지 말고 되는 것부터 차근차근히 해 봅시다.

작은 바늘구멍으로 코끼리를 몰아가도 덩치 큰 코끼리가 바늘구멍을 통과하기는 불가능하겠죠? 이처럼 전혀 가능성이 없는 일을 하라고 강요하는 경우에 쓸 수 있는 속담이에요.

어느 세월에   얼마나 오랜 시간이 지나야.
▶ 어느 천년에

예 그렇게 천천히 밥을 먹으면 어느 세월에 다 먹니?

'어느 세월에'는 너무 오랜 시간이 걸린다는 것을 한탄하거나 염려하는 말이에요. 아무리 오랜 시간이 걸려도 할 수 없을 것 같아 불가능해 보인다는 의미를 담고 있죠.

어림 반 푼어치도 없다   터무니없는 말이다.
▶ 어림도 없다

예 벼락부자가 되면 어떻게 할 거냐고? 어림 반 푼어치도 없는 소리 좀 하지 마라.
예 네가 나를 이기겠다니, 어림도 없지.

'어림'은 대강 짐작으로 헤아리는 것이에요. '반 푼'은 옛날 돈인 엽전 한 푼의 반이죠. 대강 짐작으로 헤아려 봐도 반 푼도 안 되는, 아주 적을 가능성조차도 없다는 뜻으로 쓰입니다. 줄여서 '어림도 없다'라고 표현하기도 하고, 형용사 '어림없다'도 같은 의미입니다.

죽었다 깨어도   도저히.
▶ 죽었다 깨더라도, 죽었다 깨도

예 그 문제는 죽었다 깨어도 못 풀겠어.

죽었다가 깨어 다시 살아나는 것은 불가능하겠지요? 주로 '없다', '아니다', '못하다' 등의 부정하는 말과 함께 쓰여 불가능함을 강조할 때 쓰는 표현이에요.

턱이 없다   수준이나 분수에 맞지 않아 불가능하다.
예) 그는 올림픽에 나가기엔 턱없는 실력을 갖추고 있다.

턱이 있다   절대 그럴 리 없다.
예) 그렇게 매몰차게 찼는데 걔가 너한테 연락할 턱이 있겠어?

'턱이 없다'와 반대되는 말이라서 뜻도 반대일 것 같지만 오히려 불가능하다는 것을 강조한 표현이랍니다. 주로 '무엇을 할 턱이 있겠어?'와 같이 물어보는 형태로 쓰여 그럴 리 없다는 것을 강조하여 나타내지요.

하늘의 별 따기 (속담)   무엇인가 얻기 매우 어렵고 불가능하다.
예) 그 공연은 인기라서 티켓 구하기가 하늘의 별 따기만큼 어려워.

하늘의 별을 따는 일 자체가 불가능한 일이죠. 이 속담은 매우 어렵거나 거의 불가능한 일을 나타내는 표현이에요. 반대로 하기가 매우 쉬운 일은 '누워서 떡 먹기'라고 합니다.

고생과 어려움을 나타내는 표현

고생이나 어려움을 나타내는 표현에 '가시밭', '산', '세찬 바람', '거친 파도'와 같은 단어들이 나오는 이유는 이런 것들이 앞에 닥쳤을 때 뚫고 나가는 것 자체가 어렵고 고된 일이기 때문이에요.

가시밭길을 가다   힘겹고 험한 삶을 살다.

- 예) 그동안 **가시밭길을 가는** 인생이었다면, 앞으로는 꽃길만 걷게 되길.

가시덤불이 우거진 밭길을 지나가려면 여기저기 긁히고 상처가 날 거예요. 그래서 '가시밭길'이라고 하면 괴롭고 어려운 환경을 비유적으로 일컫지요. 좋은 일, 순탄한 삶을 뜻하는 말로 많이 사용하는 '꽃길'과 반대라고 생각하면 쉬워요.

갈수록 태산 (속담)   점점 더 힘들고 어려워지다.
▶ 산 넘어 산이다 (속담)

- 예) **갈수록 태산**이라더니, 어떻게 해결되는 일이 하나도 없을 수가 있을까?
- 예) 겨우 회원 가입 했는데 또 승급을 해야 한다고? **산 넘어 산**이구나.

태산은 중국에 있는 산의 실제 이름인데 가장 높은 산을 상징하기도 해요. 갈수록 더 높은 산이 나타나니 그만큼 점점 힘들고 어려워지는 상황을 비유적으로 이르는 말이랍니다.

고생문이 훤하다   앞으로 고생할 게 뻔하다.

- 예) 일주일 동안 배낭여행을 가자고? **고생문이 훤하다**, 훤해!

고생을 밥 먹듯 하다 (속담)   여러 번 힘든 일을 겪다.

- 예) 내가 그 회사에 취직하면서부터 **고생을 밥 먹듯 했다니까**.

하루에 세 끼, 매일매일 밥을 먹는 것처럼 고생도 자주, 계속하게 된다는 것을 말해요.

고생을 사서 한다 속담 스스로 어려운 일을 맡아 고생을 한다.
▶ 고생을 벌어서 한다 속담
예 그러게 돈 주고 사면 되는데 굳이 목도리를 뜬다고 해서는. 고생을 사서 하는구나!

돈을 주고 샀다는 것은 내가 스스로 선택했다는 것을 의미해요. 그러니 '고생을 사서 한다'는 것은 자신이 잘못 처신해서 하지 않아도 될 고생을 하게 되었다는 말입니다. '사서 고생한다'라고 말하기도 해요.

고진감래 성어 고생 끝에 즐거움이 온다.
苦盡甘來: 쓸 고, 다할 진, 달 감, 올 래
▶ 고생 끝에 낙이 온다 속담
예 고진감래라더니, 살다 보니 이렇게 좋은 날도 오는구나!

쓴 것이 다하면 단 것이 온다는 뜻으로 어렵고 힘든 일이 지나면 즐겁고 좋은 일이 오기 마련이라는 의미죠.

곤경에 처하다 어려운 처지에 놓이다.
▶ 곤경에 빠지다
예 친구가 곤경에 처했는데 내가 모른 척할 수 없지.

'곤경'은 괴롭고 어려운 처지를 뜻하는 말이에요.

난관에 봉착하다 어려운 처지를 만나다.
▶ 난관에 부딪히다
예 여행 중에 비행기를 놓쳐 버리는 난관에 봉착했다.

'난관'은 빗장으로 잠겨 있어 통과하기 어려운 문을 의미하고, '봉착'은 만나게 되었다는 거예요. 예상치 못했던 어려움을 만나거나 갑자기 곤란한 상황에 놓이게 되었을 때 '난관에 봉착하다'라고 표현합니다.

눈물을 머금다 억지로 참으려 애를 쓰다.

예 우리는 **눈물을 머금고** 떠날 수밖에 없었다.

눈에 고인 눈물을 흘리지 않고 지니고 있는 것을 '머금다'라고 해요. 슬픔이나 고통으로 눈물이 흐를 것 같은데 억지로 참고 있는 모습을 표현한 말입니다.

등골이 빠지다 견디기 어려울 정도로 몹시 힘들다.

예 식구들을 먹여 살리기 위해서 아버지는 늘 **등골이 빠지도록** 일하셨다.

'등골'이란 말에 쓰이는 '골'은 뼛속에 가득 차 있는 부드러운 신경 조직을 가리키는 말이에요. 등뼈가 휘거나 어긋나 신경 중추가 빠지면 디스크라는 병에 걸린답니다. 디스크는 앉지도 서 있지도 못할 만큼 고통이 커요. 이처럼 견디기 어려울 정도로 몹시 힘이 든 경우에 '등골이 빠지다'라고 표현해요.

등골이 휘다 몹시 힘이 들고 고생스럽다.

예 아이들의 비싼 겨울 외투를 사느라 부모들의 **등골이 휠** 지경이다.

뜨거운 맛을 보다 호된 어려움을 겪다.

예 너는 한번 **뜨거운 맛을 봐야** 정신을 차리겠구나!

멍이 지다 마음에 고통의 흔적이 남다.

▶ 멍이 들다

예 그때 그 일로 마음에 **멍이 져서** 병원에 다니고 있어.
예 예상치 못한 어려움을 겪으면서 마음에 크게 **멍이 들었다**.

세게 맞거나 부딪히면 멍이 남듯이, 힘들고 어려운 일을 겪어 마음속에 지워지지 않는 고통이 남아 있다는 뜻으로 사용됩니다.

뼈가 녹다   어렵거나 고된 일로 고생하다.
▶ 뼈가 녹아나다
예 우리 남매를 먹여 살리시느라 어머니는 **뼈가 녹도록** 일하셨다.

뼈가 휘도록   오랫동안 매우 힘들게.
▶ 뼈가 빠지게
예 아버지는 다섯 식구를 먹여 살리기 위해 **뼈가 휘도록** 일을 했다.

옛날 할머니들은 밭일을 오래 하셔서 등뼈가 휘는 경우가 많았어요. 그래서 꼬부랑 할머니라는 표현도 생겨났죠. 육체노동을 심하게 하면 몸의 뼈마디들이 시리고 떨어져 나갈 것처럼 아픈 경험을 하게 되는데 '뼈가 휘도록'은 그런 경우를 떠올리면 이해하기 쉬워요.

뼈를 긁어내다   마음속의 고통이 몹시 심하다.
예 자식이 아파하는 모습을 보는 것은 **뼈를 긁어내는** 고통이었다.

뼈를 깎다   몹시 견디기 힘들다.
▶ 뼈를 갈다
예 자신의 분야에서 **뼈를 깎는** 노력을 하는 사람만이 성공할 수 있다.

뼈에 사무치다   좋지 않은 기억이 마음속 깊이 남다.
▶ 뼛속에 사무치다
예 그때의 그 치욕은 **뼈에 사무쳐** 한순간도 잊을 수가 없소.

'사무치다'는 깊이 스며든다는 뜻이에요. 좋지 않은 기억이나 고통이 뼈에 깊이 스며들어 잊히지 않을 정도로 크고 심각한 것을 말합니다.

산전수전 성어   온갖 어려움을 겪다.
山戰水戰: 산 산, 싸울 전, 물 수, 싸울 전
예 그는 30년간 시장 귀퉁이에서 **산전수전** 다 겪으며 장사를 했다.

산에서도 싸우고 물에서도 싸웠다는 뜻으로 세상의 온갖 고생과 어려움을 다 겪어 보았다는 말입니다.

살을 깎고 뼈를 갈다   혹독하게 애쓰다.
예 **살을 깎고 뼈를 가는** 노력 없이는 큰일을 이룰 수 없다.

악전고투 성어   어려운 상황을 무릅쓰고 고생스럽게 싸우다.
惡戰苦鬪: 악할 악, 싸울 전, 쓸 고, 싸움 투
예 국가 대표 축구팀은 부상으로 한 명이 빠졌지만, **악전고투** 끝에 우승을 차지했다.

두려운 전쟁의 상황 속에서 몹시 힘들게 싸우고 있다는 뜻으로 어려운 조건을 무릅쓰고 힘을 다하여 고생스럽게 싸우고 있다는 말입니다. 외롭게 떨어져 있는 군사가 많은 적군과 용감히 싸우고 있다는 고군분투(孤軍奮鬪: 외로울 고, 군사 군, 떨칠 분, 싸울 투)도 비슷한 표현이지요.

젊어 고생은 사서도 한다
젊어서 고생은 장래의 밑거름이 되므로 괜찮다며 위로하는 말.
예 **젊어서 고생은 사서도 한다**잖아. 앞으로 더 좋아질 거니까 힘내!

고생하는 것을 보고 격려할 때 사용하는 말이죠. 젊은 시절의 고생은 후에 더 큰 일이 생겼을 때 의연하게 대처할 수 있도록 중요한 밑거름이 되어 주죠. 실패와 도전을 두려워하지 말고 부딪혀 보라는 깊은 뜻이 담겨 있는 표현이에요.

죽을 고생을 하다   아주 심한 고생을 하다.
예 말도 하지 마. 그때 산에서 길을 잃어서 **죽을 고생을 했잖아**.

집 떠나면 고생이다 속담 집을 떠나면 불편하고 고생스럽다.
- 예 '집 떠나면 고생이다.'라는 말처럼 여행 내내 음식이 입에 맞지 않아 힘들었어.

집을 떠나 돌아다니게 되면 아무리 대접을 받는다고 해도 고생스럽고 불편한 점이 있게 마련이죠. 어찌 되었든 자기 집이 제일 편하고 좋다는 말입니다.

천신만고 성어 온갖 어려움을 다 겪고 고생하다.
千辛萬苦: 일천 천, 매울 신, 일만 만, 괴로울 고
- 예 에디슨은 천신만고 끝에 전구의 문제를 해결하는 실험에 성공했다.

천 가지 매운 일과 만 가지 괴로움이라는 뜻으로 온갖 어려운 고비를 다 겪으며 심하게 고생함을 이르는 성어예요. '끝에'라는 말과 붙여 사용하면 어려움을 겪었지만 결국에는 성공했다는 반전의 의미를 담을 수 있어요.

풍파를 겪다 온갖 모진 경험을 하다.
- 예 외할머니는 무당의 자식이라는 이유로 숱한 풍파를 겪으셨다.

'풍파'는 세찬 바람과 험한 물결을 뜻하는 말인데 살면서 겪는 어려움과 고통을 비유하여 일컫기도 해요.

학질을 떼다 질리다.
▶ 학을 떼다
- 예 연예인들은 파파라치라면 아주 학질을 뗀다.
- 예 누나가 얼마나 꼬치꼬치 캐묻는지 정말 학을 뗐다니까.

모기에 물려 전염되는 말라리아를 '학질'이라고 해요. 학질을 뗀다는 것은 죽을 뻔했던 학질에서 벗어났다는 뜻이죠. 너무 힘들었기 때문에 다시는 겪고 싶지 않다, 질려 버렸다는 의미로 확대되어 더 많이 사용해요.

허리가 부러지다 감당하기 어려울 정도로 부담되다.
- 예 집을 무리하게 장만해서 허리가 부러질 지경이다.

허리가 휘다 어려운 일을 하느라 힘에 부치다.
▶ 허리가 휘어지다
예) 난치병을 가진 딸의 병원비 때문에 **허리가 휠** 것 같다.

허리가 휘청거리다 경제적으로 매우 힘들다.
▶ 허리가 휘청하다
예) 이번 달 카드값에 **허리가 휘청거린다**.

혀를 깨물다 억지로 겨우 참다.
예) 어머니는 병중에도 **혀를 깨물며** 가게를 운영해 오셨다.

홍역을 치르다 몹시 어려움을 겪다.
예) 그 가수는 말도 안 되는 스캔들 때문에 한바탕 **홍역을 치러야** 했다.

'홍역'은 주로 어린이들에게 감염되는 전염병이에요. 옛날에는 홍역 때문에 죽는 사람도 많아서 홍역을 치른다는 것은 죽을 고비를 넘길 만큼 어려움을 겪는다는 표현이 되었죠.

꾸지람과 비난을 나타내는 표현

개구리 올챙이 적 생각 못 한다
지난 일은 생각지 못하고 처음부터 그랬던 것처럼 잘난 체하다.

▶ 예 **개구리 올챙이 적 생각 못 한다**더니, 반장 됐다고 너무 으스대는 거 아니니?

올챙이가 자라서 개구리가 되는 것은 다 알고 있지요? 지난날 올챙이였다는 것을 기억하지 못하고 잘난 척하는 개구리를 비웃는 상황이에요. 성공한 사람이 어려운 시절을 생각지 않고 잘난 듯 뽐낼 때 이 속담을 사용해 보세요.

꼬투리를 잡다   상대방의 결점을 잡아 문제 삼다.

▶ 예 너는 왜 말끝마다 **꼬투리를 잡니**?

'꼬투리'는 본래 콩과 식물의 열매를 싸고 있는 껍질인데 그 뜻이 확대되어 어떤 이야기나 사건의 실마리라는 뜻으로도 쓰여요. 그래서 이야기나 사건의 실마리를 잡아 그것을 빌미로 남의 잘못을 들춰낼 때 '꼬투리를 잡다'라고 표현하는 것이죠.

냉수 먹고 속 차려라 속담
헛된 생각을 하는 사람에게 정신 차리라고 비난하다.

▶ 예 헛된 생각하지 말고 제발 **냉수 먹고 속 차려라**!

눈이 삐다   잘못 보다.

▶ 예 이걸 만 원씩이나 주고 샀다고? **눈이 삔** 거 아니야?

몸의 어느 부분이 비틀리거나 어긋난 것을 '삐다'라고 하죠. 눈이 삐었다는 것은 보는 것이 삐뚤어지거나 어긋났다는 것이에요. 남들도 다 아는 뻔한 일을 혼자만 잘못 보고 있을 때 비난 조로 이르는 말이랍니다.

달밤에 체조하다 엉뚱한 행동을 하다.

예 동생아! **달밤에 체조하는** 것도 아니고, 이 밤에 책상을 옮기는 이유가 뭐니?

해야 할 때 하지 않고, 하지 말아야 할 때 쓸데없는 행동을 하는 경우나 상황에 어울리지 않는 엉뚱한 짓을 할 때 핀잔하듯 하는 말이에요.

돌을 던지다[2] 잘못을 비난하다.

예 열심히 한 사람에게 **돌을 던질** 사람은 아무도 없어.

바둑을 둘 때 돌을 던지는 것은 패배를 인정한다는 의미지요? 사람에게 사용할 때는 잘못을 비난하다의 뜻을 가지게 돼요. 영화나 드라마에서 죄를 지은 사람에게 돌을 던지는 장면을 떠올리면 이 말뜻을 이해하기 쉬울 거예요.

말꼬리를 잡다 남의 말의 잘못된 부분을 따지고 들다.

▶ 말끝을 잡다

예 **말꼬리를 잡지** 말고 일단 내 이야기를 들어 봐.

'말꼬리'는 말의 꼬리를 말해요. 보통 꼬리는 사물의 끝부분으로 약한 부분이지요. 말꼬리를 잡는다는 것은 상대방의 말의 허점을 찾아 잡고 늘어진다는 뜻입니다.

뭇매를 맞다 여러 사람에게 비난을 받다.

예 나랏돈으로 해외여행을 즐긴 국회 의원이 여론의 **뭇매를 맞았다**.

'뭇매'는 '몰매'라고도 하는데 여러 사람이 한꺼번에 덤비어 때리는 매를 일컬어요. '뭇매를 맞다'가 관용적 표현으로 사용될 때에는 직접적인 몽둥이가 아니라 사람의 입, 말로 여러 사람에게 비난을 받는다는 뜻이 됩니다.

벼락을 맞다 심하게 꾸중을 듣다.

예 영훈이는 이번 일로 선생님께 제대로 **벼락을 맞았다**.

벼락을 맞은 것처럼 뜻밖에 크게 혼났다는 뜻입니다.

본때를 보이다   본보기가 되도록 따끔하게 혼내다.

예 친구를 괴롭히는 아이에게는 **본때를 보여** 줄 필요가 있다.

'본때'는 본보기가 되거나 내세울 만한 것을 말해요. 그러니까 본때를 보인다는 것은 본보기를 보인다는 뜻이 되지요. 잘못을 꾸짖으며 따끔하게 혼내는 것도 '앞으로 잘못을 저지르면 안 되겠구나.' 하는 본때를 보이는 것이겠지요?

사람 나고 돈 났지 돈 나고 사람 났나 속담
돈보다 사람이 더 귀중하다.

예 **사람 나고 돈 났지 돈 나고 사람 났니?** 병원비 걱정보다 사람이 괜찮은지 먼저 물어봐야지!

아무리 돈이 귀중하다 해도 사람보다 더 귀중할 수는 없겠지요? 이 속담은 돈밖에 모르는 사람을 비난할 때 사용하는 속담이에요.

속이 뻔하다   무슨 생각인지 알 것 같다.

예 걔가 너한테 뭐라고 할지 안 봐도 **속이 뻔하다**.

'뻔하다'는 것은 훤하게 들여다보이듯이 분명하다는 '번하다'의 센 표현이에요. 마음속에 품고 있는 생각이 훤하게 다 드러나 보인다는 뜻입니다.

속이 좁다   마음이 너그럽지 못하다.

예 네가 그렇게 **속이 좁으니** 주변에 사람이 없는 거야.

손가락질을 받다   비난을 받다.

예 친구들에게 겁쟁이라고 **손가락질을 받을까** 봐 안 무서운 척했다.

보통 '질'이라는 말이 들어가면 사람들이 좋아하지 않는 행동을 뜻해요. '손가락질'도 마찬가지예요. 손가락으로 가리키는 행동은 상대방의 잘못을 지적하고 얕보거나 흉보는 행동이지요. 그러니까 손가락질을 받는다는 것은 사람들에게 비난이나 비웃음을 받는다는 뜻이 됩니다.

손가락질을 하다 비난하다.

예 사람들은 욕심쟁이 스크루지 영감을 손가락질했어요.

앉은 자리에 풀도 안 나겠다 속담
사람이 지나치게 쌀쌀맞고 냉정하다.

예 앉은 자리에 풀도 안 나겠어, 그 사람 고집도 참 대단하네.

무슨 일이든 빈틈없이 지나치게 깐깐하고 냉정한 사람이라 그 사람이 앉았던 자리에는 풀 한 포기도 자라지 않겠다는 말이에요. 사람이 너무 쌀쌀맞고 냉정하게 굴 때 나무라듯 하는 말입니다.

일벌백계 성어 한 사람을 벌주어 백 사람을 경계한다.
一罰百戒: 하나 일, 죄 벌, 일백 백, 경계할 계

예 일벌백계 차원에서 이번 일은 그냥 넘어가지 않겠어.

다른 사람들에게 경각심을 불러일으키기 위해 본보기로 한 사람을 엄하게 꾸짖는 경우를 일컫는 말이에요.

책을 잡다 남의 잘못을 들어 꾸짖다.

예 잘못도 없는데 공연히 책잡지 마라.

책(責: 꾸짖을 책)은 '책망'의 줄인 말이에요. 책망은 잘못을 꾸짖거나 나무라며 못마땅하게 여기는 것이죠. 책을 잡았다는 것은 꾸짖을만한 일을 잡아 나무라는 것이에요.

트집을 잡다 괜히 시비를 걸다.

예 너는 왜 내가 하는 일마다 사사건건 **트집을 잡니**?

물건의 벌어진 틈을 가리켜 '트집'이라고 해요. 옛날에는 갓을 수선하는 직업도 있었는데 이 사람들은 흠이 난 트집이 많을수록 수선비를 더 받을 수 있었어요. 그래서 없는 트집도 잡아 돈을 많이 타낸 데서 '트집을 잡다'라는 말이 나왔어요. 공연히 흠집을 만들거나 시비를 건다는 뜻이 되었지요.

화살을 돌리다 비난의 대상을 바꾸다.

예 수현이는 계획이 어그러지자 의견을 제시했던 나에게 **화살을 돌려** 쏘아 대기 시작했다.

화살을 돌린다는 것은 목표나 방향을 바꾸었다는 뜻이에요. 여기서 '화살'은 비유적인 의미로 쓰여 비난이나 공격을 나타내요.

외면과 거절을 나타내는 표현

외면은 마주치기를 꺼려 피하거나 얼굴을 돌리는 것이에요. 얼굴을 돌리면 당연히 고개도 몸도 따라 돌아가겠지요? 그래서 외면과 거절을 나타내는 표현에는 고개를 돌리거나 등을 돌리거나 아예 돌아앉는다는 표현도 있어요.

개가 똥을 마다할까 속담
좋아하는 것을 일부러 싫다고 거절하는 것을 비꼬는 말.

▶ 고양이가 쥐를 마다할까 속담

예) **개가 똥을 마다할까**. 새 핸드폰 사 준다고 하면 춤이라도 출 거다.
예) 노래방 가자고 하면 금방 뛰어나올걸? **고양이가 쥐를 마다하겠어?**

마다한다는 것은 거절하거나 싫다고 하는 거예요. 좋아하는 것을 괜히 싫다고 거절하는 경우에 '설마 그걸 싫어하겠니? 괜히 해 보는 소리지.'라는 의미를 담아 비꼬듯 하는 말이에요.

고개를 돌리다   외면하다.
예) 사람들은 성냥팔이 소녀를 보고도 **고개를 돌리고** 지나갔다.

고개를 젓다   거절의 뜻을 나타내다.
예) 엄마는 장난감을 사달라는 나에게 단호히 **고개를 저었다**.

고개를 흔들다   어떤 사실을 부정하거나 거절하다.
예) 선생님은 어쩔 수 없다는 표정으로 **고개를 흔들었다**.

돌아앉다   반대하거나 외면하다.

예 그렇게 못된 짓만 계속하면 부처님도 **돌아앉을** 거야.

돌아앉는다는 것은 방향을 바꾸어 앉는 것이죠. 이런 행동에는 반대한다거나 그 일에 상관하지 않겠다는 외면의 뜻이 담겨 있어요.

등을 돌리다   관계를 끊고 외면하다.

예 유명 연예인이 음주 운전을 했다는 소식에 팬들도 **등을 돌렸다**.

서로의 얼굴을 보지 않고 등을 보이며 돌아선다는 것은 거부하거나 밀어낸다는 의미예요. 이해관계가 서로 어긋나거나 원한이 생겨 관계를 끊는다는 뜻입니다.

등을 지다   관계를 끊거나 멀리하다.

예 제일 친했던 친구와 **등을 지게** 되니까 마음이 너무 착찹하고 힘들어.

머리를 젓다   의견을 받아들이지 않다.

▷ 머리를 흔들다

예 희성이는 같이 모둠 활동을 하자는 내 제안에 **머리를 저었다**.

발을 끊다   오가지 않거나 관계를 끊다.

▷ 발그림자도 끊다

예 나는 거의 매일 들르던 문구점에 **발을 끊기로** 했다.

자주 오가던 것을 일절 하지 않거나 관계를 끊는다는 뜻이에요.

설 땅을 잃다 자리가 없어지다.
▶ 설 자리를 잃다
예 대형 마트 때문에 작은 가게들은 <u>설 땅을 잃고</u> 있다.

내가 서 있을 땅을 잃었다는 것은 기초가 되는 바탕, 내 자리가 없어졌다는 뜻이에요. 거절당하거나 외면받는 처지인 거지요.

얼굴을 돌리다 다른 사람을 냉대하거나 외면하다.
예 사과하러 갔지만 민희는 나를 보자마자 <u>얼굴을 돌리고</u> 지나가 버렸다.

왼고개를 틀다 무언가 못마땅하여 외면하다.
예 사람들이 그 행사에 <u>왼고개를 트는</u> 이유가 뭔지 아니? 너무 준비가 안 됐기 때문이야.

어떤 것이 못마땅하여 바로 보지 않고 고개를 돌려 외면한다는 뜻이에요.

퇴짜를 놓다 마음에 들지 않아 거절하다.
예 여자는 선본 남자가 마음에 들지 않는다며 <u>퇴짜를 놓았다.</u>

옛날에는 각 지방에서 나는 가장 좋은 특산품을 나라에 바쳐야 했어요. 그중에 베나 무명과 같은 천은 검사를 통과해야만 특산품으로 인정이 되었기 때문에 품질이 떨어지면 퇴(退: 물러날 퇴)라는 글자가 새긴 도장을 찍어 도로 돌려보냈대요. 여기서 '퇴짜를 놓다'가 유래했어요. 바치는 물건이나 제안하는 의견이 마음에 들지 않아 물리친다는 뜻이죠.

퇴짜를 맞다 어떤 물건이나 의견이 거절당하다.
예 오빠는 원서를 넣는 대학마다 번번이 <u>퇴짜를 맞았다.</u>

유혹과 꾐을 나타내는 표현

간장을 녹이다 상대방의 환심을 사다.
▶ 간을 녹이다
예) 황진이의 미소는 사내들의 <u>간장을 녹였다</u>.

간장(肝腸: 간 간, 창자 장)은 마음을 비유하여 나타내는 말이기도 해요. 그러니 간장을 녹이는 것은 곧 마음을 녹이는 것이지요. 감언이설이나 알랑거리는 말로 단단하게 마음먹었던 것을 녹여 환심을 산다는 뜻입니다.

구슬려 삶다 그럴듯한 말로 꾀다.
예) 수영장 같이 다니게 희진이를 잘 <u>구슬려 삶아</u> 보자.

'구슬리다'라는 말 자체에 그럴듯한 말로 꾀어 마음을 움직인다는 뜻이 있어요. '삶다'도 달래거나 꾀어 자기 말을 잘 듣게 만든다는 뜻이죠. 그러고 보니 같은 의미의 말을 두 번 반복한 것이나 마찬가지네요.

구워삶다 구슬려서 자기 말을 듣게 하다.
예) 어떻게 <u>구워삶았기에</u> 짠돌이 희수가 아이스크림을 사 줘?

꼬리를 흔들다 잘 보이려고 아양을 떨다.
▶ 꼬리를 치다
예) 그렇게 우혁이한테 <u>꼬리를 흔들어</u> 봤자 아무 소용없어. 걘 쟤를 좋아한다고.

개가 꼬리를 흔들며 주인에게 잘 보이려고 아양 떠는 모습을 떠올리면 의미를 금방 이해할 수 있을 거예요.

낚시를 던지다 남을 꾀어내기 위해 수단을 쓰다.

▶ 미끼를 던지다

예 자극적인 제목으로 **낚시를 던지는** 기자들이 점점 늘고 있어.

지렁이나 떡밥 같은 미끼를 꿰어 낚시를 던지는 것은 물고기를 유인하기 위함이겠죠? 이처럼 '낚시를 던지다'는 다른 사람을 속여 유혹하거나 꾀어내는 것을 표현한 말이랍니다.

낚시에 걸리다 꾐에 넘어가다.

예 얼마 전, 사기꾼의 **낚시에 걸려** 크게 손해를 보았어.

연밥을 먹이다 살살 구슬려 꼬드기다.

예 네가 먼저 **연밥을 먹였잖아**. 왜 이제 와서 모른 척하는 거니?

연꽃의 열매를 '연밥'이라고 해요. 옛날 중국 강남에서는 여자가 남자에게 연밥을 따서 던지며 사랑을 표현했었다고 해요. 이런 관습에서 유래했을 것으로 추측하고 있지만, 지금은 사랑을 구한다는 의미는 사라지고 살살 구슬려 꼬드긴다는 의미로만 쓰여요.

올가미를 쓰다 남의 꾀에 걸려들다.

예 자신은 **올가미를 쓴** 것이라며 억울해했다.

'올가미'는 철사 같은 것으로 매듭을 지어 고리를 만들어 짐승을 잡는 덫을 말해요. 사람을 걸려들게 하는 꾀를 뜻하기도 하죠.

올가미를 씌우다 계획적으로 남을 걸려들게 하다.

예 멀쩡한 사람을 범인으로 **올가미를 씌우니** 속이 시원하오?

추파를 던지다 유혹하다.

예 이 사람아, 그렇게 아무에게나 **추파를 던지면** 바람둥이라고 소문난다오.

'추파'는 본래 가을의 잔잔하고 아름다운 물결을 의미하는데 그 뜻이 확대되어 이성의 관심을 끌기 위해 은근히 보내는 눈길을 말하기도 해요. 그래서 '추파를 던지다'라고 하면 이성을 유혹하기 위해 눈길을 던진다는 뜻이 되지요. 요즘은 상대방의 환심을 사려고 아첨하는 것도 추파를 던진다고 표현해요.

많음을 나타내는 표현

많음을 나타내는 표현에는 무언가 빽빽이 들어차 있는 모습을 묘사한 표현이 많아요.

구름같이 모여들다   한꺼번에 많이 모여들다.
예 유명한 배우가 나타나자 사람들이 구름같이 모여들었다.

다다익선 성어   많으면 많을수록 더욱 좋다.
多多益善: 많을 다, 많을 다, 더할 익, 좋을 선
예 다다익선이라고, 나는 형제도 많으면 많을수록 좋다고 생각해.

중국 한나라의 장수 한신이 고조와 장수의 역량에 대하여 얘기할 때, 고조는 10만 정도의 병사를 지휘할 수 있는 그릇이지만, 자신은 병사의 수가 많을수록 잘 지휘할 수 있다고 한 말에서 유래했어요. 지금은 무엇이든지 많으면 많을수록 좋다는 뜻으로 두루 쓰입니다.

다사다난 성어   일도 많고 어려움도 많다.
多事多難: 많을 다, 일 사, 많을 다, 어려운 난
예 다사다난했던 한 해가 지나고 새해가 밝았네요.

연말이 되면 자주 듣게 되는 말이에요. 여러 가지로 일도 많고 어려움도 많았다는 뜻이지요.

떡을 치다²   양이나 정도가 충분하다.
예 이 정도의 양이면 동네 사람들이 다 먹고도 떡을 치겠네.

'떡을 치다'는 일을 망쳤다는 의미도 있지만, 떡을 치고도 남을 정도로 양식이나 밥이 많다는 의미를 담아 양이나 정도가 충분하다는 뜻도 있답니다.

발에 채다 여기저기 흔하게 널려 있다.
▶ 발길에 채다
예) 학교 앞에는 발에 채는 게 분식집이야.

'채다'는 '차이다'의 줄인 말이에요. 내가 스스로 차려고 한 것이 아닌데도 여기저기 널려 있어 나도 모르는 사이에 내 발에 차일 정도라는 거예요. 간단하게 말하자면 너무 많다는 뜻이죠.

발을 들여놓을 자리 하나 없다
사람이나 물건이 너무 많아 비좁을 지경이다.
예) 방도 치우고 청소도 좀 하렴. 엄마가 발 들여놓을 자리 하나 없구나.

많은 사람이 꽉 들어차서 혼잡하거나 물건들이 어지럽게 놓여 있어서 지저분할 때 쓰는 표현이에요.

발을 디딜 틈이 없다 사람이 매우 많이 모여서 혼잡하다.
예) 퇴근길 지하철 안은 발 디딜 틈이 없었다.

부지기수 성어 셀 수 없을 만큼 많다.
不知其數: 아닐 부, 알 지, 그 기, 셀 수
예) 이번 수학 시험은 너무 어려워서 50점도 못 받은 친구가 부지기수였대.

한자 그대로 풀이하면 그 수를 알지 못한다는 거예요. 일일이 세거나 헤아릴 수 없을 정도로 많다는 뜻이죠.

비일비재 성어 하나둘이 아니라 수두룩하다.
非一非再: 아닐 비, 하나 일, 아닐 비, 둘 재
예) 요즘 들어 우리나라에서도 지진이 비일비재하게 일어난다.

하나도 아니고 둘도 아니고 아주 많다는 말이에요.

셀 수 없다 매우 많다.
- 식물원에는 꽃과 나무의 종류가 **셀 수 없을** 정도로 다양했다.

쇠털같이 많다 속담 셀 수 없이 많다.
- 시합에서 졌다고 너무 실망하지 마. 아직 남은 시합이 **쇠털같이 많잖아**.

흔히 '새털같이 많고 많은 날'이라는 말을 쓰는데 이것은 정확한 표현이 아니에요. '새털'은 가벼움을 상징하고, 많다는 것을 상징할 때는 '쇠털'이라고 해야 맞습니다. '쇠털'은 소의 털을 뜻해요. 어때요? 뜻을 알고 나니 새털보다 쇠털이 훨씬 더 많다는 것을 알겠죠?

쇠털같이 하고많은 날 속담 헤아릴 수 없이 많은 나날.
▶ 쇠털 같은 날 속담
- **쇠털같이 하고많은 날** 중 하필 오늘이 마트 휴무일이라니.

숲을 이루다 빽빽이 들어서 있다.
- 재개발이 한창이라 몇 년 후엔 이 동네가 아파트로 **숲을 이루겠어**.

쌔고 버리다 아주 흔하다.
- 비수기라 **쌔고 버리는** 게 빈방이니 걱정하지 마.

'쌔고'는 '쌓이다'를 줄인 말이에요. 쌓이고도 내다 버릴 정도로 아주 흔하다는 뜻이에요.

우후죽순 성어 어떤 일이 한꺼번에 일어나다.
雨後竹筍: 비 우, 뒤 후, 대나무 죽, 죽순 순
- 학교가 새로 생기더니 그 앞에 학원이 **우후죽순**처럼 생겨났다.

'죽순'은 대나무의 어린순이에요. 땅속에 있던 죽순은 비가 오고 나면 여기저기서 동시에 쑥쑥 자란다고 해요. 이런 모습에서 '우후죽순'이라는 표현이 나왔어요.

인산인해 성어   사람이 수없이 많이 모이다.

人山人海: 사람 인, 산 산, 사람 인, 바다 해

예 인천 공항은 해외여행을 떠나는 사람들로 <u>인산인해</u>를 이루었다.

사람이 산을 이루고 바다를 이루었다는 뜻으로, 사람이 수없이 많이 모인 상태를 일컬어요.

입이 많다   음식을 먹을 사람이 많다.

예 우리 집은 <u>입이 많아서</u> 늘 음식을 많이 해.

입추의 여지가 없다 속담   많은 사람이 꽉 들어차다.

예 오늘 축구장에는 결승전을 관람하려는 사람들로 <u>입추의 여지가 없습니다</u>.

'입추'는 송곳을, '여지'는 남은 땅을 뜻해요. 송곳 하나 세우려고 해도 남은 땅이 없다는 말이죠. 발 들여놓을 데가 없을 정도로 사람이 꽉 차 있는 경우를 나타내는 속담입니다.

적음을 나타내는 표현

간에 기별도 안 가다
너무 적어 먹으나 마나 하다.

▶ 간에 차지 않다

예) 치킨은 하나씩이라고? 이래서야, <u>간에 기별도 안 가겠다</u>.

누구 코에 바르겠는가
나누어 갖기에 너무 적다.

▶ 누구 입에 붙이겠는가

예) 선물이 하나밖에 안 남았는데 이걸 <u>누구 코에 바르겠니</u>?

예) 사람이 이렇게 많은데 떡 다섯 개를 <u>누구 입에 붙이겠니</u>?

병아리 눈물만큼   매우 적게.

예) 약수가 <u>병아리 눈물만큼</u> 찔끔찔끔 나온다.

빙산의 일각   드러난 것은 일부분에 지나지 않다.

예) 방송을 통해 드러난 그 회사의 비리는 <u>빙산의 일각</u>에 불과합니다.

'빙산'은 얼음으로 이루어져 있어요. 얼음은 물보다 가벼워 뜨게 되지요. 빙산의 90%는 물에 잠겨 있고 우리는 아주 적은 한 조각의 빙산만 보게 되지요. 그래서 '빙산의 일각'이라고 하면 대부분이 숨겨져 있고 일부만 드러나 있는 것을 뜻하는 것입니다.

새 발의 피 속담 극히 적은 분량.
▶ 조족지혈 성어
예 내가 한 고생에 비하면 그건 새 발의 피다.

새의 발에는 살이 많지 않아 상처가 나더라도 피가 많이 나지 않아요. 그래서 '새 발의 피'라고 하면 상대도 안 될 정도로 적거나 거의 없는 것을 비유하여 표현한 말이랍니다.

손가락으로 헤아릴 정도 수가 매우 적다.
예 아빠 머리카락이 다 빠지고 얼마 남지 않아 손가락으로 헤아릴 정도다.

코끼리 비스킷 먹으나 마나 한 정도.
예 그녀에게 피자 한 조각은 코끼리 비스킷이다.

한 줌도 못 되다 매우 적다.
예 흥부 아내는 남은 쌀이 한 줌도 못 된다며 한숨을 쉬었어요.

'줌'이 한 손에 쥘 만한 분량을 나타내는 '움큼'의 의미를 가지면 한 움큼 안에도 차지 못할 정도의 매우 적은 양을 뜻하게 돼요. 그런데 물리적인 힘이나 폭력을 뜻하는 '주먹'으로 생각하면 싸움 상대가 못 될 만큼 보잘것없다는 뜻도 되지요.

한 줌밖에 안 되다 양이 적다.
예 온종일 조개를 캤는데 바구니를 보니 한 줌밖에 안 되었다.

자주·가끔·항상 있는 일에 쓰이는 표현

가난한 집 제사 돌아오듯 [속담] 힘든 일은 자주 닥쳐온다.

예) 내가 다음 주에 또 청소 당번이라고? 아휴, 왜 청소는 **가난한 집 제사 돌아오듯** 하나 몰라.

여러 가지 음식을 차려 놓고 제사를 지내본 적이 있나요? 상에 올릴 음식을 마련하는 일도 여간 어려운 일이 아니지요. 그런데 옛날에는 보통 4대 조상까지 제사를 모셨다고 하니 먹고 살기도 어려운 형편에 제사까지 지내는 일은 매우 힘들고 부담스러운 일이었어요. 이 속담은 힘들고 어려운 일이 제사 돌아오듯 자주 닥쳐온다는 뜻이에요.

가물에 콩씨 나듯 [속담] 어쩌다 하나씩 드문드문.

예) 매일 써야 하는 일기를 **가물에 콩 나듯** 쓰니, 너를 어쩌면 좋니?

'가물'은 '가뭄'과 같은 말이에요. 비가 오지 않는 가뭄에는 콩이나 씨가 제대로 싹 트지 못하여 드문드문 나는 것을 비유해 표현한 말이지요.

눈만 뜨면 깨어 있을 때면 항상.

예) 너는 **눈만 뜨면** 핸드폰이니?

다반사 [성어] 차를 마시고 밥 먹는 것처럼 항상 있는 일.

茶飯事: 차 다, 밥 반, 일 사

예) 우리 누나는 늦잠을 자다가 학교에 지각하는 일이 **다반사야**.

항다반사(恒茶飯事: 항상 항, 차 다, 밥 반, 일 사)의 줄인 말인데 그냥 '다반사'라고 더 많이 사용해요. 차를 마시고 밥을 먹는 것처럼 항상 있는 평범한 일이라는 말인데 '흔한 일'이라고 순화해서 사용해도 좋겠어요.

떡 먹듯 예사로 쉽게.

예) 너는 거짓말을 **떡 먹듯** 하는구나?

밤낮없이 언제나 늘.
▶ 불철주야
예) 우리 아들은 **밤낮없이** 게임만 해서 큰일이야.

'밤과 낮을 가리지 않고 언제나'라는 뜻이에요. 한자로 불철주야(不撤晝夜: 아니 불, 거둘 철, 낮 주, 밤 야)라고도 하지요.

밤낮을 가리지 않다 쉬지 않고 계속하다.
예) **밤낮을 가리지 않고** 운동했더니 드디어 10kg이 빠졌어!

'밤낮을 가리지 않다'는 밤이건 낮이건 때를 상관하지 않고 아무 때나 계속한다는 뜻이지요.

밥 먹듯 하다 예사로 자주 하다.
예) 누나는 굶기를 **밥 먹듯** 하더니 결국 몸이 아파 병원에 입원했다.

비가 오나 눈이 오나
어려움이 있어도 언제나 한결같이.
예) 그 음악가는 **비가 오나 눈이 오나** 매일 같은 시간에 길거리 연주를 했다.

사흘이 멀다 하고 매우 자주.
예) 아버지는 **사흘이 멀다 하고** 출장을 가셨다.

'사흘'은 삼 일을 뜻해요. '사흘이 멀다 하고'라면 사흘이 멀다고 느껴 사흘이 되기 전에, 거의 하루를 걸러 그렇게 자주 일어난다는 말이지요.

시도 때도 없이   아무 때나 자주.
예 **시도 때도 없이** 날아드는 모기 때문에 잠을 잘 수가 없었다.

정해 놓은 시각도 적절한 때도 따로 구별이 없다는 말이에요. 아무 때나 가리지 않고 예고 없이 불쑥, 자주 일어나는 경우를 일컫습니다.

앉으나 서나   언제나.
예 할머니는 **앉으나 서나** 멀리 해외로 일하러 간 삼촌 생각뿐이셔.

자나 깨나   늘.
예 부모님은 **자나 깨나** 자식 걱정이다.

주야장천 성어   밤낮 쉬지 않고 연달아.
晝夜長川: 낮 주, 밤 야, 길 장, 내 천
예 **주야장천** 스마트폰만 들여다보고 있으니 눈이 나빠질 수밖에.

흔히 '주야장창', '주구장창'이라고 하는데 정확한 표현은 '주야장천'이에요. 밤낮으로 쉬지 않고 끊임없이 흐르는 시내처럼 '언제나', '늘'이라는 뜻이죠.

하루가 멀다고   거의 매일같이 자주.
▷ 하루가 멀다 하고
예 **하루가 멀다고** 피시방에 드나드는 건 좀 너무하지 않니?

하루에도 열두 번   매우 빈번하게.
예 **하루에도 열두 번**씩 생각이 바뀌어서 어떻게 결정해야 할지 모르겠어.

겉모습과 관련된 표현

가죽만 남다 보기 흉하게 여위다.
예) 난민 어린이들은 그동안 얼마나 고생했는지 가죽만 남아 있었다.

경국지색 (성어) 나라를 위태롭게 할 만큼 아름다운 미인.
傾國之色 : 기울 경, 나라 국, 어조사 지, 빛 색
예) 그녀는 가히 경국지색이라는 말을 들을만한 미인이었다.

나라를 기울게 한다는 '경국'은 이연년의 시에서 유래했다고 해요. 이연년이 아름다운 자신의 누이동생을 자랑하면서 '눈길 한 번에 성이 기울고, 다시 돌아보니 나라가 기운다.'고 표현했다고 해요. 역사적으로도 아름다운 여인에 빠져 나라를 잃거나 망한 왕들이 많죠. 이렇게 나라를 위태롭게 할 만큼 아름다운 여인을 일컬어 '경국지색'이라고 한답니다.

때 빼고 광내다 멋을 내다.
예) 오! 멋진데? 때 빼고 광내고 어디 가는 거야?

메기를 잡다 물에 흠뻑 젖다.
예) 어디서 메기 잡았니? 옷이 왜 이렇게 다 젖었어?

메기를 잡으려면 옷이 홀딱 젖고 진흙투성이가 되지요? 그래서 '메기를 잡다'는 물에 빠지거나 비를 맞아 흠뻑 젖은 상태를 비유적으로 이르는 말이 되었어요.

모양을 차리다 겉모습을 꾸미고 멋을 내다.
예) 결혼식에 갈 때는 모양을 차려서 가는 게 예의야.

여기서 '모양'은 겉으로 나타나는 생김새나 모습 또는 외모에 부리는 멋을 일컫는 말이에요.

모양이 사납다 보기에 아주 흉하다.
예) 방금 자고 일어나서 **모양이 사나우니** 이해해 주세요.

모양이 아니다 모양이 안 되어서 차마 볼 수가 없다.
예) 난생처음 만든 케이크는 **모양이 아니라** 선물하지 못하고 혼자 먹어 버렸다.

모양이 있다 보기에 좋다.
예) 딸기를 깨끗이 씻어서 접시에 **모양 있게** 담아 보았다.

몸이 나다 살이 찌다.
예) 삼촌은 결혼 전에는 삐쩍 말랐더니 결혼하고 나서 **몸이 나는** 것 같다.

물에 빠진 생쥐 물에 흠뻑 젖은 모양.
예) 갑자기 소나기가 내려 **물에 빠진 생쥐** 꼴로 집에 돌아왔다.

물 찬 제비 몸매가 보기 좋은 사람.
예) 저 사람 **물 찬 제비** 같지 않니? 어떻게 군살이 하나도 없을까?

제비는 연미복을 차려입은 듯 까맣고 반지르르한 모습에 날씬하기까지 하죠. 이런 제비가 물을 차고 날아오르는 모습처럼 몸매가 보기 좋은 사람을 비유적으로 일컫는 말이에요.

보기 좋은 떡이 먹기도 좋다 (속담) 겉모양을 잘 꾸미는 것도 필요하다.
예) **보기 좋은 떡이 먹기도 좋다고**, 이왕이면 예쁘게 차려서 먹으면 좋잖아.

우리 조상들은 떡을 만들 때도 멋진 전통 문양을 찍어 모양을 내었답니다. 보기 좋은 떡에 손이 더 가기 때문에 더 애를 썼지요. 어떤 일이든 내용도 중요하지만, 겉모습을 잘 꾸미는 것도 중요하다는 뜻이랍니다.

볼꼴이 사납다   보기에 흉하다.
▶ 꼴이 사납다
예) 뷔페를 먹으러 가서 음식을 싸 오는 행동은 **볼꼴이 사납다**.

남의 눈에 비치는 겉모양을 '볼꼴'이라고 해요. '사납다'는 생김새가 험하고 무섭다는 말이죠. 이 표현은 생김새나 하는 짓이 보기 흉하거나 마음에 들지 않을 때 사용해요.

볼품이 없다   보이는 모습이 초라하다.
예) 살집이 좀 있어야지. 너무 말라도 **볼품없어**.

'볼품'은 겉으로 드러나 보이는 모습이에요. '볼품이 없다'고 하면 겉으로 드러나 보이는 모습이 초라하고 별 볼 일 없다는 뜻이죠. 더 나아가 보기 흉하기까지 하면 '볼품이 사납다'고 표현해요.

뼈만 남다   지나치게 마르다.
▶ 뼈만 앙상하다
예) 며칠 동안 장염으로 고생을 하더니 정말 **뼈만 남았구나**.
예) **뼈만 앙상하잖아**. 뭐라도 먹고 살 좀 찌워야겠는걸?

못 먹거나 심하게 앓아서 지나치게 말랐다는 뜻이에요.

사지가 멀쩡하다   팔, 다리 모두 건강하다.
예) **사지가 멀쩡한** 사람이 왜 일을 안 하는지 모르겠네.

'사지'는 두 팔과 두 다리를 일컫는 말이에요. 팔, 다리가 모두 멀쩡하니 건강한 것이겠죠? 하지만 주로 부정적인 뜻으로 쓰인답니다. 몸이 건강한데 아무것도 하지 않는다는 뜻으로 말이죠.

선남선녀 (성어) 곱게 단장을 한 남자와 여자.
善男善女: 착할 선, 남자 남, 착할 선, 여자 녀
- 예) 오늘 결혼하는 신랑과 신부는 그야말로 <u>선남선녀</u>구나.

한자 그대로 풀이하면 성품이 착한 남자와 여자라는 뜻이에요. 본래는 착하고 어진 사람이라는 의미인데 요즘은 겉모습이 멋진 남자와 예쁜 여자를 일컫는 경우가 많아요.

선이 가늘다 생김새가 연약하고 야리야리하다.
- 예) 김연아는 <u>선이 가는</u> 체형이라 동작이 더 우아해 보인다.

'선이 가늘다'는 그은 선의 폭이 좁고 얇다는 뜻이 있어요. 사람의 외모를 표현할 때 선이 가늘다는 뜻은 생김새가 연약하고 섬세하다는 뜻이랍니다.

옷걸이가 좋다 체격이 좋아 어느 옷이나 잘 어울린다.
- 예) 너는 <u>옷걸이가 좋아서</u> 아무거나 입어도 잘 어울려.

작은 고추가 더 맵다 (속담)
작은 사람이 큰 사람보다 재주가 뛰어나고 야무지다.
- ▶ 고추는 작아도 맵다 (속담)
- 예) <u>작은 고추가 맵다</u>더니, 키는 작은데 달리기가 엄청 빠르구나!

몸집이 작아서 일을 잘하지 못할 것 같은 사람이 자기 역할을 충분히 해내는 경우에 '작은 고추가 더 맵다'라는 속담을 사용해요.

태깔이 나다 보기 좋다.
- 예) 우리 오빠는 무슨 옷을 입어도 <u>태깔이 난다니까</u>!

'태깔'은 모양과 빛깔이라는 뜻이에요. '태깔이 나다'는 옷을 잘 입어서 옷맵시가 잘 나거나 태도가 세련되었을 때 사용하는 말이죠. '맵시가 나다'도 비슷한 의미예요.

피골이 상접하다 매우 야위다.

예 고향을 떠나온 피난민들은 **피골이 상접해** 있었다.

'피골'은 살가죽과 뼈를 통틀어 이르는 말이에요. '상접하다'는 서로 닿거나 붙어 있다는 뜻이죠. 살가죽과 뼈가 맞붙을 정도로 몹시 마른 상태를 표현한 말이랍니다.

핼쑥하다 얼굴에 핏기가 없고 야위다.

예 독감을 앓고 나더니 얼굴이 **핼쑥해졌네**.

'핼쑥하다'는 얼굴에 핏기가 없고 파리하다는 뜻이에요. 주로 '얼굴'이라는 말과 함께 쓰여요. '수척하다', '창백하다'라는 말도 같은 의미랍니다.

행색이 초라하다 겉모습이 보잘것없고 호졸근하다.

예 콩쥐는 자신의 **행색이 초라해** 보여서 원님의 생일잔치에 갈 수 없었어요.

'행색'은 겉으로 드러난 차림이나 태도를 일컫는 말이에요. '행색이 초라하다'고 하면 겉모습이 보잘것없고 궁상스럽다는 뜻이에요. 차림새가 너저분하다는 뜻의 '남루하다'와 붙여서 '행색이 남루하다'라고도 하지요.

허우대가 멀쩡하다 몸집이 보기 좋다.

예 걔는 **허우대만 멀쩡했지** 잘하는 운동이 하나도 없어.

'허우대'는 크거나 보기 좋은 체격을 일컫는 말이에요. 여기에 아주 온전하다는 뜻의 '멀쩡하다'를 붙이면 겉으로 드러난 체격이나 몸집이 보기 좋다는 뜻이죠. 그렇지만 칭찬의 의미보다 겉만 멀쩡하다며 비꼬는 말투로 쓰일 때가 많아요.

내 생각을 딱 부러지게!

생각
을 나타내는 **찰떡 표현**

- 기억, 익숙함
- 무시
- 편견, 사리 분별 못함
- 문제 해결
- 생각, 궁리
- 이해, 파악, 예상
- 의외, 예상치 못함
- 어이없음
- 의견, 주장
- 거짓, 속임수
- 확실함

머리를 굴렸더니 어지러워~

기억이나 익숙함을 나타내는 표현

기억은 듣거나 본 것을 머릿속에 간직하고 있다가 다시 생각해 내는 거예요. 익숙함도 여러 번 듣고 보아서 친숙한 느낌이지요. 그래서 '귀', '눈', '머리'와 관련된 표현들이 자주 나옵니다.

가슴에 간직하다   마음속에 새겨 두다.
- 예) 너와의 추억을 평생 <u>가슴에 간직할게</u>.

가슴에 새기다   잊지 않고 기억하다.
- 심장에 새기다, 뼈에 새기다
- 예) 다른 사람의 물건을 탐내지 말라는 할아버지의 말씀을 <u>가슴에 새겼다</u>.
- 예) 부모님이 돌아가신 후 유언을 항상 <u>심장에 새기고</u> 살고 있다.

'새기다'라는 말에 잊지 않도록 마음속에 깊이 기억한다는 뜻이 담겨 있어요.

골수에 맺히다   잊히지 않고 마음속 깊이 남아 있다.
- 예) 깊은 원한이 <u>골수에 맺혔다</u>.

'골수'는 뼈의 중심부를 채우는 물질이에요. 뼈의 가장 안쪽에 있어서 마음속 깊은 곳이라는 뜻이 있어요. 대체로 불평이나 원한이 마음속 깊이 응어리져 있을 때 이렇게 표현해요.

골수에 박히다   생각이나 감정이 마음속 깊이 자리 잡다.
- 골수에 뿌리박히다
- 예) 세종 대왕은 꼭 백성들을 잘 보살피겠다는 생각이 <u>골수에 박혀</u> 있는 듯했다.

귀에 익다   여러 번 들어서 익숙하다.

예 아빠는 기계 돌아가는 소리가 <u>귀에 익어서</u> 시끄러운 줄도 모르시겠대.

'익다'는 여러 번 겪어서 익숙하다는 뜻이 있어요. 이 표현은 귀에 익숙하다는 의미가 확장되어 버릇이 되었다는 뜻으로도 사용합니다.

귀에 쟁쟁하다   소리나 말이 마음속에 남아 있다.

예 돌아가신 할머니 목소리가 아직도 <u>귀에 쟁쟁해</u>.

전에 들었던 소리가 아직도 남아 있는 듯, 귀에 울리는 것을 '쟁쟁하다'라고 해요.

귓전에 맴돌다   계속 생각나다.

▶ 귓가에 맴돌다

예 조심해서 가라는 할아버지의 목소리가 <u>귓전에 맴돈다</u>.

멀리 떠나지 않고 그 자리에서 뱅뱅 도는 것을 '맴돌다'라고 하지요. 이 표현은 들었던 말이 계속 생각나고 떠오른다는 의미예요.

길들다   익숙하게 되다.

예 핸드폰에 <u>길들여지다</u> 보니 하루라도 없으면 불안하고 불편해.

낯익다   친숙하다.

예 처음 와 보는 곳인데도 왠지 <u>낯익다</u>.

'낯'은 얼굴, '익다'는 익숙하다는 뜻이에요. 그러니까 이 표현은 사람이나 물건이 어디서 본 듯 친숙하다는 뜻이지요. 반대로 익숙하지 않다는 뜻의 '설다'를 붙여 '낯설다'라고 하면 전에 본 기억이 없어 눈에 익지 않다는 뜻이 됩니다.

뇌리에 박히다 강렬하게 기억되다.
예) 오늘 본 영화 속 주인공의 눈빛이 **뇌리에 박혔다**.

두뇌 중에서도 사람의 기억이나 생각이 들어 있는 부분을 '뇌리'라고 해요. '뇌리에 박히다'는 기억의 깊숙한 곳에 박힌 것이니 그만큼 잊히지 않는다는 의미예요.

눈에 익다 여러 번 보아서 익숙하다.
예) 어디서 많이 본 듯 **눈에 익은** 얼굴이다.

마음에 두다 잊지 않고 간직하다.
예) 서운한 일이 있거든 **마음에 두지** 말고 바로 말해 주면 좋겠어.

몸에 배다 익숙해지다.
▶ 몸에 붙다
예) 처음에는 서툴었는데, 자꾸 하다 보니 **몸에 뱄어**.

'배다'는 버릇이 되어 익숙해졌다는 뜻이에요.

손때가 묻다 오래 사용하여 정이 들다.
예) 엄마는 **손때가 묻은** 일기장을 소중히 간직하셨어.

오랫동안 쓰고 만져서 길이 든 흔적을 '손때'라고 해요. '손때가 묻다'는 그만큼 익숙하고 정이 들었다는 뜻이지요.

손에 익다 여러 번 다루어 익숙하다.
예) 키보드가 **손에 익도록** 여러 번 연습해라.

오매불망 〔성어〕 자나 깨나 잊지 못하고 그리워하다.
寤寐不忘: 깰 오, 잠잘 매, 아니 불, 잊을 망
- 예) 인터넷으로 주문한 옷이 도착하기를 **오매불망** 기다렸다.

보고 싶거나 간절하게 만나고 싶은 대상을 기다릴 때 사용해요.

이골이 나다 버릇처럼 몸에 익숙하다.
- 예) 만두 장사만 30년 한 아주머니는 만두 빚기는 **이골이 났다**고 하셨다.

'이골'은 아주 길이 들어서 몸에 푹 밴 버릇을 이르는 말이에요. 이 표현은 어떤 일을 아주 많이 하거나 자주 겪어서 습관처럼 익숙할 때 사용해요.

인상이 깊다 마음속에 뚜렷하게 남다.
- 예) 영화의 마지막 장면이 아직도 **인상 깊게** 남아 있다.

인상(印象: 도장 인, 모양 상)은 도장을 찍은 것처럼 마음속에 깊이 새긴다는 의미예요.

입에 붙다 버릇처럼 말하다.
- 예) 언니는 사춘기가 되더니 '몰라'라는 말이 **입에 붙었어**.

입에 딱 붙어 있는 것처럼 같은 말을 계속 반복할 때 사용합니다.

자기도 모르게 깨닫지 못하는 사이에 저절로.
- 예) 지아는 맛있는 음식이 나오자 **자기도 모르게** 침을 삼켰다.

자신이 하는 행동을 자기 자신도 모르고 있다는 뜻이에요. 무의식적으로 움직일 만큼 익숙한 상황에서 사용할 수 있어요.

자리가 잡히다 익숙해져 안정되다.

🔵 이제 골키퍼로 완전히 자리가 잡혔다.

한 장소에 반복해서 앉으면 그 사람의 자리가 되는 것처럼 어떤 일을 반복해서 하면 그 일에 익숙해지고 안정감이 생긴다는 뜻입니다.

피와 살이 되다 완전히 이해하여 자기 것이 되다.

▶ 피가 되고 살이 되다

🔵 지금 읽은 책들은 네 인생에 피와 살이 될 것이다.

먹은 음식이 피와 살이 된다면 온전히 내 안에 흡수되었다는 뜻이겠지요? 지식이나 생각이 완전히 이해되어 내 것이 되었다는 의미로 확장된 것이랍니다.

무시를 나타내는 표현

무시는 눈여겨보지 않는다는 것이에요. 그만큼 사람이나 사물의 가치를 제대로 알아주지 않고 업신여기는 것이지요.

개 콧구멍으로 알다 시시하게 여기다.
예) 나를 개 콧구멍으로 아니까 아는 척도 안 하지.

개는 오래전부터 사람과 가까이 있어 주변에서 흔히 볼 수 있었죠. 그런 개의 콧구멍이니 특별히 볼 것도 없고 그저 시시하다는 뜻입니다.

개똥도 모른다 아무것도 모른다.
예) 너는 개똥도 모르면서 참견하지 마.

'개똥도 약에 쓰려면 없다'는 속담이 있어요. 평소에 주변에서 쉽게 볼 수 있던 것도 막상 필요해서 찾으면 없다는 뜻이죠. 그만큼 '개똥'은 주변에 흔하고 널려 있는 것을 대표하는 말인데 그런 개똥도 모른다니 아는 것이 없다는 말이죠.

개밥에 도토리 무시당하고 따돌림받는 존재.
예) 미운 오리 새끼는 개밥에 도토리 같은 신세였어.

개는 도토리를 먹지 않기 때문에 밥 속에 있어도 결국 따로 남게 되지요. 많은 무리 속에 끼지 못하고 겉도는 사람을 비유적으로 이르는 표현이에요.

개뿔도 모르다 아무것도 모르다.
▶ 쥐뿔도 모르다
예) 개뿔도 모르면서 아는 척 좀 하지 마.

개뿔도 없다 아무것도 없다.

▶ 쥐뿔도 없다
예 쥐뿔도 없으면서 잘난 척하기는.

그렇고 그렇다 특별하지 않다.

예 주변엔 그렇고 그런 식당뿐이고 손님을 대접할 곳이 없었다.

'그렇다'는 특별한 변화가 없다는 뜻이에요. 뭔가 만족스럽지 않을 때도 '그냥 그렇다'라고 표현하죠. 같은 말을 두 번 사용해서 별 것 아닌 것을 강조한 표현이에요.

꼴값하다 보기 싫은 행동을 하다.

예 자기가 엄청나게 잘난 줄 아나 봐. 정말 꼴값하네.

'꼴'은 겉모양이나 사람의 모양새를 낮잡아 이르는 말이에요. 그렇다면 '꼴값하다'는 얼굴값을 한다는 뜻이 되어야 하는데 실제로는 얼굴값도 못해 꼴 보기 싫다고 비꼬아 놀리는 말이랍니다.

꿈도 야무지다 이루어질 수 없다.

예 1등 하면 콘서트를 보내 달라고? 꿈도 야무지네.

'너는 꿈이 뭐니?'라고 하는 것처럼 여기서 '꿈'은 장래 희망이나 가능성을 의미해요. '야무지다'는 '알차고 빈틈없다'는 뜻이고요. 이 표현은 바라는 바가 너무 높아 이루어질 수 없음을 비꼬는 표현이에요.

놀고 앉았네 행동이 마음에 들지 않다.
▶ 놀고 있네, 놀고 자빠졌네
예 **놀고 앉았네**. 자기가 무슨 대장이라도 되는 줄 아는지.

까불고 난리를 치며 노는 사람에게 '잘 논다'라고 하는 것처럼 겉으로 표현한 말과 속마음의 내용을 반대로 말하는 경우가 있어요. 이 표현도 마찬가지로 마음에 들지 않는 행동을 비꼬기 위해 거꾸로 말한 거예요.

눈도 거들떠보지 않다 쳐다보지도 않다.
예 동생은 분홍색 옷이 아니면 처음부터 **눈도 거들떠보지 않았다**.

머리에 피도 안 마르다 아직 어리다.
▶ 이마에 피도 안 마르다
예 **머리에 피도 안 마른** 녀석이 벌써 연애나 하고 말이야.

갓 태어난 아기 몸에는 피나 분비물이 묻어 있어요. 뱃속에서 나올 때 묻은 피가 아직 마르지도 않았다고 하니 그만큼 어리다는 것을 강조한 표현이죠.

물로 보다 사람을 하찮게 보다.
예 나를 **물로 봤다가는** 큰코다칠 줄 알아.

색깔이나 냄새도 없고 맛도 없는 물처럼 다른 사람을 아무것도 아닌 듯 만만하고 쉽게 생각한다는 말입니다.

백안시 〈성어〉 업신여기다.
白眼視: 흰 백, 눈 안, 볼 시

📖 평소에는 <u>백안시</u>하더니 오늘은 웬일로 이렇게 반갑게 맞아 주는 거지?

오랜 옛날, 중국에 완적이라는 선비가 권력 투쟁으로 나라가 어지럽게 되자 세상을 피해 자연 속에 숨어 살았대요. 완적은 좋고 싫음이 분명한 사람이라 마음에 맞지 않는 사람이 찾아오면 원수 대하듯 노려보았다고 해요. 심지어 어머님이 돌아가셨을 때, 친구의 형이 조문을 왔는데도 '백안시'를 하고 무시했다고 해요. 백안시는 까만 눈동자 없이 흰자위로만 째려보는 것을 말하는데 이 고사에서 유래하여 상대방을 무시하는 태도로 흘겨볼 때 사용하게 되었답니다.

별 볼 일 없다   대단하지 않고 하찮다.

📖 저처럼 <u>별 볼 일 없는</u> 사람에게 더운밥도 내어 주시고 감사할 따름입니다.

쉽게 여기다   얕잡아 보다.

▶ 우습게 여기다

📖 나를 너무 <u>쉽게 여기는</u> 거지. 내 농구 실력을 알면 놀라 자빠질걸?

어려운 사람 앞에서는 예의를 차리고 정성을 다하지만 쉬운 사람은 깔보고 무시하게 되지요. 이 표현은 쉬운 사람으로 생각한다는 말입니다.

안중에 없다   관심이 없다.

📖 하라는 공부는 <u>안중에 없고</u> 게임만 하는구나.

'안중'은 원래 눈 속이라는 뜻이지만 관심을 두고 있는 범위라는 뜻으로 확대하여 사용하기도 해요. 그러니까 이 표현은 관심 밖의 일이라 신경 쓰지 않는다는 뜻이에요.

어느 집 개가 짖느냐 한다 속담 남의 말을 무시하여 들은 체도 안 하다.
▶ 어디 개가 짖느냐 한다 속담
예 어느 집 개가 짖느냐 한다고 여기지 마시고 억울한 제 사연 좀 들어주세요.

상대방이 아무리 큰 소리로 떠들고 말해도 무시하며 들은 체도 하고 싶지 않을 때, 이 표현을 사용할 수 있어요.

옆으로 제쳐 놓다 관심의 대상에서 빼다.
예 그 문제는 일단 옆으로 제쳐 놓고 다른 것부터 먼저 해결하자.

제쳐 놓는 것은 빼놓는다는 말이에요. 어떤 물건을 옆으로 빼놓으면 잘 보이지 않아 관심에서 멀어지겠지요?

웃어넘기다 없었던 일로 지나치다.
예 그저 장난이라고 웃어넘길 일이 아니야. 네 장난에 다친 사람을 생각해야지.

코웃음을 치다 깔보고 비웃다.
예 지네는 거미가 장수풍뎅이에게 다리가 적다고 놀리자 코웃음을 쳤다.

코끝으로 가볍게 웃는 웃음인데 다른 사람을 깔보거나 무시하며 웃는 기분 나쁜 웃음을 이릅니다.

콧방귀를 뀌다
대수롭지 않게 여기며 비웃다.
예 하루에 다섯 끼를 먹는 누나가 다이어트를 선언하자 가족들이 콧방귀를 뀌었다.

'콧방귀'는 코로 나오는 숨을 막았다가 갑자기 터뜨리면서 내는 소리예요. 다른 사람의 말이 말도 안 되거나 어이없을 때 '흥' 하고 나도 모르게 콧방귀를 뀌게 되지요.

한 귀로 흘리다 대수롭지 않게 듣다.

🔵 엄마 말 한 귀로 흘리지 말고! 집에 오면 숙제부터 하고 놀렴.

한주먹감이다 싸움의 상대가 안 되다.

▶ 한주먹감도 아니다

🔵 까불지 마. 너는 나한테 한주먹감이야.
🔵 까불지 마. 너는 나한테 한주먹감도 아니야.

한 번 때리는 주먹을 '한주먹'이라고 해요. 이 표현은 한주먹이면 싸움이 끝난다는 뜻으로 힘없는 상대방을 얕잡아 이르는 말이에요.

홑으로 보다 대수롭지 않게 여기다.

▶ 홑벌로 보다

🔵 글을 쓸 때는 글자 하나도 홑으로 보면 안 된다.
🔵 쟤 홑벌로 볼 사람은 아냐. 얼마나 딱 부러진다고!

'홑'은 한 겹으로 된 것을 말해요. 겹겹이 싸여 있는 것에 비해 약하고 가볍겠죠. 그만큼 중요하지 않다는 뜻입니다. 이 표현은 주로 부정하는 말과 함께 쓰여요.

편견이나 사리 분별 못함을 나타내는 표현

사람은 눈으로 본 대로 믿고 들은 대로 생각하는 경향이 있어요. 한 번 그렇게 보고 들은 것을 가지고 한쪽으로 치우치게 생각하는 것을 편견이라고 하지요. 그래서 편견이나 사리 분별을 하지 못하는 상황에서 쓰는 표현에는 '귀'와 '눈'이 든 말을 많이 볼 수 있어요.

갈피를 잡지 못하다 어찌해야 할지 판단하지 못하다.
▶ 갈피를 못 잡다
예 글짓기 주제로 무엇을 할지 갈피를 잡지 못하겠다.

'갈피'는 겹치거나 포갠 물건이 있을 때, 그 사이사이의 틈을 말해요. 그러니 갈피를 잡지 못하면 물건을 마음먹은 대로 나눌 수 없겠죠? 일을 제대로 파악하지 못하고 어찌할 줄 모를 때 사용하는 표현이에요.

고운 사람 미운 데 없고 미운 사람 고운 데 없다 속담
한번 좋게 보면 다 좋게만 보이고, 한번 밉게 보면 하는 일마다 밉게만 보인다.
예 고운 사람 미운 데 없고 미운 사람 고운 데 없다더니 너는 어째 하는 일마다 밉상이니?

앞뒤를 바꿔서 '미운 사람 고운 데 없고 고운 사람 미운 데 없다'라고도 합니다. 한번 생긴 편견은 그만큼 바꾸기 어렵다는 것을 보여 주는 속담이네요.

귀가 얇다 남의 말을 쉽게 받아들인다.
▶ 귀가 엷다
예 아빠는 귀가 얇아서 남이 좋다고 하면 무엇이든 다 산다.

귀가 여리다   속는 줄도 모르고 남의 말을 그대로 잘 믿다.

예 후배는 **귀가 여린** 탓에 다른 사람에게 잘 속는다.

단단하지 않아 부드럽고 약한 것을 '여리다'라고 해요. 귀가 단단하면 듣는 말을 다 받아들이지 않을 텐데 부드럽고 약해서 듣는 말마다 그대로 잘 믿고 쉽게 받아들인다는 뜻이랍니다.

낫 놓고 기역 자도 모른다 속담   아주 무식하다.

예 **낫 놓고 기역 자도 모른다**더니, 너는 이렇게 쉬운 문제도 모르니?

'낫'을 본 적이 있나요? 농촌에서 풀이나 벼를 벨 때 사용하던 도구인데 꼭 기역(ㄱ)처럼 생겼어요. 요즘으로 치면 도넛을 앞에 놓고도 이응(ㅇ)을 모른다고 할까요? 그만큼 아주 무식하다는 뜻입니다.

눈꺼풀이 씌다   사랑에 빠져 제대로 판단하지 못하다.

▶ 눈에 뭐가 씌다

예 그때는 **눈꺼풀이 씌었는지** 아빠를 보고 첫눈에 반했지.
예 너는 나쁜 남자만 좋아하더라. **눈에 뭐가 씐** 것 아니야?

'눈꺼풀'은 눈을 덮는 얇은 살갗이에요. 눈꺼풀이 덮여 있으면 앞이 보이지 않듯 사랑이나 좋아하는 감정에 빠져 사람을 제대로 보지 못할 때 사용하는 표현이에요.

눈에 보이는 것이 없다   사리 분별을 못하다.

예 등산하고 났더니 너무 배가 고파 **눈에 보이는 것이 없었다.**

눈에 콩깍지가 씌었다 속담   앞이 가리어 일을 제대로 분간하지 못하다.

예 네가 **눈에 콩깍지가 씌었구나.** 걔가 그렇게 좋아?

콩 껍질을 '콩깍지'라고 하는데 눈에 콩깍지가 씌었다는 것은 뭔가 눈 앞을 가리고 있다는 뜻입니다. '눈꺼풀이 씌다'처럼 사랑에 빠져 판단력을 잃었을 때 흔히 사용하는 속담이죠. 일이나 물건의 가치를 제대로 모를 때도 사용합니다.

눈이 멀다   욕심으로 판단력을 잃다.
◉ 저 사람들은 돈에 **눈이 멀어서** 이런 범죄를 저질렀대.
본래 눈이 멀었다는 것은 앞이 보이지 않는다는 의미예요.

눈이 어둡다   정신이 팔려 판단력이 흐리다.
◉ 엄마는 돈에 **눈이 어두워** 닥치는 대로 일을 하셨다.

똥오줌을 못 가리다   사리 분별을 못하다.
◉ **똥오줌도 못 가리는** 거야? 여긴 네가 나설 자리가 아니야.
아기가 혼자 똥, 오줌을 해결할 수 있을 때 '똥오줌을 가리다'라고 해요.

물인지 불인지 모르다   사리 분간을 못해 함부로 행동하다.
◉ **물인지 불인지 모르고** 무조건 하겠다고 달려들었다.

색안경을 쓰다   좋지 않은 감정으로 보다.
▶ 색안경을 끼고 보다
◉ 사람들은 혼혈아라고 하면 일단 **색안경을 쓰고** 보는 경향이 있다.

세상모르다   세상 돌아가는 사정을 모르다.
◉ 과학자는 **세상모르고** 몇 년째 연구에만 몰두하였다.

오류를 범하다   잘못된 판단을 하다.
▶ 오류를 저지르다
◉ 단순 계산에서 **오류를 범하는** 바람에 점수 높은 문제를 틀리고 말았다.
'오류'는 그릇되어 이치에 맞지 않는 일을 뜻하는 말입니다.

정신을 차리다 깨달아 알다.
▶ 정신이 나다
예 이제부터는 **정신 차리고** 내 말 똑똑히 들어라.

제 눈에 안경 자기 마음에 들면 뭐든 좋아 보인다.
▶ 눈에 안경
예 **제 눈에 안경**이라더니, 정말 저 오빠가 그렇게 멋있니?

자기 눈에 맞는 안경을 쓰고 있어 자신만 잘 보인다는 거예요. 문제는 그 대상이 아무리 보잘것없어도 자기 마음에 들면 다 좋아 보인다는 것이죠.

팥으로 메주를 쑨대도 곧이듣는다 속담
지나칠 정도로 남의 말을 무조건 믿다.
▶ 팥을 콩이라 해도 곧이듣는다 속담
예 너는 그 사람 말이라면 **팥으로 메주를 쑨대도 곧이듣겠구나**.

메주는 간장이나 된장을 만드는 재료인데 콩을 삶아서 만든답니다. 팥은 메주의 재료가 아니지요. 이 속담은 옳고 그름을 따지지 않고 무조건 남의 말을 믿을 때 놀리듯 사용해요.

한 치 앞을 못 보다 앞날을 모르고 어리석게 행동하다.
예 **한 치 앞을 못 보는** 사람이 어떻게 지도자가 되겠단 말이오?

'한 치'는 약 3.03cm 정도 되는 길이예요. 이 표현은 시력이 나빠서 그만큼 가까이 있는 것도 보지 못한다는 뜻도 있지만 바로 앞의 일도 제대로 분별하지 못하는 경우를 비꼬아 이를 때 주로 사용합니다.

문제 해결과 관련된 표현

계책, 대책, 방안, 방도 등은 모두 문제를 해결하기 위한 계획이나 방법을 뜻하는 말이에요. 이 단어들을 기억해 두면 여기 있는 표현들을 이해하는 데 도움이 될 거예요.

고육지책 성어 어려움을 벗어나기 위해 어쩔 수 없이 꾸며 내는 계책.
苦肉之策: 쓸 고, 고기 육, 어조사 지, 꾀 책

예 회사의 부도를 막기 위해 월급을 줄이는 **고육지책**을 써야 했다.

『삼국지』의 유명한「적벽대전」에서 유래한 고사성어예요. 오나라와 조조의 백만 대군이 맞서고 있는 상황에서 오나라는 조조의 수군을 무너뜨릴 계획을 짜고 있었어요. 하지만 조조의 군사는 수도 많고 막강해 쉽게 다가갈 수 없었죠. 이때 오나라의 황개라는 장수가 조조에게 거짓으로 항복을 하겠다며 나섰어요. 조조가 의심할 것을 대비해 스스로 고문까지 받은 황개는 투항하는 척하며 기름 실은 배를 끌고 가 조조의 함대를 불태웠다고 해요. 이런 황개의 계책이 바로 '고육지책'이에요. 자기 몸을 희생하면서까지 꾸며내는 계책이라는 의미로 '고육책'이라고도 해요.

골을 메우다 갈등을 없애다.

예 여당과 야당은 **골을 메우기** 위해 대화의 장을 열었다.

'골'은 산과 산 사이에 움푹 패어 들어간 골짜기를 의미해요. 골짜기가 깊을수록 산과 산을 오가기가 힘들겠지요? 반대로 이 골을 메우면 서로 왕래하며 지내기도 쉬울 거예요.

궁여지책 성어 곤경에 처한 나머지 생각다 못해 짜낸 계책.
窮餘之策: 궁할 궁, 남을 여, 어조사 지, 꾀 책

예 우산도 없는데 웬 비야. **궁여지책**이지만 겉옷이라도 뒤집어쓰고 가야겠다.

'궁하다'는 말에는 일이나 상황이 난처하여 더는 피할 수 없다는 뜻을 가지고 있어요. 그래서 '궁여지책'은 더는 피할 수 없는 막다른 상황에서 생각다 못해 짜낸 계책을 의미합니다.

길을 뚫다 새로운 방법을 찾아내다.
- 예) 새로운 제품을 수출할 수 있도록 제가 **길을 뚫어** 보겠습니다.

사람이나 동물이 지나다니는 '길'은 그 뜻이 확대되어 방법이나 수단을 의미하기도 해요.

길을 열다 방법을 마련하다.
- 예) 형편이 어려운 학생들에게 무료 공부방을 열어 배움의 **길을 열어** 주기로 했다.

답이 나오다 해결 방안이 생기다.
- 예) 동네 사람들이 머리를 맞대니 주차 문제의 **답이 나왔다**.

문제를 해결한 것이 '답'이잖아요. 그러니 답이 나왔다는 것은 문제의 해결 방안을 찾았다는 의미지요. 반대로 '답이 안 나오다'는 해결 방법이 떠오르지 않는다는 뜻이랍니다.

돌파구를 마련하다 해결 방안을 만들다.
- 예) 각국 정상들은 급증한 미세먼지의 **돌파구를 마련하기** 위해 한자리에 모였다.

'돌파구'는 가로막은 것을 깨뜨려 통과할 수 있도록 뚫어 놓은 입구나 통로를 뜻해요. 돌파구를 마련한다는 것은 가로막고 있는 문제를 해결하는 방안을 마련한다는 의미랍니다.

매듭을 짓다 문제를 해결하고 마무리하다.
- 예) 제가 책임지고 이 일을 **매듭짓도록** 하겠습니다.

바느질이 다 끝나고 나면 실의 매듭을 잘 지어야 풀어지지 않고 확실한 마무리가 돼요. 그래서 '매듭을 짓다'라는 표현이 일을 다 끝내고 마무리를 한다는 뜻으로 의미가 확장되었답니다.

매듭을 풀다 해결하다.
- 예) 이번 일의 **매듭을 제대로 풀지** 못하면 모두 큰 손해를 보게 될 거야.

머리를 맞대다 의논하기 위해 서로 마주 대하다.

(예) 나무 위에 올라간 공을 꺼내기 위해 **머리를 맞댔다**.

머리를 맞대고 있으면 서로 마주 볼 수 밖에 없겠지요? 어떤 일을 의논하거나 문제를 해결하기 위해 서로를 마주 대하고 있는 것을 표현한 말이에요.

미봉책 〈성어〉 임시로 내놓은 일시적인 문제 해결책.

(예) 갑자기 실내화가 끊어진 거야. **미봉책**이지만 스테이플러를 박아서 신었어.

미봉(彌縫: 두루 미, 꿰맬 봉)은 옷감의 터진 부분을 꿰매는 것을 말해요. 원래는 정나라의 장공이라는 사람이 전쟁 중 전차와 보병 사이의 거리가 너무 멀게 되자 군사를 보내 그 사이를 채우게 했던 것에서 유래한 말이에요. 두루 꿰매듯이 터진 부분을 메우는 계책이라고 해서 '미봉책'이라고 했지요. 하지만 한 번 터졌던 부분은 언제든 또 터지게 마련이에요. 그래서 지금은 완전한 해결책이 될 수 없다는 의미로 본질적인 문제는 덮어둔 채 임시로 대충 넘기기 위한 문제 해결 방법을 일컫는 말로 쓰인답니다.

불을 끄다 급한 일을 해결하다.

(예) 형님이 빌려주신 돈 덕분에 급한 **불을 껐다**.

손을 쓰다 대책을 세워 행하다.

(예) **손을 쓸** 겨를도 없이 쓰나미가 몰려와 많은 사람이 실종되었다.

숨통을 틔우다 답답한 일을 해결하다.

(예) 새로운 입학 제도가 학생들의 **숨통을 틔워** 줄 수 있기를 기대합니다.

숨 쉴 때 숨통이 막힌다면 생각만 해도 답답하겠지요? 이처럼 '숨통을 틔우다'는 막혀 있던 문제를 해결한다는 뜻으로 사용하는 표현이에요.

실마리가 보이다 해결책이 생기다.

◐ 실마리가 잡히다
예 경찰은 일 년이 넘도록 사건 해결 **실마리가 보이지** 않아 애를 먹고 있다.

'실마리'는 본래 감았거나 헝클어진 실의 첫머리를 뜻하는 말이에요. 이 실마리를 찾으면 헝클어진 실뭉치를 쉽게 풀 수 있어요. 그래서 일이나 사건을 풀어 나갈 수 있는 계기라는 뜻으로 확대되어 사용하게 되었지요. 한자로 단서(端緖: 끝 단, 실마리 서)라고도 해요.

실마리를 잡다 문제를 해결할 단서를 잡다.

예 코난이 드디어 사건의 **실마리를 잡았어!** 이 만화 흥미진진한데?

실마리를 찾다 해결책을 찾다.

예 의사는 오랜 연구 끝에 간암 치료의 **실마리를 찾았다.**

임시방편 성어 일시적으로 사용하는 방법.

臨時方便: 임할 림, 때 시, 방법 방, 편할 편
예 피가 많이 나서 일단 **임시방편**으로 붕대를 감아 두었어요.

갑자기 닥친 일을 완전히 해결하기 어려울 때, 급한 대로 잠깐 막을 수 있게 일시적으로 처리한다는 뜻이지요.

칼을 빼 들다 문제를 해결을 위해 나서다.

예 학교 폭력 문제를 해결하기 위해 교장 선생님이 **칼을 빼 들었다.**

전쟁에서 칼을 빼 들었다는 것은 전쟁을 끝내기 위해 나섰다는 것을 의미하죠. 문제를 앞두고 칼을 빼 들었다는 것은 문제를 해결하기 위해 직접 나섰다는 뜻이랍니다.

탁상공론 성어 현실을 생각하지 않은 쓸데없는 논의.
卓上空論: 탁상 탁, 위 상, 빌 공, 논할 론
- 예 **탁상공론**은 그만하고 밖에 나가 시민들 의견도 들어봅시다.

한자를 풀이하면 탁상 위에서 나누는 빈 이론이라는 뜻이에요. '탁상'은 책상이라고 생각하면 돼요. 문제의 현장에 나가지 않고 책상에만 앉아 문제를 해결하려고 하는 쓸데없고 허황된 생각이나 논의를 '탁상공론'이라고 한답니다.

특단의 조치   특별한 대책.
- 예 아빠가 금연에 꼭 성공하실 수 있도록 **특단의 조치**가 필요해.

'특단'은 보통과 다르게 특별히 구분한다는 의미이고, '조치'는 문제를 처리하기 위해 만든 대책을 뜻해요. 그러니까 '특단의 조치'는 문제 해결을 위한 특별한 대책을 일컫는 것이랍니다.

하늘이 무너져도 솟아날 구멍이 있다 속담
어려운 상황이 생기더라도 해결할 방법은 있기 마련이다.

▶ **사람이 죽으란 법은 없다** 속담
- 예 여행 중에 길을 잃었는데 다행히 같은 숙소 사람을 만났잖아. 역시 **하늘이 무너져도 솟아날 구멍이 있다**니까.

하늘이 무너진다는 것은 어렵고 절망적인 상황을 비유한 표현이에요. 아무리 어려운 상황에 부딪혀도 해결할 길은 분명히 있다는 뜻의 속담입니다.

생각이나 궁리를 나타내는 표현

가닥을 잡다 흩어진 생각을 정리하여 바로잡다.

예) 막막했는데 네 이야기를 들으니 어떻게 하면 될지 **가닥을 잡을** 수 있겠어.

'가닥'은 머리카락 한 가닥, 실 한 가닥처럼 한군데서 갈려 나온 낱낱의 줄을 가리키는 말이에요. 이런 가닥들이 여기저기 흩어져 있으면 서로 엉키고 어수선하겠지요? 반대로 가닥을 잡아 정리해 두면 깔끔하게 하나로 모을 수 있어요. 그래서 '가닥을 잡다'라고 하면 분위기나 상황, 생각을 어떤 기준에 따라 정리해 바로잡는다는 의미가 됩니다.

가닥이 잡히다 흩어져 있는 생각을 정리하게 하다.

예) 이번 운동회는 학부모들도 함께 참여하는 것으로 **가닥이 잡혔다**.

골머리를 썩이다 몹시 애쓰며 생각에 몰두하다.
▶ 머리를 썩이다

예) 한동안 **골머리를 썩이던** 일이 깔끔하게 해결됐어!

'썩이다'는 걱정이나 근심으로 몹시 괴로운 상태가 되게 하다는 뜻이 있어요. '골머리'는 머리를 속되게 이르는 말이니 '골머리를 썩이다'는 어떤 일에 몹시 애를 쓰며 생각에 몰두해 머리가 괴로울 지경이라는 말입니다.

골머리를 앓다 머리가 아플 정도로 생각에 몰두하다.
▶ 골치를 앓다

예) 층간 소음 문제가 해결되지 않아 **골머리를 앓고** 있다.

'골머리'는 '골' 또는 '골치'라고도 해요. 인체에서 사고와 감각을 지배하는 아주 중요한 기관인 머리를 표현하는 말이지요. 어떻게 해야 할지 머리가 아플 정도로 골똘히 생각하는 것을 '골머리를 앓다'라고 한답니다.

과대망상 성어   사실보다 과장된 터무니없는 생각.
誇大妄想: 자랑할 과, 큰 대, 허망할 망, 생각할 상

예 오빠는 개인 방송을 몇 번 하더니 인기 크리에이터라도 된 양 **과대망상**에 빠져 있어.

'망상'은 이치에 맞지 않는 터무니없는 생각을 말해요. 사실보다 많이 부풀려 생각하고 그 터무니없는 생각을 사실로 믿어 버리는 것을 '과대망상'이라고 하죠. 자신의 재산이나 능력 등을 과장하고 그것을 사실이라고 믿는 병증을 일컫기도 합니다.

넋을 놓다   생각 없이 멍한 상태가 되다.

예 승혜가 자꾸 수업 시간에도 창문 밖을 넋 놓고 바라보는데 혹시 무슨 일이 있는 걸까?

'넋'은 혼, 혼백이라고도 하는데 사람의 몸 안에 있으면서 몸과 정신을 다스리는 초자연적인 어떤 것을 뜻해요. 그런 넋을 놓아 버렸으니 정신 나간 사람처럼 멍한 상태를 말하는 것이죠.

넋을 잃다   어떤 것에 열중하여 아무 생각이 들지 않다.

예 빅토리아 폭포의 아름다운 풍경을 넋을 잃고 바라봤다.

넋이 나가다   아무 생각이 없다.

예 넋 나간 사람처럼 서 있지 말고 이리 와서 나 좀 도와줘.

마음에 없다   무엇을 하거나 갖고 싶은 생각이 없다.
▶ 마음이 없다

예 엄마가 여러 옷을 보여 줬지만, 전혀 **마음에 없다**.
예 나는 이번 일에 참여하고 싶은 **마음이 없다**.

'마음'은 어떤 일에 대한 감정이나 생각이 생기게 하므로 관심이라는 뜻으로 확대되어 사용하기도 해요. 그러니까 마음에 없다는 것은 간단히 말해 관심이 없다는 것이죠. 무엇을 하고 싶거나 가지고 싶은 생각 자체가 없다는 뜻으로 쓰입니다.

마음에 있다 무엇을 하거나 갖고 싶은 생각이 있다.
▶ 마음이 있다
예) 그 강아지가 **마음에 있으면** 네가 키워 볼래? 유기견이라 주인이 없거든.

마음이 콩밭에 있다 생각이나 관심이 다른 곳에 가 있다.
예) **마음이 콩밭에 있으니까** 수업을 들어도 귀에 안 들어오지.

'비둘기는 몸은 밖에 있어도 마음은 콩밭에 가 있다'는 속담이 있어요. 먹을 것에만 정신이 팔려 다른 것을 생각하지 못하는 경우에 사용하는 말이죠. 요즘은 '마음이 콩밭에 있다'고 줄여 쓰면서 생각이나 관심이 다른 곳에 가 있다는 뜻으로 사용해요.

마음이 통하다 생각이 같아 이해가 잘되다.
예) 역시 우리는 **마음이 잘 통하는** 친구야.

머리 회전이 빠르다 생각이나 판단이 빠르고 분명하다.
예) 축구를 잘하려면 **머리 회전이 빨라야** 해. 똑똑해야 운동도 잘한다고!

머리가 빙글빙글 돌면 어지럽겠다고요? 아니요. 여기서 '머리 회전이 빠르다'는 것은 생각이 빨리빨리 돌아간다는 뜻이에요.

머리가 깨다 뒤떨어진 생각에서 벗어나다.
예) 우리 부모님은 **머리가 깨인** 분이셔서 무조건 대학에 가라고는 하지 않으셔.

머리가 잘 돌아가다 생각이 잘 떠오르다.
예) 쟤는 특히 위기 상황에서 **머리가 잘 돌아가**.

머리가 크다 어른처럼 생각하거나 판단하다.
▶ 머리가 굵다
예 아들은 **머리가 컸다**고 사소한 일은 말하지 않고 스스로 결정한다.

머리가 컸다는 것은 그만큼 몸도 자라고 마음도 자랐다는 뜻이 되겠지요? 생각이나 판단을 담당하는 신체 부위인 머리도 함께 자라서 '머리가 크다'라고 하면 생각하고 판단하는 능력이 자랐다는 뜻이 됩니다.

머리를 굴리다
해결 방법을 찾기 위해 이리저리 생각하다.
예 영어 단어를 더 쉽게 외울 방법을 찾으려고 **머리를 굴리는** 중이야.

머리를 스치다 생각이 잠깐 떠오르다.
예 어렸을 때의 일이 **머리를 스치고** 지나갔다.

'스치다'는 어떤 생각이 퍼뜩 떠올랐다가 이내 사라졌다는 뜻입니다.

머리를 쓰다 이모저모 깊게 생각하다.
예 뚜껑이 꽉 닫혀서 힘으론 절대 안 열리네. **머리를 써야겠는걸**!

머리를 쥐어짜다 애써 궁리하다.
▶ 머리를 쥐어뜯다
예 아무리 **머리를 쥐어짜도** 좋은 방법이 생각나지 않아.

'쥐어짜다'는 억지로 쥐어서 꼭 짜낸다는 뜻도 있지만, 이리저리 궁리하여 골똘히 생각한다는 뜻도 있어요. '쥐어짜다' 대신 비슷한 어감의 '쥐어뜯다'를 넣어도 의미가 같아요. 이때는 머리를 쥐고 뜯으며 고민하는 모습을 떠올려도 좋겠네요.

머리에 맴돌다 분명하지 않은 생각이 계속 맴돌다.

예 그 영화 줄거리는 머리에 맴도는데 제목이 생각이 안 나.

심사숙고 성어 깊이 잘 생각하다.
深思熟考: 깊을 심, 생각 사, 익을 숙, 생각할 고

예 오랜 심사숙고 끝에 방학 숙제를 없애기로 했다.

'심사숙고'는 오랜 시간을 두고 깊이, 매우 신중하게 생각하는 것입니다.

역지사지 성어 처지를 바꾸어 생각해 보다.
易地思之: 바꿀 역, 처지 지, 생각할 사, 어조사 지

예 서로 의견이 다를수록 역지사지의 자세가 필요하다.

나와 다른 사람의 처지를 바꾸어 생각해 보라는 뜻의 성어예요. 중국의 대학자였던 공자가 우, 후직, 안회라는 사람을 칭찬하면서, 이 셋은 다른 사람의 고통을 자기 고통으로 생각하는 사람이라 서로의 처지가 바뀌었더라도 모두 같게 행동했을 것이라고 한데서 유래한 말이에요.

이해나 파악, 예상을 나타내는 표현

상대방을 이해하고 파악하려면 그 사람이 하는 말이나 행동에 관심을 가지고 봐야 해요. 그래서 '눈', '보다', '눈치'라는 말이 들어간 표현이 자주 보이네요.

가슴이 넓다   이해심이 많다.

예) 우리 선생님은 <u>가슴이 넓어서</u> 아이들의 짓궂은 장난도 잘 받아 주신다.

지식을 이해하는 것은 머리지만, 사람의 마음을 이해하는 것은 가슴속에서 일어난다고 생각하기 때문에 이해하는 마음이 많다는 것을 '가슴이 넓다'라고 표현합니다.

가슴이 좁다   이해심이 없다.

예) 그렇게 <u>가슴이 좁아서</u> 어떡하니? 동생이 실수로 그랬다니 이해 좀 해 줘.

감을 잡다   상황을 파악하다.

예) 설명만으로 이해하기 어려운 일은 직접 해 보면 <u>감을 잡을</u> 수 있어.

여기서 '감'은 느낌이나 직관으로 상황을 파악하는 능력을 뜻해요. 그렇기 때문에 감을 잡았다는 것은 판단이나 추리를 통해서 상황을 파악한 것이 아니라 느낌이나 직감으로 상황을 파악했다는 말입니다.

감이 오다   상황이 파악되다.

예) 저 증거를 보니까 범인이 누군지 딱 <u>감이 왔지</u>.

과부 사정은 과부가 안다 속담
비슷한 처지에 놓여 있는 사람끼리 서로를 더 잘 이해한다.
▶ 과부 설움은 홀아비가 안다 속담
예 **과부 사정은 과부가 안다**고, 나 아니면 누가 네 마음을 알겠어.

'과부'와 '홀아비'는 배우자를 잃고 혼자 남은 사람들이에요. 서로 비슷한 처지에 놓여 있는 사람들이죠. 이 속담은 남의 곤란한 처지는 직접 그 일을 당해 본 사람이 더 잘 알 수 있다는 것을 비유적으로 표현한 거예요.

귀가 뚫리다 말을 알아듣게 되다.
예 미국에 이민 간 지 1년 만에야 **귀가 뚫렸어**.

귀가 열리다 소리의 의미를 이해하다.
예 나도 이제 **귀가 열려서** 음정은 틀리지 않아.

귀가 질기다 남의 말을 잘 이해하지 못하다.
예 영철이는 **귀가 질겨서** 내가 한 번 말하면 잘 못 알아듣더라.

막혔던 귀가 뚫렸다고 생각해 보세요. 시원하게 잘 들리겠지요? 그런데 귀가 질기면 질깃질깃하여 귀를 뚫을 수가 없게 되니 남의 말을 잘 이해하지 못한다는 뜻이 되지요.

눈이 열리다 이해하는 안목이 생기다.
예 매일 독서를 하니 **눈이 열려서** 어떤 책이 좋은 책인지 금방 파악돼.

눈치가 빠르다 마음을 빨리 알아채다.
예 수미는 역시 **눈치가 빨라**! 내가 목마른 줄 어떻게 알고!

'눈치'는 상대방의 마음을 그때그때 상황으로 미루어 알아내는 것이에요.

맥을 짚다 속셈을 알아보다.

예) 현주가 어떻게 나오는지 보려고 내가 **맥을 짚어** 봤어.

한의원에서 병을 진찰하기 위해 손목에 손가락을 얹고 살펴보는 것을 '맥을 짚다'라고 하지요? 한의사들은 이렇게 맥을 짚어 속에 있는 병을 진단해요. 이처럼 병뿐만 아니라 사람의 속마음도 헤아리고 알아본다는 의미로 '맥을 짚다'라는 말을 사용해요.

머리에 들어오다 잘 이해되다.

예) 와! 네가 설명해 주니까 **머리에 쏙쏙 들어와**.

선견지명 성어 미리 앞을 내다보는 지혜.

先見之明: 먼저 선, 볼 견, 어조사 지, 밝을 명

예) 거북선을 준비한 이순신 장군의 **선견지명** 덕분에 왜군을 물리칠 수 있었다.

어떤 일이 일어나기 전에 미리 앞을 내다보는 지혜를 일컫는 말입니다. 이런 '선견지명'이 있으면 어려움이 닥쳐도 현명하게 대처할 수 있지요.

속이 깊다 신중하고 이해심이 많다.

예) 어쩜 저렇게 **속이 깊을까**? 동생이 배고플까 봐 자기 것을 떼어 주다니.

어떤 것이 넓고 깊다는 것은 그만큼 많은 것을 담을 수 있다는 뜻이겠지요? '속이 깊다'는 다른 사람을 이해할 수 있는 마음의 여유가 많다는 뜻이에요. 신중하고 깊이 생각한다는 뜻도 있지요.

속이 보이다 엉큼한 마음이 들여다보이다.

예) 내 것 먼저 해 달라는 그 말을 어떻게 해. **속 보이게**.

속은 보이지 않는 곳이라서 음흉하고 엉큼한 마음도 숨길 수 있지요. 그런 속이 보인다고 했으니 엉큼한 속마음이 다 보인다는 뜻입니다.

손금을 보듯 하다 훤히 다 알다.
○ 손금 보듯 환하다
예) 내가 우리 동네 맛집은 **손금 보듯** 하지.

'손금'은 손바닥에 있는 줄무늬를 말하는데 이 손금을 보면 그 사람의 성격이나 운세, 건강까지 알 수 있다고 해요. 그래서 '손금을 보듯 하다'라고 하면 모든 것을 낱낱이 다 안다는 뜻이 되지요.

수를 읽다 어떻게 나올지 미리 예상하다.
예) 엄마가 이미 내 **수를 다 읽고** 있어서 이실직고할 수밖에 없었어.

여기서 말하는 '수'는 바둑이나 장기를 둘 때 한 번씩 번갈아 두는 횟수를 뜻해요. 바둑이나 장기에서 수를 읽는다고 하면 상대방이 다음에 어떻게 둘지 예측해서 안다는 말인데, 이것이 의미가 확대되어 상대방이 어떻게 나올지 미리 알고 있다는 뜻이 되었답니다.

아니나 다를까 예상한 바와 같이.
예) **아니나 다를까** 집에 오자마자 또 놀러 나갔구나?

짚이는 데가 있다 짐작되는 바가 있다.
예) 현서가 어디에 갔을지 **짚이는 데가 있어**. 일단 따라와!

척하면 삼천리 재빠르게 잘 알아차리다.
예) 쟤네 사귀는 줄 어떻게 알았냐고? 그런 거야, **척하면 삼천리**지.

'척 보면 안다'는 말을 들어 봤나요? 한눈에 얼른 보아도 다 안다는 뜻이에요. '척하면 삼천리'라고 하면 한눈에 얼른 보아도 삼천리 안에서 일어난 일을 다 안다는 거예요. 그만큼 상대방의 의도나 세상 돌아가는 상황을 재빠르게 알아차린다는 말이지요.

척하면 착이다 한마디만 해도 바로 이해하다.

예 **척하면 착이지**, 그걸 꼭 말로 해야 아니?

'척'과 '착'은 같은 뜻을 가지고 있어요. 한눈에 얼른 알아보는 모양이나 서슴지 않고 바로 행동하는 모양을 나타내지요. '척하고' 한눈에 알아본 것을 바로 '착하고' 행동에 옮기니, 한마디만 해도 바로 이해한다는 것을 나타낸 표현이에요.

의외나 예상치 못함을 나타내는 표현

의외(意外)라는 한자어는 '뜻밖'이라는 뜻이지요. 전혀 생각하거나 예상하지 못하고 있던 일을 의미해요.

귀를 의심하다
뜻밖의 말이라 선뜻 믿을 수 없다.

예) 뜻밖에 대상에 호명되어 순간 내 **귀를 의심했다**.

내가 제대로 들었는지 의심한다는 거예요. 전혀 예상하지 못했던 믿기 어려운 이야기라서 잘못 들은 게 아닌가 다시 생각한다는 말이죠.

귀신이 곡하다
뜻밖이어서 도무지 알 수 없다.

▶ 귀신이 곡할 노릇이다 (속담)

예) **귀신이 곡하겠네!** 조금 전까지 여기 있던 아이스크림이 어디 갔지?

곡(哭: 울 곡)한다는 것은 제사나 장례를 지낼 때 소리 내어 우는 것을 뜻해요. 본래는 산 사람이 죽은 사람을 생각하며 우는 것인데 죽은 귀신이 곡을 한다니! 정말 기묘하고 뜻밖의 일이라 도무지 그 이유를 알 수 없을 때 하기 딱 좋은 표현이네요.

꿈도 못 꾸다
전혀 생각도 하지 못하다.

예) 뭐라고? 학교에서 화장? 엄마가 학교 다닐 때는 **꿈도 못 꿨지**.

꿈은 이루고 싶은 희망이나 이상을 뜻하죠. 꿈에서라도 그런 희망을 품어보는 것인데, 꿈도 못 꾼다고 하니 전혀 예상하고 기대하지 못한다는 뜻이 됩니다.

꿈도 안 꾸다 전혀 생각도 안 하다.

🔘 설거지하는 건 **꿈도 안 꿔**! 제발 너 먹은 거 정리나 좀 해 줄래?

'못 꾸다'는 꿈을 꾸고 싶지만 안 될 것 같아서 못하는 것이고, '안 꾸다'는 처음부터 전혀 생각도 안 하고 있었다는 것이죠.

꿈에도 생각지 못하다 전혀 예상하지 못하다.
▶ 꿈밖

🔘 찬호가 해리에게 고백 편지를 주다니 **꿈에도 생각하지 못했어**.

예상치 못했던 의외의 상황이 벌어졌을 때 자주 사용하는 표현이에요.

날벼락을 맞다
뜻밖의 재난을 당하다.
▶ 마른벼락을 맞다

🔘 길 가다가 **날벼락을 맞았어**. 비둘기가 머리 위에 똥을 싼 거 있지.

'날벼락'은 느닷없이 치는 벼락을 일컫는 말인데, 그 의미가 확대되어 뜻밖의 불행이나 사고를 뜻하기도 해요. 그래서 전혀 예상하지 못한 상태에서 큰 사고나 재난을 당했을 때 날벼락을 맞았다고 표현합니다.

눈뜬장님 보고도 알지 못하는 사람.

🔘 지진의 전조 증상이 모두 일어났는데도 몰랐으니, 우리 모두 **눈뜬장님**이구나.

'눈뜬장님'은 눈을 뜨고 있으나 보지 못하는 사람이에요. 이처럼 무엇을 보고도 상황 파악이 안 되어 제대로 알지 못하는 사람을 비웃는 말로도 쓰입니다.

눈을 의심하다 예상하지 못한 것을 보아 믿지 못하다.
예 친구가 몰라보게 살을 빼 내 **눈을 의심할** 수밖에 없었다.

듣도 보도 못하다 전혀 모르다.
예 곤충 전시회에 갔더니 **듣도 보도 못한** 신기한 곤충들이 많이 있었다.

들은 적도 본 적도 없어서 전혀 알지 못한다는 뜻이에요.

맥도 모르다 일의 내막을 모르다.
예 나는 **맥도 모르고** 급히 엄마와 함께 할머니집으로 향했다.

여기서 '맥'은 일이나 사물 사이의 관계, 연관을 뜻하는 맥락(脈絡)이라고 이해하면 돼요. 일과 일 사이에 어떤 일이 또 있었는지 그 맥락을 모른다는 것으로 일의 내막이나 까닭을 알지 못하고 있는 상황을 의미합니다.

복병을 만나다 예상하지 못한 어려움을 당하다.
예 '독감'이라는 **복병을 만나는** 바람에 6년 개근상이 날아갔어.

복병(伏兵)은 적을 기습하기 위해 적이 지날 만한 길목에 숨겨둔 병사를 일컬어요. 전쟁에서 복병을 만나면 예상치 못한 공격으로 큰 곤란을 겪게 될 거예요. 그래서 의외의 경쟁 상대나 뜻밖의 어려움을 만났을 때도 복병을 만났다고 표현한답니다.

새옹지마 성어 복이 될지 화가 될지 예측하기가 어렵다.

塞翁之馬: 변방 새, 늙은이 옹, 어조사 지, 말 마

예 기운 내! 누가 알아? 새옹지마라고 더 좋은 일이 생길지.

한자 그대로 풀이하면 변방 노인의 말이라는 뜻이에요. 옛날 중국 변방에 한 노인이 살았는데 어느 날 그 노인이 기르던 말이 국경을 넘어 도망을 쳤대요. 다행히 얼마 후 그 말이 다른 말과 짝을 지어 돌아왔다네요. 화가 복이 된 순간이지요. 사람들이 부러워하며 축하를 건네기도 잠깐, 노인의 아들이 그 말을 타다가 다리가 부러졌대요. 그런데도 노인은 "이 일이 복이 될지 누가 알겠습니까?" 하며 태연했다고 해요. 노인의 말대로 얼마 후 전쟁이 일어나 젊은이들이 모두 강제로 끌려 나갈 때 그의 아들은 다리를 다쳐 무사할 수 있었다는 이야기에서 유래했어요. 세상사 모든 일이 복이 될지 화가 될지는 아무도 예측할 수 없으니 눈앞의 결과에 너무 기뻐하거나 슬퍼할 것도 없다는 아주 철학적인 의미를 담고 있는 말이랍니다.

아닌 밤중에 별안간.

▶ 아닌 밤중에 홍두깨 속담

예 아닌 밤중에 이게 무슨 날벼락이야?
예 아닌 밤중에 홍두깨라고 갑자기 서준이가 전학을 간대!

'아닌 밤중에'는 갑작스러운 뜻밖의 상황에 부닥쳤을 때 사용하는 말이에요. 이 표현과 관련해 '아닌 밤중에 홍두깨'라는 속담도 있는데 상대방이 예상치 못했던 뜻밖의 말이나 행동을 했을 때 주로 사용해요.

알다가도 모르다 이해할 수 없다.

예 도대체 무슨 속셈인지 알다가도 모르겠다니까!

열 길 물속은 알아도 한 길 사람의 속은 모른다 속담
사람의 속마음을 이해하는 것은 매우 힘들다.

예 열 길 물속은 알아도 한 길 사람의 속은 모른다는 말처럼 정말 걔 마음을 하나도 모르겠어.

'한 길'이라고 하면 사람의 키 정도 되는 길이를 뜻해요. 그러니까 '열 길'은 열 사람이 서 있는 길이라고 보면 되겠어요. 열 길이나 되는 물속은 아무리 깊어도 그 깊이를 알 수 있지만 한 길밖에 되지 않는 사람은 그 속을 아무리 들여다봐도 알 수 없다는 말이에요. '그 사람이 그럴 줄 몰랐다', '그 사람이 왜 그랬는지 도무지 이해할 수 없다' 정도로 이해하면 되겠어요.

예기치 못하다 예상하지 못하다.

예 예기치 못한 폭설이 내려 기상청에 전화가 빗발쳤다.

예기(豫期: 미리 예, 기대할 기)는 앞으로 닥칠 일을 예상하고 기대한다는 뜻이에요. 예기치 못했다는 것은 미리 짐작하고 예상하지 못했다는 것이죠.

예상을 깨다 예상한 것과 다르다.

예 모두의 예상을 깨고 우리 팀이 승리했다.

어떤 일이 일어나기 전에 미리 생각해 두는 것을 예상한다고 해요. 그런데 예상을 깼다고 하니 내가 생각해 두었던 것과는 다른 일이 벌어졌다는 뜻이 됩니다. '예상을 벗어나다', '예상 밖이다'라고 말하기도 해요.

이래 봬도 지금은 이렇게 보여도.

예 이래 봬도 내가 예전에는 유명한 잡지에 표지 모델도 했었다니까!

'이러하여 보이어도'의 줄인 말로 '이렇게 보여도'라고 생각하면 돼요. 겉으로 보기에는 이렇게 보여도, 의외로 이런 면도 있다는 것을 보여 주고 싶을 때 사용하는 말이죠.

전화위복 성어 걱정이 바뀌어 오히려 복이 되다.

轉禍爲福: 바꿀 전, 재앙 화, 될 위, 복 복

- 예 자신감을 키우려고 연기를 시작했는데 배우가 되었으니 **전화위복**이 된 셈이지요.

재앙이 바뀌어 오히려 복이 되었다는 뜻으로, 안 좋은 일인 줄 알았는데 뜻밖에 좋은 성과를 얻었을 때 '전화위복이 되었다'라고 표현해요.

해가 서쪽에서 뜨다 예상 밖의 일이 일어났을 때 쓰는 말.

▶ 서쪽에서 해가 뜨다

- 예 오늘 **해가 서쪽에서 떴나**? 어쩐 일이야. 네가 청소를 다 하고!

해는 원래 동쪽에서 떠야 정상이죠? 서쪽에서 해가 뜬다는 것은 전혀 예상할 수 없었던 일이나 절대로 있을 수 없는 희한한 일이 일어났다는 의미예요.

헛다리를 짚다 판단이나 예측을 잘못하다.

- 예 괜히 **헛다리를 짚어서** 잘못도 없는 사람을 오해할 뻔했잖아.

'헛다리'는 주로 '짚다'와 함께 쓰여 대상을 잘못 파악하고 예측해 일을 그르치는 경우를 뜻합니다.

어이없음을 나타내는 표현

개가 웃을 일이다 〔속담〕 너무 어이없는 일이다.

▶ 지나가던 개가 웃겠다 〔속담〕
- 예) 키도 작으면서 모델 선발 대회에 나가겠다고? 그건 **개가 웃을 일이다**.
- 예) 저 여배우보다 네가 더 예쁘다고? 야, **지나가던 개가 웃겠다**.

기가 막히다 너무 어이없다.
- 예) 약속을 아무렇지도 않게 어기다니 너무 **기가 막힌다**.

동양학에서는 우주에 존재하는 에너지를 '기'라고 해요. 이런 기의 흐름이 꽉 막혀 호흡이 멎고 말이 안 나올 정도로 황당하고 어이없을 때 사용하는 표현입니다.

기가 차다 어이가 없어 말이 나오지 않다.
- 예) 자기가 먼저 때려 놓고 선생님께는 내가 먼저 때렸다고 우겨서 **기가 찼다**.

말을 잃다 어이가 없어서 말이 나오지 않다.

▶ 할 말을 잊다
- 예) 어머니가 돌아가셨다는 이야기에 그는 **말을 잃고** 서 있었다.

뭐라고 말을 해야겠는데 하도 어이없고 기가 막혀서 말 대신 한숨만 나왔던 경험이 있나요? 바로 그때를 가리키는 말입니다.

배꼽이 웃다 하는 말이나 행동이 너무 어이가 없다.
- 예) 회의 시간에 **배꼽이 웃을** 이야기는 삼갔으면 좋겠어.

소가 짖겠다 속담   너무 어처구니없다.

예 이제 아침 여섯 시에 일어나서 운동하겠다고? **소가 짖겠다**.

소는 "음매" 하고 운다고 표현하죠? 보통은 개가 "멍멍" 하고 짖는 건데, 소가 짖는다고 하니 정말 어처구니없는 일을 뜻하는 것이랍니다. 터무니없는 상대방의 말이나 행동을 비웃을 때 사용하는 말인데 '개가 웃을 일이다'와 비슷하게 생각하면 되겠어요.

어처구니가 없다   너무 뜻밖이라 어이가 없다.

예 **어처구니없는** 여행사의 실수로 여행 당일에 비행기가 취소된 것을 알았어.

'어처구니'는 귀신을 쫓기 위해 궁궐의 지붕 위에 올려 두던 조각상을 뜻하기도 하고, 맷돌의 손잡이를 뜻하기도 해요. 집을 다 지었다고 좋아했는데 깜빡 잊고 어처구니를 올리지 않은 경우나 맷돌을 쓰려고 보니 손잡이가 없어 사용할 수 없는 경우, 둘 다 황당하겠지요? 그래서 어처구니가 없는 것은 황당하고 기가 막힐 일이라는 거지요.

혀를 내두르다   많이 놀라거나 어이가 없어서 말을 못하다.

▶ 혀를 두르다

예 다섯 살짜리 아이의 피아노 실력에 **혀를 내둘렀다**.

혀를 내두른다는 것은 머리를 좌우로 흔들면서 혀를 살짝 밖으로 내미는 행동이에요. 사람이 몹시 놀라거나 감탄할 때 하는 행동이죠.

의견이나 주장과 관련된 표현

주장은 자신의 의견을 굳게 내세우는 거예요. 그래서 '세우다', '높이다', '토하다', '찌르다'처럼 강한 느낌의 동사들을 표현에 많이 사용해요.

갑론을박 성어 서로의 주장을 내세우며 의견을 반박하다.
甲論乙駁: 첫째 갑, 논할 론, 둘째 을, 논박할 박

예) 몇 학년이 먼저 급식을 먹을 것이냐를 두고 전교 어린이 회의에서 **갑론을박**이 벌어졌다.

갑이 논하면 을이 논박한다는 뜻으로 서로 자기의 의견을 내세우며 논박하는 것을 말해요. '논박'이라는 것은 어떤 주장이나 의견에 대해 잘못된 점을 조리 있게 공격하여 말하는 것으로, '갑론을박'은 열띤 토론이 벌어진 상황을 표현한 성어랍니다.

거두절미 성어 요점만 말하자면.
去頭截尾: 버릴 거, 머리 두, 자를 절, 꼬리 미

예) **거두절미**하고 본론만 말씀해 주세요.

머리를 버리고 꼬리를 잘랐으니 몸통만 남겠지요? 의견이나 주장을 내세울 때, 필요 없는 앞뒤 내용은 빼고 중요한 핵심만 말하겠다는 뜻이에요. 주로 '거두절미하고'의 꼴로 쓰여요.

꼬집어 말하다 분명하게 꼭 집어서 말하다.

예) 다른 사람의 약점을 그렇게 **꼬집어 말해야겠니**?

엄지와 검지로 살을 집어서 당기는 것을 꼬집는다고 하는데, 이 뜻이 확대되어 분명하게 집어서 드러낸다는 의미도 가지게 되었어요. 그런데 꼬집는 행위 자체가 좋은 의미를 담고 있지는 않아서 '꼬집어 말하다'도 남의 약점이나 잘못을 드러낼 때 주로 쓰이지요.

달다 쓰다 말이 없다 아무 반응이 없다.

예 주말에 등산을 가자는 아빠의 말에 아이들은 달다 쓰다 말이 없었다.

음식을 먹고 달다 쓰다 말이 없다는 것은 아무 반응도 없다는 말이죠. 상대편의 의견에 별 반응이 없거나 아무런 의사 표시도 하지 않을 때 사용하는 표현입니다.

말꼬리를 물고 늘어지다
다른 사람의 의견에 문제점을 잡아 꼬치꼬치 따지다.

예 지우가 자꾸 말꼬리를 물고 늘어지는 바람에 학급 회의가 한 시간이나 늦게 끝났어.

남의 말이 끝나자마자 이어 말하는 것을 두고 '말꼬리를 물다'라고 표현해요. 이렇게 남의 말끝을 잡고 꼬치꼬치 따지고 들면 이야기는 점점 늘어지겠죠? '말꼬리를 물고 늘어지다'는 다른 사람의 주장이나 의견 중 잘못된 꼬투리를 잡아 꼬치꼬치 따지고 든다는 말입니다.

말발을 세우다 주장을 굽히지 않다.

예 엄마에게 거미를 키우는 것은 해롭지 않다고 말발을 세웠지만 들어주시지 않으셨다.

'말발'이라는 것은 말을 듣고 따르게 하는 말의 힘을 일컬어요. '세우다'는 말을 곧게 한다는 의미가 있어서 말발을 세운다고 하면 말의 힘을 곧게 세워 주장을 굽히지 않는다는 뜻이 됩니다.

말을 내다 말을 시작하다.

예 말을 내기가 무섭게 질문이 쏟아져서 당황했다.

말이 통하다 의견이 서로 통하다.

예 이렇게 말이 통하니까 일이 빨리 끝나잖아.

목소리를 낮추다 의견을 약하게 말하다.
🔵 화합을 이루려면 **목소리를 낮추고** 서로의 이야기에 귀 기울여야 한다.

목소리를 높이다 의견을 강하게 말하다.
🔵 대학생들이 등록금 문제에 대해 **목소리를 높이고** 나섰다.

사공이 많으면 배가 산으로 간다 속담
각자의 주장만 내세우면 일이 제대로 되기 어렵다.

🔵 **사공이 많으면 배가 산으로 간대.** 그러니 우린 위원회의 결정에 따르자.

사공은 노를 저어 배를 부리던 뱃사공을 뜻해요. 그러니까 이 속담은 사람이 저마다 자기 주장대로 배를 몰려고 하면 결국 배가 엉뚱하게 산으로 간다는 말이에요. 의견이나 주장이 너무 많아도 일이 제대로 되기 어렵다는 의미로 '목수가 많으면 집을 무너뜨린다'는 재미있는 비유의 표현도 있어요.

손가락에 장을 지지겠다 속담 자신의 주장이 틀림없다고 장담하다.
▶ 손톱에 장을 지지겠다 속담

🔵 내 말이 틀림없다니까! 그렇지 않으면 내 **손가락에 장을 지지겠어!**

'장을 지지겠다'는 말을 불에 달군 쇠로 살을 지지는 단근질로 해석하기도 하고, 손에 간장을 올려놓고 끓인다는 의미로 해석하기도 해요. 어떤 것이 정확한지 밝혀지지 않았지만 둘 다 너무 아프고 끔찍한 일이네요. 이 속담은 큰 고통까지 기꺼이 감수하겠다는 의지를 담아 자신의 주장이 틀림없음을 강조하고 싶을 때 쓰는 표현이에요.

시시비비 성어 옳고 그름을 따지며 논쟁하다.

是是非非: 옳을 시, 옳을 시, 아닐 비, 아닐 비

예) 선생님, 누구 생각이 맞는지 **시시비비**를 가려 주세요.

옳은 것을 옳다 하고 아닌 것을 아니라고 하는 것이 '시시비비'예요. 같은 글자를 겹쳐 사용해서 옳고 그름을 분명하게 한다는 의미를 강조하고 있지요. 서로 다른 의견을 가진 사람들이 각각 자기의 주장을 말하는 논쟁의 상황에서 옳고 그름을 따지며 다투는 것도 '시시비비'라고 합니다.

씨도 먹히지 않다 의견이 받아 들여지지 않다.

▶ 씨알이 먹히지 않다

예) 마을 입구에 가로등을 세워 달라고 구청에 민원을 넣었지만, **씨도 먹히지 않았다**.

예) 엄마에게 게임기를 사달라고 졸랐지만, **씨알이 먹히지 않았다**.

열변을 토하다 주장을 강하게 내세우다.

예) 후보들은 자기를 꼭 회장으로 뽑아 달라며 **열변을 토했다**.

열변(熱辯: 더울 열, 말 잘할 변)은 목소리를 높여 열렬히 주장하는 연설을 뜻해요. 자신의 주장을 강하게 말하는 것이라서 밖으로 내뿜는다는 '토하다'와 함께 쓰는 경우가 많지요.

입심을 겨루다 말로 다투다.

예) 정부와 환경 단체가 **입심을 겨룬** 결과, 고속도로를 우회하여 환경을 보존하기로 했다.

기운차게 거침없이 말하는 힘을 '입심'이라고 해요. 서로의 주장이 옳고 그름을 따지며 말로 다투는 것을 입심을 겨룬다고 합니다.

정곡을 찌르다 요점을 지적하다.

예) 어때? 내 **정곡을 찌르는** 질문이?

사격이나 양궁에서 사용하는 과녁의 한가운데를 '정곡'이라고 해요. 천으로 만든 과녁의 '정'과 가죽으로 만든 과녁의 '곡'이 합쳐진 말이지요. 둘 다 과녁의 중심이고 가장 중요한 부분이기 때문에 요점이나 핵심을 뜻하는 말로 확대되어 쓰이기도 해요. 그러니까 정곡을 찌른다는 것은 핵심을 찌른다는 뜻이 됩니다.

거짓이나 속임수를 나타내는 표현

눈 가리고 아웅 _{속담} 얕은수로 남을 속이려고 한다.

예) 일기장에 날짜만 고쳐서 내겠다고? 눈 가리고 아웅이지.

'야옹'이 아니라 '아웅'이 정확한 표현이에요. '아웅'은 얼굴을 손으로 가리고 있다가 손을 떼면서 어린아이를 어르는 소리로 까꿍 놀이와 비슷하지요. 어린아이들은 잠깐 얼굴을 가렸다가 다시 보여 주는 이 놀이에 금방 속아서, 엄마가 사라졌다가 다시 나타난 줄 알고 좋아해요. 이처럼 금방 들킬 얕은수로 남을 속이는 것을 두고 '눈 가리고 아웅'이라고 합니다.

딴 주머니를 차다   다른 속셈을 가지다.

예) 수상한데. 나 몰래 딴 주머니 차고 있는 거 아니니?

옛날에는 주로 한복을 입었지요? 한복은 호주머니가 없어서 따로 주머니를 허리춤에 찼어요. 거기에 돈과 물건을 넣고 다녔지요. 다른 주머니를 찬다는 말은 상대방을 속이고 돈을 빼서 따로 보관한다는 거죠. 다른 속셈을 가지거나 일을 꾀한다는 표현이에요.

소설을 쓰다   거짓말을 하다.

예) 네가 아니라 강아지가 망가뜨렸다고? 소설 쓰니? 너 바른대로 말해!

소설은 상상하여 꾸며 쓰는 이야기예요. 거짓말도 사실인 것처럼 꾸며대는 말이고요. 꾸며낸다는 공통점이 있어 거짓말을 소설 쓰는 것에 비유해 표현한 것입니다.

양의 탈을 쓰다   거짓을 감추고 착한 체하다.

예) 아직도 모르겠니? 저 사람은 우리를 속이려고 양의 탈을 쓰고 있는 거야.

탈을 쓴다는 것은 자신의 본색이 드러나지 않게 감추겠다는 의도가 있어요. 그런데 그중에서도 순한 양의 탈을 쓰고 있으니 겉으로 보기에는 온순하고 착해 보이고 싶은 것이죠.

입술에 침이나 바르지 (속담) 속이 들여다보이는 거짓말은 그만두라는 말.
▶ 혓바닥에 침이나 묻혀라 (속담)
(예) 오늘 좀 예쁘다고? 입술에 침이나 바르시지!

거짓말을 하거나 남을 속일 때는 긴장을 하게 되죠. 긴장하면 혈액이 얼굴로 몰려 입술이 마르기 때문에 자기도 모르게 입술에 침을 바르게 돼요. 이 속담은 너무나 태연하게 거짓말을 해서 입술이 마르지도 않았다는 것을 비꼬는 표현이에요.

조삼모사 (성어) 이러나저러나 알고 보면 마찬가지다.
朝三暮四: 아침 조, 셋 삼, 저녁 모, 넷 사
(예) 1+1이나 하나를 절반 가격으로 할인하는 거나 어차피 똑같은 조삼모사야.

'아침에 세 개, 저녁에 네 개'라는 뜻이에요. 옛날에 저공이라는 사람이 원숭이를 기르고 있었는데 형편이 어려워져서 원숭이의 먹이도 줄여야 했대요. 그래서 아침에 도토리 세 개, 저녁에 도토리 네 개를 주겠다고 했더니 원숭이들이 화를 냈대요. 저공은 어쩔 수 없다는 듯 그러면 아침에 네 개, 저녁에 세 개를 주겠다고 했더니 좋아했답니다. 결국은 다 똑같은 것인데 눈앞의 이익만 생각했던 것이죠. 이처럼 '조삼모사'는 알고 보면 마찬가지인 속임수를 이르는 말로 눈앞에 보이는 차이만 알고 결과가 같은 것은 모르는 어리석은 상황을 비유할 때 사용하는 말입니다.

콩으로 메주를 쑨다 하여도 곧이듣지 않는다 (속담)
사실대로 말해도 믿지 않는다.
(예) 나는 이제 네가 콩으로 메주를 쑨다 하여도 곧이듣지 않을 거야!

메주는 콩을 삶아서 만들어요. 그래서 '팥으로 메주를 쑨대도 곧이듣는다'는 속담은 지나치게 남의 말을 무조건 믿는다는 뜻이 되지요. 그런데 반대로 '콩으로 메주를 쑨다 하여도 곧이듣지 않는다'고 했으니 아무리 사실대로 말해도 믿지 않는다는 거예요. 거짓말을 자주 한 사람은 아무리 사실대로 말해도 믿음이 가지 않게 마련이죠.

확실함을 나타내는 표현

돌다리도 두들겨 보고 건너라 속담 잘 아는 일이라도 주의하라는 말.
예 돌다리도 두들겨 보고 건너라고 했으니 검산도 해야겠다!

아무리 튼튼한 돌다리라도 확실하게 안전하다는 생각이 들지 않으면 조심조심 두들겨 보고 건너라는 말이에요. 잘 아는 일도 세심하게 주의하라는 뜻의 속담입니다.

딱 부러지게 아주 단호하고 확실하게.
▶ 딱 잘라
예 싫으면 싫다고 처음부터 딱 부러지게 얘기해.
예 자꾸 약속 시각에 늦으면 안 된다고 딱 잘라 말했어.

떼어 놓은 당상 속담 일이 확실하여 조금도 틀림이 없다.
▶ 따 놓은 당상 속담, 받아 놓은 밥상 속담
예 이번 대회 득점왕은 떼어 놓은 당상이다.

'당상'은 조선 시대 정삼품 이상의 높은 벼슬을 통틀어 일컫는 말이에요. 옛날에는 신분에 따라서 망건 옆에 관자를 달았는데 당상관들만 옥이나 금으로 만든 관자를 달 수 있었대요. 그래서 당상 벼슬하는 사람의 망건에 있던 옥관자나 금관자도 당상이라고 불렀어요. 이 당상은 아무나 달 수 있는 것이 아니라서 따로 떼어 놓아도 누가 가져가거나 다른 데로 갈 리가 없었죠. 이렇듯 떼어 놓은 당상이라고 해도 내 차지가 될 것이 명확하니, 일이 확실하여 조금도 틀림이 없다는 뜻을 가지게 되었답니다.

못을 박다 어떤 사실을 꼭 집어 분명하게 하다.

예) 손님이 자꾸 물건값을 깎자 주인은 그렇게는 팔 수 없다고 **못을 박아** 이야기하였다.

백발백중 (성어) 무슨 일이나 틀림없이 잘 들어맞다.
百發百中: 일백 백, 쏠 발, 일백 백, 가운데 중

예) 시우는 긴장한 기색도 없이 문제 내는 것마다 **백발백중** 다 맞혔다.

백 번 쏘아 백 번 맞힌다는 뜻으로, 총이나 활을 쏠 때마다 겨눈 곳에 다 맞는다는 말이에요.

불을 보듯 뻔하다 앞으로 일어날 일이 의심할 여지 없이 아주 명백하다.
▶ 불을 보듯 훤하다

예) 차가운 아이스크림을 그렇게 많이 먹다간 배탈이 날 게 **불 보듯 뻔하다**.

십중팔구 (성어) 거의 틀림없다.
十中八九: 열 십, 가운데 중, 여덟 팔, 아홉 구

예) 현수는 오늘도 **십중팔구** 지각할걸?

열 개 중에 여덟이나 아홉이라는 뜻이에요. 확률로 따지자면 80%~90%라는 것이죠. 그만큼 대부분이거나 틀림없음을 이를 때 사용하는 성어예요.

쐐기를 박다   다시는 그런 일 없도록 다짐을 두다.

예 다시는 거짓말 하지 못하게 **쐐기를 박아** 둘 필요가 있다.

'쐐기'는 나무나 돌을 가르거나 물건을 끼워 단단히 고정할 때 사용하는 도구예요. 못이나 핀도 쐐기의 일종이죠. 이 쐐기를 박아 두면 더는 움직일 수 없게 돼요. 약속을 확실히 해 두거나 다짐을 받아 둔다는 뜻으로 '쐐기를 박다'라는 표현을 써요.

아는 길도 물어 가랬다 속담   쉬운 일이라도 신중히 하라는 말.

예 아는 길도 물어 가랬다고 확실하지 않으면 일단 선생님께 여쭤보자.

확실하지 않을 때는 한 번 더 확인하고 신중하게 행동하라는 뜻이 담겨 있는 속담이에요.

자주 쓰이니까 알아 두자!

6

생활
에 쓰이는 찰떡 표현

- 가난
- 소유
- 경제생활
- 일, 솜씨
- 직업, 취직
- 식생활
- 건강 상태
- 결혼, 임신
- 말하기
- 듣기, 경청
- 소식, 소문
- 실속
- 줏대 없음
- 시간

입이 광주리만 하네!

가난과 관련된 표현

가난과 관련된 속담이 많은 것을 보면 옛날에는 살림살이가 넉넉하지 못했나 봐요. 요즘은 보기 힘든 거지의 모습을 보고 생겨난 말들도 있네요.

가난 구제는 나라도 못한다 (속담)
가난에서 구해 내는 것은 나라의 힘으로도 어렵다.
▶ 가난 구제는 나라님도 못한다 (속담)
예) 가난 구제는 나라도 못 한다지만, 저의 도움이 작은 보탬이라도 되면 좋겠어요.

가난한 사람을 돕는 일은 끝이 없어서 나라의 힘으로 해도 어려운데, 개인의 힘으로 어떻게 가능하겠냐는 뜻이랍니다. 또 나라의 힘이 아무리 강대하더라도 국민 한 사람 한 사람을 모두 잘살게 할 수는 없다는 뜻도 있어요.

가난이 들다   가난하게 되다.
예) 그 부부는 직장을 잃고 가난이 들어 먹고 살기 어렵게 되었다.

'가난이 들다'는 가난하게 된다는 뜻도 있고, 쓰려고 찾는 물건마다 찾거나 구해지지 않는다는 뜻으로도 쓰인답니다.

가난이 원수 (속담)   가난이 원수처럼 느껴진다.
예) 대학에 붙었어도 돈이 없어 등록금을 못 내고 있으니, 가난이 원수다.

가난하기 때문에 억울한 경우나 고통을 당하게 되어 가난이 원수같이 느껴진다는 뜻입니다.

가난이 죄다 (속담)   가난 때문에 불행과 고통을 당하게 된다는 말.
예) 가난이 죄라고, 그 아이는 수술비가 없어서 병원을 못 간대. 우리가 조금씩 모아 보자.

가난이 파고들다 더욱더 가난해지다.

예) 흥부네 집에는 <u>가난이 파고들어</u> 하루 먹을 양식도 없었다.

가랑이가 찢어지다 몹시 가난하여 살림살이가 궁색하다.

▶ 똥구멍이 찢어지다

예) 김 씨는 아이들 학원비를 감당하기에도 <u>가랑이가 찢어질</u> 지경이다.

'가랑이'란 사람의 몸에서 다리가 갈라지는 부분을 말해요. '가랑이가 찢어지다'는 가랑이가 찢어질 정도로 열심히 일해야 겨우 먹고 살 수 있는 경우를 뜻하죠.

가세가 기울다 집안의 살림살이가 가난해지다.

예) 혜인이네는 <u>가세가 기울어</u> 집을 팔고 이사를 해야 했다.

'가세'는 집안의 운수나 살림살이의 형편을 말해요. '기울다'는 한쪽으로 낮아진다는 뜻인데 형편이 전보다 못해졌다는 뜻으로도 쓰여요. 그러니까 '가세가 기울다'는 살림살이가 전보다 못해 어려워졌다는 뜻이죠.

거리에 나앉다 머물 곳이 없을 정도로 가난해지다.

예) 그는 잘 나가던 사업이 졸지에 망해서 손에 아무것도 쥔 것 없이 <u>거리에 나앉게</u> 되었다.

집이 남의 것이 될 정도로 폭삭 망해서 오갈 데가 없어졌을 때, 거리에 나앉았다고 해요.

궁상을 떨다 지질하고 불쌍하게 보이도록 행동하다.

예) 생일날 혼자 <u>궁상떨지</u> 말고 나랑 같이 놀이동산에 가는 게 어때?

'궁상'은 어렵고 궁한 상태를 말해요. 사람들은 보통 궁상스러운 모습을 감추려고 하죠. 그런데 '궁상을 떨다'라고 하면 지질하고 힘든 상황을 일부러 드러낸다는 거예요. 사람들이 불쌍하게 봐 주기를 바라는 의도를 가지고 하는 행동이죠.

깡통을 차다   얻어먹는 신세가 되다.

🔹 예 그렇게 돈을 펑펑 쓰다가는 나중에 **깡통을 차게** 될지도 몰라!

철로 만든 빈 통조림통 같은 것을 깡통이라고 하죠? 옛날에는 거지들이 바가지를 허리에 차고 밥을 얻어먹으러 다녔는데 6·25전쟁 무렵에는 미군들이 사용하고 버린 빈 깡통을 들고 구걸을 했대요. 그때부터 '깡통을 차다'라고 하면 얻어먹는 신세가 되었다는 뜻으로 사용하게 되었답니다.

말이 아니다   형편이 몹시 어렵거나 딱하다.

▶ 말도 아니다

🔹 예 철수네 집에 가니 **말이 아니에요**. 갑자기 부모님도 아프시고, 집에 도둑까지 들었대요.

'말이 아니다'는 도저히 이치에 맞지 않거나 논리적으로 설명하기 힘든 상황을 말하죠. 차마 말을 할 수 없을 정도로 몹시 사정이 어려운 경우에 사용합니다.

목구멍에 풀칠하다   굶지 않고 겨우 살아가다.

▶ 입에 풀칠하다

🔹 예 장사가 잘 안되어서 요즘 **목구멍에 풀칠하기도** 힘들어.

'풀'은 쌀이나 밀가루에 물을 넣고 끓인 묽은 죽 같은 거예요. 옛날에는 옷을 빳빳하게 하거나 창호지를 붙일 때 사용했지요. 원래 먹는 것도 아닌 풀죽을 삼켜 목구멍에 풀칠한다고 하니 굶지 않고 겨우 살아갈 만큼 가난한 상황을 뜻한답니다.

목구멍이 포도청 속담
먹고 살기 위해 해서는 안 될 짓까지도 하게 된다는 말.

🔹 예 **목구멍이 포도청**이라 일을 하루라도 쉬면 가족들이 굶어야 해서 쉴 수가 없답니다.

'포도청'은 옛날에 나쁜 짓을 한 사람들을 체포하던 관청이에요. 지금의 경찰서와 같은 곳이죠. '목구멍이 포도청'이라는 말은 먹고 사는 문제 때문에 나쁜 짓을 저질러서 포도청까지 오게 되었다는 말이랍니다. 먹는 문제가 인생에 일어나는 모든 문제 중에 해결해야 하는 가장 급한 일이라는 뜻이에요.

목에 거미줄 치다 가난하여 오랫동안 굶다.
▶ 입에 거미줄 치다
예) 아무리 장사가 안되어도 설마 **목에 거미줄 치기야** 하겠니?

배가 등에 붙다 굶어서 배가 홀쭉하다.
예) 종일 굶어서 **배가 등에 붙었다.**

주머니가 가볍다 가지고 있는 돈이 적다.
▶ 호주머니가 가볍다
예) 받은 용돈을 하루 만에 다 써서 **주머니가 가벼워.**

돈도 없고, 주머니에 넣을 것이 아무것도 없어 텅텅 비었으니 주머니가 가벼울 수밖에 없겠지요?

주머니가 비다 가진 돈이 없다.
예) **주머니가 비니** 친구들 만나기도 어렵다.

집도 절도 없다 (속담) 마땅히 지낼 곳이 없다.
예) 마을에서 쫓겨난 베짱이는 이제 **집도 절도 없는** 신세가 되었어요.

'집'은 일반 사람들이 사는 곳이고 '절'은 도를 닦기 위해 승려들이 머무는 곳이에요. '집도 절도 없다'는 어디에도 마음을 기대어 의지하거나 몸을 눕힐 곳이 없다는 뜻이랍니다.

쪽박 들고 나서다 파산하여 가난하게 되다.
예) 월급이 두 달째 안 나와서 당장이라도 **쪽박 들고 나서게** 생겼다.

'쪽박'은 작은 바가지를 뜻해요. 살림이 다 떨어져 남은 것이라고는 쪽박밖에 없어서 그거라도 들고 나가 먹을 것을 구해야 하는 몹시 가난한 처지를 표현한 말이랍니다.

쪽박을 차다 거지가 되다.

예 삼촌은 무리하게 주식에 투자하더니 결국 **쪽박 차는** 신세가 되었다.

옛날에 거지들은 밥을 얻어먹기 위해 쪽박을 허리에 차고 다녔어요. 그래서 쪽박을 찼다고 하면 완전히 망해서 거지 신세가 되었다는 뜻으로 쓰여요.

코 묻은 돈 어린아이가 가진 적은 돈.

예 학교 앞에서 떡볶이나 팔며 **코 묻은 돈**이나 번다고 무시하지 마시오!

소유를 나타내는 표현

소유는 무언가를 가지고 있다는 뜻이어서 손에 넣거나 쥐고 있다는 표현들이 생겼어요.

그림의 떡   아무리 마음에 들어도 가질 수 없다.
예) 다이어트 중이라 그 아이스크림은 나에게 그림의 떡이야.

멋진 그림 속에 먹음직스러운 떡이 있다고 해도 그 떡을 먹을 수는 없죠? 눈에 보이지만 실제로는 가질 수 없는 경우를 이르는 말이에요.

꿀꺽 삼키다   혼자 모조리 차지하다.
예) 남의 돈을 꿀꺽 삼키고도 아무렇지 않게 잘살 줄 알았니?

꿩 먹고 알 먹기 속담   한 가지 일을 하여 두 가지 이상의 이익을 얻다.
▶ 누이 좋고 매부 좋다 속담, 도랑 치고 가재 잡는다 속담
예) 달리기를 하면 살도 빠지고 건강에도 좋으니 꿩 먹고 알 먹기지.

꿩은 굉장히 예민한 동물이라 누군가가 다가오면 얼른 도망가지만, 알을 품고 있을 때는 꼼짝 않고 알을 지킨답니다. 이 속담은 꿩이 알을 품고 있을 때는 꿩도 잡고 알도 가질 수 있다는 뜻이에요.

날로 먹다   힘들이지 않고 차지하다.
▶ 생으로 먹다
예) 김장할 때는 코빼기도 안 보이더니 보쌈만 날로 먹으려고 하네!

보통 회 종류의 음식을 '날 것'이라고 하죠? '날로 먹다'는 어떠한 손질이나 요리를 하지 않은 채 음식을 먹는 것을 말해요. 아무런 노력을 하지 않고 먹거나 얻으려고 하는 것을 낮잡아 이르는 말이죠.

손에 넘어가다 다른 사람의 소유가 되다.
예 내가 아끼던 로봇이 재성이의 **손에 넘어갔다**.

손에 쥐다 어떤 것을 자기 소유로 만들다.
예 이성계는 조선의 첫 임금이 되어 최고의 권력을 **손에 쥐었다**.

'쥐다'는 꼭 붙든다는 뜻이에요. 물건이든 돈이든 권력이든 자기 것으로 만든다는 표현이죠.

일거양득 성어 한 가지 일을 하여 두 가지 이익을 얻다.
一擧兩得: 하나 일, 들 거, 둘 량, 얻을 득
예 이 책을 읽으면 성어도 알고 속담도 많이 알 수 있으니 **일거양득**이지.

변장자라는 사람이 길을 가다, 날이 어두워져 여관에 묵게 되었대요. 밤이 깊어 잠을 자려고 하는데 밖이 시끄러워 내다보니 호랑이 두 마리가 서로 싸우고 있더랍니다. 힘이 센 장사였던 변장자가 호랑이를 잡으려고 하는데, 여관 일을 도와주는 어린아이가 말리면서 "호랑이 두 마리가 서로 싸우다가 한 마리가 죽게 되면 그때 나머지 호랑이를 잡으세요."라고 했답니다. 변장자는 아이의 말을 듣고 기다리다가 힘들이지 않고 한꺼번에 호랑이 두 마리를 잡았다는 이야기에서 '일거양득'이라는 말이 나왔어요. 한 번 들어서 두 가지를 얻었다는 뜻이지요.

침 발라 놓다 자기 것이라고 표시하다.
예 여기는 내가 처음부터 **침 발라 놓은** 자리야.

경제생활과 관련된 표현

경제생활은 물건이나 돈이 오고 가고 생산되고 소비되는 모든 활동을 말해요. 옛날에는 지갑 대신 천이나 가죽으로 만든 주머니에 자질구레한 물건이나 돈을 넣고 다녔어요. 그래서 '돈', '주머니'와 연관된 표현이 생겨난 것이지요.

값이 닿다 알맞은 값에 이르다.
예 팔 사람과 **값이 닿으면** 당장이라도 그 가방을 사겠습니다.

날개가 돋치다 빠른 속도로 팔려 나가다.
예 이 운동화는 들어오기만 하면 **날개 돋친 듯** 팔려 나간다.

사람이나 물건에 날개가 돋아나면 아마 하늘을 훨훨 날아갈 거예요. 어떤 상품이 인기가 많아 잘 팔리는 것도 훨훨 날개가 돋아 날아간다고 생각해 이런 표현을 사용했나 봐요. 주로 '날개 돋친 듯'의 꼴로 사용해요.

돈더미에 올라앉다 갑자기 많은 돈을 벌어 부자가 되다.
예 장사가 잘 돼서 **돈더미에 올라앉아** 봤으면 소원이 없겠다.

많은 물건이 한데 모여 쌓인 큰 덩어리를 '더미'라고 해요. 그러니까 '돈더미'는 돈이 쌓여 있다는 말이죠. 이 표현은 돈더미 위에 올라앉을 정도로 큰 부자가 되었다는 뜻입니다.

돈방석에 앉다 많은 돈을 가져 안락한 생활을 하다.
예 이모는 개발한 인형 모자가 불티나게 팔려서 순식간에 **돈방석에 앉았다**.

'돈방석'은 돈으로 만든 방석이란 뜻으로 많은 돈을 가진 것을 나타내는 표현이에요.

돈을 굴리다 돈을 여기저기 투자해서 이익을 늘리다.

예) 미진이 어머니는 적금으로 **돈을 굴려** 큰 재산을 만드셨다.

작은 눈덩이를 굴리면 굴릴수록 큰 눈덩이가 되지요? 이처럼 돈도 가만히 두지 않고 여기저기 투자해서 눈덩이처럼 이익을 늘릴 때 '돈을 굴리다'라고 말해요.

돈을 만지다 돈을 벌다.

예) 농사는 추수해서 농작물을 팔아야 **돈을 만질** 수 있다.

문을 닫다 장사를 그만두다.

예) 유명한 식당도 불황에 견디지 못하고 **문을 닫았다**.

가게의 문을 닫았다는 말로, 운영하지 않고 장사를 그만두었다는 거예요.

문을 열다 장사를 시작하다.

예) 저기 새로운 빵집이 **문을 열었대**! 어서 한번 가 보자.

밑져야 본전 〔속담〕 일이 잘못되도 손해 볼 것은 없다는 말.

예) **밑져야 본전**이니, 네가 하고 싶은 일에 도전해 보는 게 어떨까?

밑진다는 것은 이익이 적다는 거예요. '본전'은 본밑천으로 처음에 가지고 있던 돈이죠. '밑져야 본전'이라고 하면 얻는 것이 적다고 해도 본전은 남았다는 말이니 크게 손해를 본 것은 아니네요.

싼 것이 비지떡 속담 값이 싼 물건은 품질이 좋지 않다.
▶ 값싼 비지떡 속담
예 저렴해서 샀더니 금방 구멍이 났네! 역시 싼 것이 비지떡이라니까!

옛날에 먼 길을 가는 선비들에게 마음 착한 주모가 보자기에 비지떡을 싸 주었는데 선비가 "보자기에 싼 것이 무엇이오?" 하고 물었더니 "싼 것은 비지떡입니다."라고 대답했다는 이야기에서 유래했어요. 그러니까 원래는 보자기에 싼 것이 비지떡이라는 말이었죠. 그런데 비지떡은 찰떡보다 맛도 없고 또한 '싼 것'이라는 말이 물건값이 싸다는 의미도 있어서, 지금은 싼 물건은 하찮고 품질이 나쁘다는 뜻으로 쓰이는 속담이 되었답니다.

적자를 보다 손해를 보다.
예 이번 달에도 적자를 보게 생겼으니 어쩌면 좋을까요?

적자(赤字)는 붉은색 글자를 말해요. 적자를 보았다는 것은 손해를 보았다는 뜻으로, 장부에 돈이 나간 일을 적을 때는 붉은색 글자로 썼던 것에서 유래한 표현이에요. 반대로 검은색 글자인 흑자(黑字)를 보았다는 것은 이익이 생겼다는 뜻이지요.

주머니 끈을 조르다 돈을 몹시 절약하다.
예 경기가 안 좋아 사람들이 주머니 끈을 조른다며 상인들이 푸념했다.

돈이 함부로 나가지 않도록 절약한다는 것을 주머니 끈을 조르는 모습에 빗대 표현한 말입니다.

주머니 사정이 나쁘다 돈의 형편이 좋지 않다.
▶ 호주머니 사정이 나쁘다
예 월급은 오르지 않고 물가만 올라 사람들의 주머니 사정이 나쁘다.

주머니 사정이 좋다 돈의 형편이 넉넉하다.
▶ 호주머니 사정이 좋다
예 엄마는 요즘 주머니 사정이 좋다며 치킨 한 마리를 시켜 주셨다.

주머니가 두둑하다 가지고 있는 돈이 충분하다.

▶ 주머니가 넉넉하다

예) 세뱃돈을 많이 받아 **주머니가 두둑해졌다**.

'두둑하다'는 것은 매우 두껍다는 뜻이에요. 주머니가 두꺼운 이유는 그 안에 돈이 넉넉하게 들어 있기 때문이겠지요?

주머니를 털다 가지고 있는 돈을 모두 내놓다.

예) 형제는 **주머니를 털어** 어머니의 생일 케이크를 샀다.

천정부지로 오르다 가격이 한없이 오르다.

예) 명절이 되니 과일값과 채솟값이 **천정부지로 오르는구나**.

천정부지(天井不知: 하늘 천, 우물 정, 아닐 부, 알 지)는 천정이 어디인지 알지 못한다는 뜻으로 쉽게 말해 하늘 높은 줄 모른다는 말이죠. 그러니 천정부지로 오른다는 것은 물건값이 하늘 높은 줄 모르고 한없이 오르기만 한다는 표현이에요.

티끌 모아 태산 (속담) 아무리 작은 것이라도 조금씩 쌓이면 큰 것이 된다.

▶ 실도랑 모여 대동강이 된다 (속담)

예) **티끌 모아 태산**이라고 지금부터 백 원, 이백 원씩 모으다 보면 나중에는 큰돈이 되겠지?

먼지를 뜻하는 '티끌'은 몹시 작거나 적음을 이르는 말이기도 해요. 이 속담은 작은 것도 모이고 모이면 큰 것을 이룰 수 있다는 것을 비유적으로 표현한 것이랍니다.

파리를 날리다 장사가 잘 안되어 한가하다.

예) 그 식당은 여전히 **파리 날리고** 있더라.

바쁘게 손님이 오가는 식당이나 가게에는 파리가 앉을 겨를이 없겠죠? 장사가 잘 안되어 파리가 앉을 만큼 조용한 식당에서 주인이 그 파리를 쫓는 모습을 표현한 말이랍니다.

폭리를 취하다 옳지 않은 방법으로 큰 이익을 얻다.

◉ 그 참기름집은 중국산 깨를 국산 깨라고 속여 팔아 **폭리를 취했다**.

'폭리'는 지나치게 많이 남기는 부당한 이익이라는 뜻입니다. 부당하다는 것은 이치에 맞지 않는다는 말이니 옳지 않은 방법으로 이익을 가져가는 경우를 일컫는 것이지요.

한몫 잡다 단단히 이득을 보다.

▶ 한몫 보다

◉ 콘서트 공연장 앞에서 장사꾼들은 **한몫 잡으려고** 두 팔을 걷어붙였다.

'한몫'은 한 사람 앞에 돌아가는 몫이나 이익을 뜻하는 말입니다.

허리띠를 졸라매다 각오를 하고 검소한 생활을 하다.

◉ 집의 대출금을 갚을 때까지 가족 모두 **허리띠를 졸라매기로** 하자.

옛날 조상들은 생활의 여유가 없어서 굶는 일이 허다했어요. 그럴 때마다 허리띠를 졸라매어 배고픔을 조금이라도 견뎠지요. '허리띠를 졸라매다'는 쓰고 싶은 대로 다 쓰지 않고 목표를 위해 참고 아껴서 생활하는 것을 말해요.

헐값에 내놓다 매우 싼값에 내놓다.

◉ 집을 보러 사람들이 오지 않아 급한 김에 **헐값에 내놓았다**.

일이나 솜씨와 관련된 표현

어떠한 일을 하면 신체 중 손을 많이 쓰지요. 또 무엇을 만들어 솜씨를 발휘할 때에도 어김없이 손이 능력을 발휘하지요. 그래서 그런지 일이나 솜씨를 나타내는 표현에는 '손'과 '발' 등 신체가 등장하는 표현이 많습니다.

능수능란하다   일에 익숙하고 솜씨가 좋다.

예 아주머니, 어쩜 이렇게 만두를 <u>능수능란하게</u> 잘 빚으세요?

능수(能手)는 능숙한 솜씨를 말하고 능란(能爛)은 아주 익숙하다는 말이에요. 비슷한 말을 두 번 겹쳐서 강조한 것입니다.

몸으로 때우다   육체적인 일로 대신하다.

예 나는 누나에게 진 빚을 심부름하여 <u>몸으로 때웠다</u>.

몸으로 뛰다   몸을 움직여 일하다.

예 사장이 직접 <u>몸으로 뛰어야</u> 직원도 따라 열심히 일하는 거야.

발로 뛰다   현장을 돌아다니며 일하다.

예 신입 사원은 열심히 <u>발로 뛰며</u> 일을 배웠다.

손에 물 한 방울 묻히지 않고 살다   힘든 일을 하지 않고 편히 살다.

예 나와 결혼해 준다면 <u>손에 물 한 방울 묻히지 않고 살게</u> 해 주겠소.

설거지, 빨래, 청소, 음식 만들기는 모두 물을 묻히지 않고는 할 수 없는 일들이에요. 그런데 손에 물 한 방울 묻히지 않는다고 하니 누군가 그 일을 대신 해줄 만큼 편안히 산다는 뜻이지요. 주로 집안일을 두고 하는 말입니다.

손에 붙다 익숙해져서 능률이 오르다.

예) 지금은 어색해도 계속하다 보면 일이 **손에 붙을** 거야.

손이 달리다 일손이 모자라다.

○ 손이 모자라다
예) 얘, 지금 손님이 많이 와서 **손이 달리니까** 얼른 와 줘!
예) 마침 **손이 모자랐는데** 잘 왔어. 얼른 좀 도와줘.

'손이 달리다'는 일손이 부족하다는 뜻이랍니다. 보통은 '달리다'를 '딸리다'로 발음하곤 하죠. 하지만 무언가 부족하다는 뜻으로는 '달리다'라고 해야 바른 표현이에요. 앞으로는 '일손이 딸린다'고 말하지 말고 '일손이 달린다'라고 말해 주세요.

손이 뜨다 일하는 동작이 매우 굼뜨다.

예) 그렇게 **손이 떠서** 언제 송편을 다 빚을 거야?

손이 빠르다 일 처리가 빠르다.

예) 은선이는 어찌나 **손이 빠른지** 그 많은 종이꽃을 벌써 다 오렸더라고.

손이 여물다 일 처리가 빈틈없고 꼼꼼하다.

▶ 손끝이 여물다

예) 수선집 아주머니는 **손이 여물어서** 항상 가게에 손님이 많다.

여기서 '손'은 손으로 하는 일솜씨라고 생각하면 돼요. '여물다'는 본래 과일이나 곡식이 잘 익었다는 것인데, 그 뜻이 확대되어 일 처리나 행동이 옹골차고 실속있다는 의미로도 사용하죠. 그러니까 '손이 여물다'는 것은 일솜씨가 꼼꼼하다는 뜻이 됩니다.

일손을 놓다 일하던 손을 잠시 멈추다.

예) 점심시간이라 잠시 **일손을 놓고** 밥을 먹었다.

일손이 잡히다 일할 마음이 생기다.

예) 감기에 걸려 집에 혼자 있는 아이를 생각하니 도무지 **일손이 잡히지** 않는다.

직업이나 취직과 관련된 표현

목은 숨을 쉬며 생명을 유지하는 데 중요한 역할을 하죠. 그래서 살아가는 일과 관련된 표현에 자주 나와요. 또 직장에서의 자리는 곧 직위를 나타낸다는 것을 알아두면 여기 나오는 표현을 이해하기 쉽답니다.

감투를 벗다 중요한 직책을 내려놓다.
- 학부모 대표 자리라는 **감투를 벗으니** 마음이 한결 편하다.

감투를 쓰다 중요한 직책을 맡다.
- 회원들이 회장으로 추대했지만, 아버지는 **감투 쓰기** 싫다고 손사래를 쳤다.

'감투'는 옛날에 벼슬하던 사람들이 쓰던 모자예요. 관청에 나가 일할 때는 꼭 이 모자를 쓰고 의관을 갖춰야 해서 감투를 쓴다는 것이 관직에 오른다는 뜻을 가지게 되었죠. 지금은 높은 지위에 오르게 되었거나 중요한 직책을 맡을 때 이 표현을 사용해요.

강단에 서다 교수가 되다.
- 민혁이는 **강단에 서는** 것이 꿈이야.

'강단'은 강의나 설교를 하는 사람들이 올라서도록 약간 높게 만든 자리를 말해요. 주로 대학에서 교수들이 강단에 서서 강의를 하여 이런 표현이 생겼지요.

교단에 서다 선생님이 되다.
- 선생님께서 처음 **교단에 섰을** 때 이야기를 해 주셨는데 너무 흥미진진했어.

'교단'도 강단과 비슷한 거예요. 지금은 거의 사라졌지만 교실에서 선생님이 올라서서 수업하던 자리지요.

교편을 잡다 교사 생활을 하다.

- 우리 엄마는 20년 가까이 초등학교에서 **교편을 잡고** 계신다.

선생님이 사용하는 지시봉을 '교편'이라고 해요. '교편을 잡다'는 이 지시봉을 들고 교사 생활을 한다는 뜻이랍니다.

날품을 팔다 하루하루 품삯을 받고 일하다.

- 이 씨는 **날품을 팔아** 어렵게 살아가고 있다.

'날'은 하룻날을 뜻하고 '품을 팔다'는 육체노동을 해서 돈을 번다는 거예요. 그러니 날품을 판다는 것은 하루하루 일해 돈을 버는 것이지요.

녹을 먹다 나랏일을 하다.

- 나라의 **녹을 먹는** 사람이라면 국민을 최우선으로 생각해야지.

'녹'은 녹봉을 뜻하는 말로, 옛날에 벼슬아치에게 나누어 주던 월급 같은 거예요. 돈 이외에 쌀이나 보리로 주기도 해서 '녹을 먹다'라는 표현이 나왔죠. 지금은 나랏일을 하고 월급을 받는 공무원에게 주로 쓰여요.

뒤로 물러나다 은퇴하다.

▶ 뒤로 빠지다
- 할아버지는 30년간 해 오시던 일을 그만두고 **뒤로 물러나셨다**.

목이 달랑달랑하다 직위에서 밀려날 형편이다.

- 대표팀 감독이 이번 대회 부진으로 **목이 달랑달랑한다는데** 정말이야?

목이 떨어지다 해고되다.

- 그 사고로 김 과장 **목이 떨어졌다던데** 안타깝군.

목이 붙어 있다 간신히 직위를 유지하다.
- 예) 회사에 구조 조정이 있는 모양이야, **목이 붙어 있으려면** 실수하지 말자고.

목이 잘리다 직장에서 쫓겨나다.
▶ **목이 날아가다**
- 예) 직장에서 **목이 잘리지** 않으려면 늘 노력해야 해.
- 예) 어쩌지, 이번에 큰 실수를 저질러서 **목이 날아갈지도** 몰라.

몸을 담다 어떤 분야에서 일하다.
- 예) 우리 할아버지는 30년간 출판계에 **몸을 담으셨어**.

밥줄을 끊다 일할 수 없게 하다.
- 예) 서비스에 불만을 품은 고객은 **밥줄을 끊어** 놓겠다며 으름장을 놓았다.

'밥줄'은 벌어서 먹고사는 방법이나 수단을 속되게 이르는 말이에요. '밥줄을 끊다'는 더는 일할 수 없게 한다는 것을 속되게 표현한 것이죠.

밥줄이 끊어지다 일자리를 잃게 되다.
▶ **밥줄이 떨어지다**
- 예) **밥줄이 끊어질까** 봐 하고 싶은 말도 못 하고 산다니까.

보따리를 싸다 다니던 직장을 그만두다.
- 예) 고모는 회사의 부당한 조치를 참지 못하고 **보따리를 싸고 나왔다**.

직장에서 잘리면 자기 자리의 짐을 정리해야겠죠? 직장을 떠나기 위해 짐을 싸는 모습에서 '보따리를 싸다'라는 표현이 생겼어요.

옷을 벗다 어떤 지위나 자리에서 물러나다.
예 경찰이셨던 아버지는 **옷을 벗고** 평소 꿈이셨던 사업을 시작하셨다.

일손을 떼다 하던 일을 그만두다.
예 할머니는 농사일에 **일손을 떼셨다**.

자리를 박차고 나오다 직장을 그만두다.
예 가수의 꿈을 이루기 위해 취직한 지 일 년 만에 **자리를 박차고 나왔다**.

자리를 잡다 일정한 지위를 차지하다.
예 회사에서 몇 년 일했더니 어느 정도 **자리를 잡았다**.

'자리'는 사람이 앉을 수 있도록 만들어 놓은 곳이죠. 직장에서는 과장, 부장 등 직위나 지위에 따라 자리가 정해져 있어요. 그래서 직장에서 일정한 지위를 차지했을 때, 자리를 잡았다고 표현하기도 합니다.

자리에 붙어 있다 직장과 직위를 유지하다.
예 저 사람이 그 **자리에 붙어 있을** 수 있는 건 아내의 내조 때문인 것 같아.

자리에 오르다 높은 직위를 갖게 되다.
예 그녀는 어린 나이에 황후의 **자리에 올랐다**.

잔뼈가 굵다 일에 능숙하고 경험이 많다.
예 오늘 사회를 맡은 진행자는 지역 축제에서 **잔뼈가 굵은** 사람이다.

가늘고 힘이 없던 작은 뼈들이 굵어지고 단단해졌다는 뜻이에요. 오랫동안 한 가지 일을 해서 그 일에 익숙해지고 경험이 풍부해졌다는 의미입니다.

청운의 꿈 출세하려는 꿈.

▶ 청운의 뜻
예) 한동안 가족들과 떨어져야 하지만 그는 **청운의 꿈**을 갖고 유학길에 올랐다.

'청운'은 푸른빛의 구름이에요. 푸른색과 구름은 둘 다 높은 하늘을 상징해요. 그래서 '청운'이라고 하면 높은 지위나 벼슬을 비유적으로 일컫게 되었죠. 입신출세하여 높은 지위에 오르겠다는 희망을 '청운의 꿈'이라고 합니다.

한자리하다 중요한 지위에 오르다.
예) 백수처럼 보여도 삼촌이 디자인 업계에서 **한자리하는** 사람이더라고!

식생활과 관련된 표현

게 눈 감추듯 음식을 허겁지겁 빨리 먹는 모습.
▶ 마파람에 게 눈 감추듯 (속담)
- 예) 밥 한 그릇을 게 눈 감추듯 먹었네? 배가 매우 고팠나 보구나.
- 예) 그 많던 과자가 마파람에 게 눈 감추듯 사라져 버렸네.

게는 평상시에 두 눈을 밖으로 내놓고 다니다가도 조금만 위험하다고 느껴지면 순식간에 눈을 감추고 숨어 버려요. '게 눈 감추듯'은 게가 눈을 감추는 만큼 빠르게 음식을 먹어 치울 때 쓰는 표현인데 '마파람에 게 눈 감추듯'이라는 속담과 같지요. '마파람'은 남쪽에서 불어오는 바람 또는 마주 불어오는 맞바람을 뜻한답니다.

나발을 불다 병째로 마시다.
▶ 병나발을 불다
- 예) 목이 너무 말라서 음료수를 병째 나발 불었다.

'나발'은 '나팔'이라고도 하는 옛날 관악기 중 하나로, 입구가 좁고 가늘며 끝은 둥글게 벌어져 있죠. 병도 입구가 좁아 나발과 모양이 비슷해 보였나 봐요. '나발을 불다'는 나발처럼 입에 대고 병째 음료나 술을 마신다는 것을 표현한 말입니다.

둘이 먹다 하나가 죽어도 모르겠다 (속담)
음식이 아주 맛있음을 이르는 말.
▶ 셋이 먹다가 둘이 죽어도 모른다 (속담)
- 예) 이 집 통닭 한번 먹어 봐. 둘이 먹다 하나가 죽어도 모른다고.

같이 음식을 먹다가 옆에 있던 사람이 없어져도 모를 만큼 맛이 좋다는 표현이에요. 칭찬하는 말이지요.

먹을 때는 개도 때리지 않는다 속담
음식을 먹을 때는 때리거나 꾸짖지 않아야 한다.
- ▶ 밥 먹을 때는 개도 안 때린다 속담
- 예 여보, **먹을 때는 개도 때리지 않는대요**. 애들한테 잔소리는 그만 좀 하세요.

음식을 먹을 때는 개도 안 때리는데 하물며 사람을 때리면 되겠냐고 에둘러 말한 거예요. 요즘은 '밥 먹을 때는 개도 안 건드린다'라고 말하는 경우가 더 많지요.

목구멍의 때를 벗기다   배부르게 먹다.
- ▶ 목구멍의 때를 벗긴다 속담
- 예 친구 생일날 오랜만에 **목구멍의 때를 벗겼다**.

목구멍이 크다   먹는 양이 많다.
- 예 하민이는 **목구멍이 커서** 급식을 적어도 두 번은 받아먹어.

발이 길다   먹을 복이 있다.
- 예 방금 치킨 시켰는데……. 너는 참 **발이 길어**.

발이 길면 여기저기 겅중겅중 잘 돌아다니겠지요? 음식 먹을 자리가 있을 때마다 끼게 되어 먹을 복이 있는 사람을 '발이 길다'고 표현해요.

발이 짧다   먹을 복이 없다.
- 예 차린 음식은 다 먹었는데, 어쩌지? 조금만 더 일찍 오지. **발이 짧아도** 너무 짧구나!

밥상을 물리다   밥상을 치우다.
- 예 아버지는 **밥상을 물리신** 후 항상 커피를 드신다.

'물리다'는 사람이나 물건을 다른 자리로 옮겨 놓는다는 의미가 있어요.

밥알을 세다 밥을 잘 먹지 않고 깨작거리다.

예 무슨 고민 있니? **밥알을 세고** 있어서.

밥은 보통 숟가락으로 퍼먹죠. 그런데 입맛이 없거나 밥을 별로 먹고 싶지 않을 때는 젓가락으로 깨작거리게 되잖아요. 그 모습이 꼭 젓가락으로 밥알을 하나하나 세는 것 같아서 이런 표현이 생겼어요.

산해진미 _{성어} 산과 바다에서 나는 온갖 귀한 음식.

山海珍味: 산 산, 바다 해, 보배 진, 맛 미

예 엄마는 할머니 생신을 맞아 온갖 **산해진미**를 다 차려 내셨다.

산과 바다뿐 아니라 온 세상에서 나는 갖가지 재료로 만든 맛있는 음식을 일컬어 '산해진미'라고 해요. 물과 육지에서 나는 '수륙진미', 기름진 고기와 곡식으로 만든 '고량진미'도 다 같은 뜻이랍니다.

숟가락을 들다 식사를 시작하다.

예 가족들이 다 모였으니 이제 **숟가락을 들자**꾸나.

술독에 빠지다 술을 지나치게 많이 마시다.

예 옆집 할아버지는 늘 **술독에 빠져** 지내시더니 결국 병원에 입원하셨어.

'술독'은 술을 담아 두었던 독을 말해요. 술을 너무 많이 마셔서 술독에 빠진 양 술 냄새가 풀풀 날 때 사용하는 표현이에요. 정상적인 생활을 하지 않고 술만 마신다는 뜻도 있지요.

식음을 전폐하다 아무것도 먹지 않다.

예 할머니께서 **식음을 전폐하고** 누워만 계시니 큰일이야.

'식음'은 먹고 마시는 것을, '전폐'는 완전히 그만두는 것을 뜻해요. 그러니까 식음을 전폐했다는 것은 음식 먹는 것을 다 그만두고 아무것도 먹지 않고 있다는 말이지요.

요기하다 조금만 먹다.

ⓔ 등산 중에 너무 배가 고파 중간에 간단히 <u>요기하고</u> 다시 올라갔다.

'요기'는 배고픔을 겨우 면할 정도로 조금 먹는 것을 말해요. 누군가 요기했다고 하면 배부를 만큼이 아니라 아주 조금만 먹었다는 뜻으로 알면 되겠어요.

입에 달고 다니다[1] 쉴 새 없이 계속 먹다.

ⓔ 시하는 종일 먹을 것을 <u>입에 달고 다니는데도</u> 살이 찌지 않는다.

입에 대다 음식을 먹거나 마시다.

ⓔ 제사 음식은 제사가 끝날 때까지 <u>입에 대면</u> 안 된다.

입이 광주리만 하다 속담
음식을 많이 먹는 모양.

ⓔ 우리 오빠는 <u>입이 광주리만 해서</u> 집에 남아나는 음식이 없다.

물건을 담아 두던 입구가 큰 그릇을 '광주리'라고 불렀어요. '입이 광주리만 하다'는 것은 입을 크게 벌리고 음식을 많이 먹는 모습을 표현한 것이랍니다.

입이 궁금하다 무엇인가 씹으며 먹고 싶다.
◐ 입이 심심하다

ⓔ <u>입이 궁금하던</u> 차에 아빠가 치킨을 사 오셔서 너무 기뻤다.

ⓔ 이상하게 밤만 되면 <u>입이 심심하다</u>니까! 이래서 살이 찌나 봐.

입이 짧다 음식을 적게 먹거나 가려 먹는 버릇이 있다.
▶ 입이 받다
예) 우리 아이는 **입이 짧아서** 걱정이에요. 키가 크려면 잘 먹어야 하는데.

'짧다'는 무엇인가가 넉넉하지 않고 모자란다는 뜻으로도 쓰여요. '입이 짧다'는 아무거나 먹지 않거나 먹는 양이 적다는 뜻이랍니다.

진수성찬 성어 귀하고 잘 차린 음식.
珍羞盛饌: 보배 진, 음식 수, 담을 성, 반찬 찬
예) 임금님의 부름을 받고 달려갔더니 그곳엔 **진수성찬**이 차려져 있었어요.

코가 비뚤어지게 술을 몹시 많이 마신 모양.
예) **코가 비뚤어지게** 술을 마셨더니 다음날 머리가 깨질 것 같았다.

필름이 끊기다 술에 취해서 기억이 안 나다.
예) 아버지는 **필름이 끊겨서** 어제 일이 하나도 기억나지 않는다고 하셨어.

디지털카메라는 사진을 메모리에 저장하지만, 예전 카메라는 필름에 상을 저장해 두죠. 그러니 필름이 끊어졌다는 것은 저장해 둔 것이 사라졌다는 거예요. 정신이나 기억을 잃었다는 의미이기도 한데 주로 술에 취해서 기억이 나지 않을 때 사용한답니다.

한술 뜨다 적은 양의 음식을 먹다.
예) 아무리 바빠도 **한술 뜨고** 나가거라.

'한술'은 숟가락으로 한 번 뜬 음식이라는 뜻이에요.

호의호식 성어 좋은 옷을 입고 좋은 음식을 먹다.
好衣好食: 좋을 호, 옷 의, 좋을 호, 밥 식
예) 조선 시대에 양반들은 **호의호식**하며 살았지만, 노비들은 겨우 밥술이나 떴다.

건강 상태를 나타내는 표현

우리 조상들은 사람이 죽었을 때 '죽었다'라고 말하기보다 '돌아가셨다'는 표현을 썼어요. 마음이 상하지 않도록 부드럽게 말한 것이죠. 여기에는 죽음이나 병을 부드럽게 돌려 말하거나 몸 상태를 재치 있게 나타낸 표현들이 많답니다. 우리 조상들의 말솜씨를 느껴 보세요.

골골하다 몸이 약해서 늘 앓다.

예 그 전부터 **골골하더니** 아예 입원하고 병원에 누워 있대.

'골골'은 시름시름 앓는 모양을 나타내는 의태어예요.

노익장 성어 늙었지만, 의욕이나 기력은 점점 좋아지다.

老益壯: 늙을 로, 더할 익, 씩씩할 장

예 교수님은 일흔이 넘으셨는데도 올해 논문을 두 편이나 내시다니, 정말 대단한 **노익장**이야.

노익장은 중국 후한의 마원이라는 이름난 장군의 이야기에서 유래했어요. 마원은 무예도 뛰어나고 됨됨이도 바른 사람이었대요. 젊었을 때, 억울한 죄수를 풀어 주고 도망자 신세가 되었지만, 훗날 황제의 눈에 띄어 대장수가 되기까지 했다지요. 마원은 늙어서도 늘 전쟁에 앞장섰다고 해요. 황제가 말려도 "대장부가 뜻을 품었으면 늙어서도 더욱 씩씩해야 한다."고 말하며 뜻을 굽히지 않았는데 여기서 늙었지만, 기력이 점점 좋아진다는 뜻의 '노익장'이라는 표현이 나왔답니다.

녹초가 되다 지치고 늘어지다.

예 퇴근 후 나는 완전히 **녹초가 되어** 잠자리에 들었다.

'녹초'는 녹은 초를 뜻하는 말인데 그 뜻이 확대되어 맥이 풀어져 힘을 못 쓰는 상태를 일컫게 되었어요.

눈에 흙이 들어가다 죽어 땅에 묻히다.
🔹 내 **눈에 흙이 들어가도** 이 결혼은 절대 허락할 수 없어!

다릿골이 빠지다 많이 걸어서 다리가 몹시 피로해지다.
🔹 종일 순례길을 걸어 다녔더니 **다릿골이 빠질** 것 같아.

'다릿골'은 다리뼈 속의 골을 말해요. 뼛속의 골까지 빠져나올 정도로 다리가 아프고 피로해졌다는 표현이에요.

만수무강 성어 끝없이 오래 살다.
萬壽無疆: 일만 만, 목숨 수, 없을 무, 지경 강
🔹 할아버지, **만수무강**하세요.

만 년을 살아도 수명의 끝이 없다! 그 정도로 오래 산다는 뜻이죠. 어른들의 장수를 기원할 때 흔히 사용하는 말이랍니다. 병 없이 건강하게 오래 산다는 뜻의 '무병장수'도 비슷한 의미죠.

몸을 버리다 건강을 해치다.
🔹 그렇게 일만 하다 **몸을 버릴** 수 있으니 건강부터 챙겨라.

몸이 천근만근이다 힘들어서 몸이 아주 무겁게 느껴지다.
🔹 밤샘 작업을 했더니 피곤하고 **몸이 천근만근이야**.

'근'은 무게의 단위예요. 고기 한 근은 약 600g에 해당하죠. '천근만근'이라고 하면 얼마나 무거울지 상상이 되죠? 몸이 천근만근이라는 것은 그만큼 몸이 무겁게 느껴진다는 뜻인데, 견디기 어려울 정도로 힘들거나 피곤할 때 사용하는 말이에요.

몸져눕다 몸을 가누지 못하고 눕다.
🔹 옆집 형은 상한 음식을 먹고 배탈이 나서 **몸져누웠대**.

세상을 떠나다 사람이 죽다.

▶ 세상을 등지다
🟠 오늘따라 <u>세상을 떠나신</u> 외할머니가 무척 그립다.

사람이 살고 있던 세상을 떠났으니 결국 죽었다는 것을 부드럽게 돌려 말한 거예요. '세상을 뜨다', '세상을 하직하다', '세상을 버리다' 등 다양한 표현이 있답니다.

속이 부대끼다 뱃속이 불편하다.

🟠 저녁을 너무 많이 먹었나 봐. <u>속이 부대끼네</u>.

부대낀다는 것은 자꾸 부딪히며 충돌한다는 뜻이에요. 먹은 음식이 뱃속에서 자꾸 부딪히는 듯 소화도 안 되고 괴로울 때, 속이 부대낀다고 표현합니다.

숟가락을 놓다 사람이 죽다.

🟠 큰 병에 걸려 <u>숟가락을 놓게</u> 생겼다더라.

숟가락을 상에 내려놓으면 그것은 식사를 다 마쳤다는 뜻이 된답니다. 죽은 사람은 다시는 숟가락을 들 수 없기 때문에 죽었다는 뜻으로도 사용되죠.

숨을 거두다 사람이 죽다.

🟠 할아버지께선 오랜 투병 생활을 하시다 조용히 <u>숨을 거두셨다</u>.

'거두다'는 하던 일을 멈추거나 끝낸다는 뜻이 있어요. 그러니 숨을 거둔다는 것은 숨을 멈추고 끝냈다는 것이죠. 이 표현도 죽었다는 것을 부드럽게 돌려 말한 것입니다.

숨을 넘기다 숨을 더는 쉬지 못하고 죽다.

🟠 장군은 적의 화살을 맞고 손을 쓸 새도 없이 <u>숨을 넘기고</u> 말았다.

숨이 붙어 있다 간신히 살아 있다.

🟠 솥에 올려둔 물고기는 아직도 <u>숨이 붙어 있는</u> 건지 솥이 덜그럭덜그럭했다.

유명을 달리하다 사람이 죽다.
◎ 다이애나는 젊은 나이에 **유명을 달리한** 비운의 왕세자빈이다.

유명(幽明)은 본래 어둠과 밝음을 이르는 말인데 그 뜻이 확대되어 이승과 저승이란 뜻으로도 쓰여요. '유명을 달리하다'는 이승의 밝은 곳을 떠나 저승의 어두운 곳으로 갔다는 의미랍니다.

자리를 털고 일어나다
아파서 누워 있던 사람이 일어나다.
▶ 자리를 걷고 일어나다
◎ 할아버지는 며칠 만에 씻은 듯 **자리를 털고 일어나셨다**.

자리에 눕다 누워서 앓다.
◎ 아버지께서 암으로 **자리에 누우신** 지 벌써 2년이나 되었다.

파김치가 되다 몹시 지쳐 기운이 없다.
◎ 종일 봉사 활동을 하러 돌아다녔더니 몸이 완전 **파김치가 되었다**.

파는 평소에 빳빳하게 살아 있는 게 특징인데, 갖은양념을 해서 김치를 담가 놓으면 양념이 잦아들면서 풀이 죽게 된답니다. 그 정도로 지쳐 피곤한 상태를 나타낸 표현이에요.

한 줌의 재가 되다 사람이 죽다.
▶ 한 줌의 흙이 되다
◎ 수학 여행을 갔다 온다던 아들이 **한 줌 재가 되자** 어머니는 정신을 잃고 말았다.

'한 줌'이라는 것은 육체로 봤을 때 인간의 존재가 그만큼 보잘것없고 덧없음을 강조하는 표현이랍니다.

결혼과 임신을 나타내는 표현

과년이 차다 여자가 결혼할 나이가 되다.
예 아빠는 언니를 소개할 때마다 과년이 찬 딸이라고 했다.

오이 과(瓜) 자를 풀어서 나누면 여덟 팔(八) 자 두 개가 모여 있는 모양이 돼요. 8을 두 번 더하면 16이죠? 옛날에는 여자 나이 16세면 결혼할 나이였어요. 그래서 과년(瓜年: 오이 과, 해 년)이라고 하면 결혼하기 적당한 여자의 나이를 일컫게 되었죠. 과년이 찼다는 것은 여자가 결혼한 나이가 되었다는 뜻이 됩니다.

국수를 먹다 결혼식을 올리다.
▶ 국수를 먹이다
예 언제 국수 먹여 줄래?

우리나라에서는 결혼식이 끝나면 손님들에게 국수를 대접했어요. 경사스러운 일이 쭉 이어지기를 바라는 뜻이었죠. 결혼식을 하면 당연히 국수를 먹었기 때문에 생긴 표현이에요.

달이 차다 출산할 때가 되다.
예 이모는 달이 차서 아이를 낳을 준비를 하였다.

머리를 올리다 여자가 결혼하다.
▶ 머리를 얹다
예 할머니는 스무 살에 머리를 올리셨어. 그때 당시에도 일찍 결혼한 거래.

예전에는 처녀들이 머리를 땋아 길게 늘어뜨리고 다니다가 결혼을 하면 머리를 말아서 뒤통수에 고정했어요. 이것은 결혼한 여자라는 표시가 되었지요. '머리를 올리다'는 여자가 시집을 간다라는 표현이랍니다.

면사포를 쓰다 여자가 결혼하다.

🔵 독신으로 살겠다던 막내 이모가 드디어 다음 달에 **면사포를 쓴다**.

'면사포'는 결혼식 때 신부가 머리에 써서 뒤로 늘어뜨리는 흰 장식품이에요. 면사포는 결혼식 때만 쓰는 장식품이기 때문에 '면사포를 쓰다'는 곧 결혼한다는 뜻이랍니다.

몸을 풀다 아이를 낳다.

🔵 산모들은 **몸을 풀고** 미역국을 먹는다.

배가 남산만 하다 속담 아이를 가져 배가 나왔다.

🔵 이모는 막달이 되니 **배가 남산만 해졌다**.

아기를 가진 임산부의 배가 남산처럼 불룩 솟아 나왔다는 뜻의 속담입니다.

백년가약 성어 평생 같이 지낼 것을 다짐하는 약속.

百年佳約: 일백 백, 해 년, 아름다울 가, 약속 약

🔵 이로써 부부는 **백년가약**을 맺었습니다. 큰 박수로 축하해 주십시오.

백 년 동안 함께하자는 아름다운 약속을 뜻하는 말이에요. 결혼해서 평생을 함께하자는 약속이죠. 주로 '백년가약을 맺다'라고 표현해요.

살림을 차리다 가정을 꾸리다.

🔵 삼촌은 결혼 후 작은 단칸방에서 **살림을 차렸다**.

장래를 약속하다 결혼할 것을 약속하다.

🔵 남자와 여자는 **장래를 약속하고** 서로의 집에 인사 드리기로 했다.

조강지처 성어 고생을 함께 겪어 온 아내.

糟糠之妻: 지게미 조, 겨 강, 어조사 지, 아내 처

예 뭐니 뭐니 해도 함께 고생한 <u>조강지처</u>가 최고지!

'지게미'는 술을 만들고 남은 찌꺼기예요. '조강지처'는 지게미와 쌀겨로 끼니를 때워야 했던 가난한 시절을 함께 견디고 이겨낸 아내라는 뜻으로 첫 번째 아내를 말해요.

부부 싸움은 칼로 물 베기 속담 부부는 싸워도 금방 다시 화해한다는 말.

예 <u>부부 싸움은 칼로 물 베기</u>라잖아. 걱정하지 마! 부모님 곧 화해하실 거야.

칼로 물을 베면 어떻게 될까요? 칼이 지나가면 베어지는 것처럼 보이지만 곧 다시 붙어서 하나가 돼요. 부부 싸움은 칼로 물을 베는 것과 같아서 금방 다시 화합한다는 것을 의미하는 속담이에요.

한 몸이 되다[2] 부부가 되다.

예 신랑과 신부는 <u>한 몸이 되어</u> 서로를 존중하며 살아갈 것을 약속하시겠습니까?

본래는 많은 사람이 마음을 합하여 하나의 몸처럼 행동한다는 뜻인데, 남녀가 결혼해서 마치 한 몸처럼 살아간다는 뜻도 있어요.

화촉을 밝히다 결혼하다.

예 외국인과 결혼한 외삼촌은 외숙모의 나라로 가서 한 번 더 <u>화촉을 밝히셨어</u>.

'화촉'은 혼례 때 양쪽에 세워 두는 초를 말해요. 결혼식에 가면 양가 어머님이 함께 입장해서 초에 불을 밝히는 모습을 볼 수 있어요.

말하기를 나타내는 표현

가는 말이 고와야 오는 말이 곱다
상대방에게 잘 대해 주면 결국 상대방도 나에게 잘해 준다.

㉠ 가는 말이 고와야 오는 말이 곱다잖아. 네가 먼저 친구에게 인사해 보렴!

진실한 마음으로 다른 사람을 대하면, 남들도 바르고 진실한 마음으로 자신을 대해 준다는 뜻이랍니다.

광을 치다   허풍을 치다.

㉠ 허구한 날 광을 치고 다니니 사람들이 네 말을 믿어 주겠니?

'광'은 빛을 의미해요. 물체에 빛이 비치면 반질반질 번지르르해 보이잖아요. 이처럼 말과 행동을 할 때 사실보다 크게 떠벌리며 허풍을 치면 광을 친다고 표현해요.

까놓고 말하다   숨김없이 말하다.

㉠ 내가 그거 사용해 봤는데 솔직히 까놓고 말해서 별로야.

껍데기를 까놓으면 속이 다 보이겠지요? '까놓다'는 주로 '까놓고'의 꼴로 쓰여 마음속의 생각이나 비밀을 숨김없이 털어놓는다는 의미가 있어요. 감추는 것 없이 솔직하게 다 말하겠다는 것인데 요즘은 '솔직히 까놓고 말해서'라는 표현을 많이 사용하지요.

노래를 하다   원하는 것을 얻기 위해 똑같은 말을 되풀이하다.

▶ 노래를 부르다

㉠ 갈비찜이 먹고 싶다고 노래를 했더니 엄마가 만들어 주셨다.

똑같은 말을 반복하는 것이 돌림 노래를 부르는 것 같아 생긴 표현이에요.

단도직입 성어 빙빙 돌리지 않고 요점을 말하다.
單刀直入: 홑 단, 칼 도, 곧을 직, 들 입
- 예) **단도직입**으로 묻겠는데, 너 나 좋아해?

칼 하나 들고 곧장 들어간다는 뜻이에요. 빙빙 돌려서 말하지 않고 문제의 요점이나 핵심을 곧바로 찔러 말한다는 의미지요.

담소를 나누다 웃고 즐기며 이야기를 나누다.
- 예) 엄마는 오랜만에 만난 친구와 **담소를 나누셨다**.

담소(談笑)는 웃고 즐기면서 이야기를 나눈다는 뜻이에요.

두말 못 하다 이렇다 저렇다 말하지 못하다.
- 예) 거짓말이 드러나자 민혁이는 **두말 못 하고** 도망갔다.

'두말'은 이랬다저랬다 하는 말이에요. '두말 못 하다'는 이랬다저랬다 하는 말 또는 불평하는 말을 하지 못한다는 뜻입니다.

두말하면 잔소리 말한 내용이 틀림없다.
▶ 두말하면 숨차기
- 예) 치킨이 맛있냐고? **두말하면 잔소리**지!

이랬다저랬다 덧붙여 말하면 쓸데없는 잔소리일 뿐이라는 것이에요. 이미 말한 내용이 틀림없으니 더 말할 필요가 없다는 것을 강조해 나타낸 표현이랍니다.

두서없이 말하다 이랬다저랬다 갈피를 잡을 수 없이 말하다.

예) 그렇게 <u>두서없이 말하니까</u> 무슨 말인지 하나도 모르겠어.

두서가 없다는 것은 일의 차례나 갈피를 잡을 수 없다는 뜻이에요. 이 말을 하다가 갑자기 저 말을 하고, 도대체 무슨 말을 하는지 모르겠고 정신없을 때 이 표현을 사용해요.

말 한마디에 천 냥 빚도 갚는다 〔속담〕
말만 잘하면 불가능해 보이는 일도 해결할 수 있다.

예) <u>말 한마디에 천 냥 빚도 갚는</u>다잖아. 그렇게 툴툴 대지 말고 부드럽게 부탁해 봐.

말이 얼마나 중요한지를 설명하는 속담이죠. 말을 잘하면 상대방의 마음을 움직여서 천 냥이나 되는 빚도 없던 일로 할 수 있다는 뜻이에요.

말머리를 자르다 상대방이 하는 말을 중지시키다.

▶ 말허리를 자르다

예) 어른이 말씀하시는데 <u>말머리를 자르다니</u>!
예) 인혁이는 내 이야기는 들어보지도 않고 <u>말허리를 잘랐다</u>.

말문을 막다 말을 하지 못하게 하다.

예) 남편은 진실을 말하려는 아내의 <u>말문을 막았다</u>.

말하는 문(門), 바로 입이죠. '말문'은 말을 할 때 여는 입을 뜻합니다. 그런 입을 막으면 당연히 말을 하지 못하게 되겠지요.

말문을 열다 말을 시작하다.

▶ 입을 열다

예) 아라는 선생님의 설득으로 한참 만에 <u>말문을 열었다</u>.

말문이 떨어지다 입에서 말이 나오다.
◐ 입이 떨어지다
예 막상 선생님 얼굴을 마주 대하니 **말문이 떨어지지** 않았다.
예 뭐라고 말해야 할지 **입이 떨어지지** 않았다.

말문이 막히다
말이 입 밖으로 나오지 않게 되다.

예 외국인 선생님의 예상하지 못했던 질문에 그만 **말문이 막혔다**.

말문이 막혔으니 말이 나오지 않겠지요? 너무 당황해서 무슨 말을 해야 할지 제대로 판단하지 못하는 상황에서 주로 쓰입니다.

말문이 트이다 못하던 말을 하게 되다.
예 내 동생은 또래보다 늦게 **말문이 트여서** 엄마가 걱정이 많았대요.

말부리를 따다 입을 열어 말을 시작하다.
◐ 말부리를 헐다
예 모두 잠자코 있어서 할 수 없이 내가 **말부리를 땄다**.
예 아이들끼리 서먹서먹해 하자 반장이 먼저 **말부리를 헐었다**.

'말부리'란 말문을 낮잡아 이르는 말이에요. '따다'는 연다는 뜻이죠. 아무도 말하지 않는 상황에서 입을 열어 말하기 시작한다는 표현이랍니다.

말을 꺼내다 입을 열어 말을 시작하다.
예 사태가 심각해지자 그 배우는 열애설에 대해 **말을 꺼냈다**.

말을 삼키다 하려던 말을 그만두다.
예) 목구멍까지 나오려던 **말을 삼키고** 그저 쳐다보기만 했다.

말이 나다 어떤 이야기가 시작되다.
예) **말이 났으니** 말인데, 지난번에 왜 말도 하지 않고 가버렸는지 물어봐도 될까?

말이 새다 비밀이 알려지다.
예) 어떻게 **말이 샜는지** 모르겠지만 이미 네가 전학 간다는 걸 다 알고 있는 것 같아.

말이 씨가 된다 (속담) 말하던 것이 마침내 사실대로 되었을 때를 이르는 말.
예) **말이 씨가 된다**잖아! 말조심하는 게 좋겠어.

좋은 씨는 좋은 열매를, 나쁜 씨는 나쁜 열매를 맺게 되어 있어요. 우리가 뱉는 말 한마디가 씨가 되어 어떤 열매를 맺게 될지 모르니 말조심해야 함을 강조하는 속담이에요.

목이 잠기다 정상적인 목소리가 나오지 않다.
예) 축구팀을 응원하느라 너무 소리를 질러 **목이 잠겼다**.

평상시와는 달리 목소리가 거칠어지거나 갈라져 소리가 잘 나지 않는 경우를 말해요.

목이 터지다 큰 소리를 내다.
예) 결승전으로 달려가는 계주 선수를 보며 아이들은 **목이 터져라** 응원했다.

살을 붙이다 이야기를 덧붙이다.
예) 네 이야기에 **살을 붙이면** 재미있는 동화가 될 것 같아.

뼈만 앙상한 것보다 살이 적당히 붙어 있어야 보기가 좋다고 하지요? 글을 쓰거나 말을 할 때도 마찬가지예요. 딱 필요한 사실만 전하는 것이 아니라 내 의도가 잘 전달되도록 말을 덧붙이는 것이 필요하죠. 그런 것을 두고 '살을 붙이다'라고 표현해요.

속에 없는 말   속마음과 다른 빈말.

▶ 속에 없는 소리
예 괜히 **속에 없는 말** 하지 말고 솔직하게 말해.

어불성설 성어   앞뒤가 맞지 않는 말.
語不成說: 말씀 어, 아니 불, 이룰 성, 말씀 설
예 살 뺀다면서 고구마는 많이 먹어도 괜찮다니! 그런 **어불성설**이 어디 있니?

말이 말로 이루어지지 않는다? 무슨 뜻일까요? '어불성설'은 말이기는 한데 앞뒤가 맞지 않아 도저히 이해할 수 없는 말, 즉 이치에 맞지 않는 말을 의미한답니다. 쉽게 이해하자면 말도 안 되는 소리라는 것이죠.

운을 떼다   어떤 주제에 대해 먼저 이야기하다.
예 미희가 교실 청소 문제에 대해 먼저 **운을 떼자** 모두 귀를 기울였다.

'운'은 시를 지을 때, 비슷한 글자를 규칙적으로 사용해 리듬이 느껴지게 하는 거예요. 옛날 조상들은 즉석에서 시를 지으며 풍류를 즐겼는데 그때 한사람이 먼저 운을 정해서 시를 지으면 다른 사람이 이어서 시를 짓곤 했지요. 그런 모습에서 유래해 많은 사람과 이야기를 나눌 때 어떤 주제에 대해 먼저 이야기를 시작하는 것을 '운을 떼다'라고 한답니다.

일언반구 성어   한마디 말이나 아주 짧은 말.
一言半句: 하나 일, 말씀 언, 반 반, 글귀 구
예 누구도 나에게 먹어 보라는 **일언반구**의 말도 없어서 기분이 몹시 상했다.

'일언반구'는 한마디 말과 반 구절이라는 뜻으로 아주 짧은 말을 뜻해요.

입 밖에 내다   생각이나 사실을 말로 드러내다.
예 이 이야기는 절대 **입 밖에 내면** 안 되는 거 알지?

'내다'는 꺼낸다는 뜻이에요. 무엇인가 비밀스러운 이야기나 신중하게 간직해 온 이야기를 말로 꺼내 놓을 때 이 표현을 사용합니다.

입 안에서 뱅뱅 돌다 차마 말하지 못하다.
▶ 입 끝에서 돌다
예 말이 **입 안에서 뱅뱅 돌기만** 할 뿐 나오지 않았어.
부끄럽고 자신이 없어 크게 말하지 못하고 혀가 제자리만 맴돌고 있는 상황을 이릅니다.

입만 뻥긋하다 입을 열어 말을 하다.
▶ 입만 뻥끗하다
예 너는 **입만 뻥긋했다** 하면 거짓말이니?
'뻥긋하다'는 닫혀 있던 입을 슬며시 열어 무엇인가 말하기 시작하려는 모습을 나타낸 표현이에요. 주로 '입만 뻥긋하면', '입만 뻥긋했다 하면'의 꼴로 쓰입니다.

입만 아프다 말한 보람이 없다.
예 밥 먹었으면 바로 치우라고 몇 번을 말했니? 말해야 내 **입만 아프지**.
여러 번 말해도 받아들이지 않아 말한 보람이 없다는 뜻이랍니다.

입방아를 찧다 화젯거리를 이러쿵저러쿵 자꾸 말하다.
예 아이들은 근거 없는 소문을 두고 여기저기 **입방아를 찧고** 다녔다.
'방아'는 옛날에 곡식을 찧거나 빻았던 기구예요. '입방아'란 어떤 사실을 화제로 삼아 이러쿵저러쿵 쓸데없이 자꾸 이야기하고 다니는 것을 말하죠.

입에 달고 다니다 [2] 말을 습관처럼 되풀이하다.
예 할머니는 몸을 움직이실 때마다 "아이고" 소리를 **입에 달고 다니신다**.
이 표현은 두 가지 뜻이 있어요. 음식과 관련되어 사용할 때는 쉴 새 없이 먹는다는 뜻이고 언어, 말과 관련된 표현일 때는 어떤 말을 습관처럼 되풀이하거나 자주 사용한다는 뜻이 됩니다.

입에 담다 무엇에 대해 말하다.

예) 어떻게 그런 말을 입에 담을 수 있니? 정말 실망이야.

'담다'는 그릇에 무엇인가를 넣어 두는 것을 말하죠? '입에 담다'는 마음속에 있던 이야기를 입에 올린다는 뜻이에요.

입에 자물쇠를 채우다
말하지 않다.

예) 형사들은 맡은 사건에 대해 입에 자물쇠를 채우는 것이 철칙이다.

입에 재갈을 물리다 속담 함부로 말하지 못하게 하다.

예) 재판장에서 변호사는 우리의 입에 재갈을 물려 단속하였다.

'재갈'은 본래 말을 부리기 위해 말의 아가리에 물리는 막대예요. 소리를 내지 못하도록 사람의 입에 물리는 물건을 이르기도 해요. 그래서 입에 재갈을 물린다고 하면 이야기를 하지 못하도록 입을 막는다는 뜻이 되지요.

입을 놀리다 함부로 말하다.

예) 사또 앞에서 거짓으로 입을 놀리면 곤장을 맞을지도 몰라.

'놀리다'는 마음껏 움직이게 한다는 뜻이 있어요. '입을 놀리다'는 절제하지 않고 아무 말이나 함부로 하는 것을 의미한답니다.

입을 다물다 말을 하지 않거나 하던 말을 그치다.

▶ 입을 닫다, 입을 봉하다

예 동생은 형의 잘못을 말하지 않고 **입을 다물기로** 했다.

'다물다'는 입을 닫는다는 뜻이에요. 입을 닫으면 말을 할 수가 없겠죠? 무슨 이유에서든 말을 하지 않기로 하고 입을 꼭 다무는 상황을 표현한 말이에요.

입이 떨어지지 않다 말이 쉽게 나오지 않다.

예 선생님께 솔직하게 잘못을 말씀드려야 하는데 **입이 떨어지지 않았다**.

입이 얼어붙다 긴장해서 말이 나오지 않다.

예 짝사랑하는 남자 친구 앞에서 **입이 얼어붙었는지** 한마디도 못 하고 돌아섰다.

청산유수 성어 막힘없이 잘하는 말.

青山流水 : 푸를 청, 산 산, 흐를 류, 물 수

예 말은 **청산유수**지! 그걸 행동으로 좀 보여 봐라.

푸른 산에 흐르는 맑은 물이라는 뜻의 성어예요. 물 흐르듯 막힘없이 말을 잘하는 것을 일컫지요. 하지만 행동은 따르지 않고 말만 잘하는 경우라서 주로 부정적인 의미로 쓰이는 경우가 많답니다.

촌철살인 성어 핵심을 찌르는 말.

寸鐵殺人 : 마디 촌, 쇠 철, 죽일 살, 사람 인

예 내 마음을 꿰뚫어 본 선생님의 **촌철살인**에 할 말을 잃었다.

한자 그대로 풀이하면 한 치의 쇠로도 사람을 죽일 수 있다는 뜻이에요. 한 치는 약 3cm 정도 되는 아주 짧은 길이인데 이렇게 작은 칼로 사람을 죽일 수 있다는 것은 그만큼 핵심을 찔렀다는 뜻이지요. 간단하지만 핵심을 찌르는 말로 남을 감동 시키거나 남의 약점을 찌를 수 있다는 의미로 확장되어 쓰여요.

토를 달다 말끝에 덧붙여 말하다.

예 너는 왜 말끝마다 **토를 다니**?

'토'는 한문 구절을 읽을 때 쉽게 읽기 위해 구절 끝에 붙이는 우리말이에요. 예를 들면, '~하고, ~더니, ~로' 등의 토가 있어요. 한문 구절 끝에 토를 달아 덧붙이는 것처럼 어떤 말의 끝에 덧붙여 이야기하는 것을 '토를 달다'라고 표현한답니다.

혀가 돌아가는 대로 말을 되는대로 마구.

예 **혀가 돌아가는 대로** 말하다가는 언젠가 그 말 때문에 혼꾸멍이 날 거야.

혀가 꼬부라지다 발음이 똑똑하지 않다.

예 마취가 덜 깼는지 그는 비몽사몽 간에 **혀 꼬부라진** 소리로 괜찮다고 하더라.

한쪽으로 굽은 듯 휘어진 것을 고부라졌다고 해요. '꼬부라지다'는 '고부라지다'보다 센 느낌의 표현이죠. 병이 들거나 술에 취해 혀가 말려 발음이 똑똑하지 않을 때, 혀가 꼬부라졌다고 해요.

혀가 짧다 발음이 정확하지 않다.

예 너 왜 자꾸 **혀 짧은** 소리를 내니?

혀 밑에는 얇은 끈처럼 생긴 설소대가 있어요. 이 설소대가 길면 혀를 마음대로 움직일 수 없기 때문에 정확한 발음을 내기도 어렵고 혀가 짧아 보이기도 해요. 그래서 발음이 명확하지 않거나 말을 더듬을 때 '혀가 짧다'는 표현을 쓰는 것이랍니다.

혀를 굴리다 말을 하다.

▶ 혀를 놀리다

예 정남이는 사람들 눈치를 보지 않고 함부로 **혀를 굴렸다**.

호랑이도 제 말 하면 온다 속담
그 자리에 없다고 남의 흉을 보아서는 안 된다는 말.

예 **호랑이도 제 말 하면 온다**더니. 저기 쟤야, 쟤!

누군가의 험담을 하고 있는데, 그 사람이 나타난다면 어떨까요? 서로 불편하고 기분이 좋지 않겠죠? 다른 사람에 대해 이야기하는데 공교롭게 그 사람이 나타났을 경우에 쓰는 속담이에요.

화통을 삶아 먹다   목소리가 아주 크다.

예 너는 기차 **화통 삶아 먹었니?** 왜 이렇게 목소리가 커?

기차나 공장의 굴뚝을 '화통'이라고 해요. 옛날 증기 기관차는 화통에서 연기가 나고 칙칙폭폭 우렁찬 소리를 내며 달렸죠. 그래서 기차가 지나가듯 큰 소리로 말하는 사람에게 화통을 삶아 먹은 듯하다는 표현을 사용하기 시작했어요.

듣기와 경청을 나타내는 표현

경청은 귀 기울여 잘 듣는 것을 말해요. 귀 기울여 듣거나 대충 듣거나, 듣는 것은 역시 '귀'와 관련된 표현들이 많네요.

귀가 닳다 여러 번 들어 지겹다.
예) 거짓말을 하면 안 된다는 소리는 어려서부터 귀가 닳도록 들어 왔다.

말이나 이야기를 여러 번 들어 지겹다는 뜻이에요. 주로 '귀가 닳도록'의 꼴로 쓰입니다.

귀가 따갑다 소리가 커서 듣기에 괴롭다.
예) 윗집 공사하는 소리가 너무 커서 귀가 따갑다.

귀가 먹다 잘 들리지 않다.
▶ 귀가 멀다
예) 우리 할머니는 귀가 먹어서 잘 못 들으신다.
예) 소리 좀 줄여. 이렇게 크게 듣다가는 귀가 멀겠어.

'먹다'는 음식을 먹는다는 뜻이 아니라 막힌다는 뜻이에요. 귀나 코가 막혀서 제 기능을 못 하게 되었을 때 '먹다' 또는 '멀다'라는 표현을 쓰지요.

귀가 밝다 조그만 소리도 잘 듣다.
예) 나는 잠잘 때 귀가 밝아서 옆에서 조금만 부스럭거려도 금방 잠에서 깨.

어떤 감각이 뛰어날 때도 '밝다'라는 표현을 사용해요. 그래서 '눈이 밝다'고 하면 눈이 잘 보인다는 뜻이고, '귀가 밝다'고 하면 아주 조그만 소리도 잘 듣는다는 뜻이 되지요. '귀가 밝다'는 들려오는 소식이나 정보에 빠르고 능통하다는 의미로도 쓰입니다.

귀가 아프다 여러 번 들어서 듣기 싫다.
예 복도에서 뛰면 안 된다는 소리를 **귀가 아프도록** 들었다.

귀가 어둡다 잘 듣지 못하다.
예 **귀가 어두운** 할머니는 여러 번 불러야 그제야 대답하신다.

'귀가 밝다'의 반대말이에요. 사물이 잘 보이지 않는 것을 '눈이 어둡다'고 표현하듯이 소리가 잘 들리지 않거나 잘 이해하지 못하는 경우를 '귀가 어둡다'라고 말한답니다.

귀동냥하다 남들이 하는 이야기를 얻어들어 알다.
예 정식으로 한문을 배운 것은 아니고 그냥 **귀동냥해서** 조금 아는 정도야.

'동냥'은 거지가 돌아다니며 돈이나 물건을 거저 달라고 비는 일이에요. '귀동냥'은 어떤 지식이나 소식을 스스로 배워서 아는 것이 아니라 남들이 하는 이야기를 얻어듣고 아는 것을 말해요.

귀를 기울이다 남의 말에 관심을 가지고 듣다.
▶ 귀를 재다
예 조용히 **귀 기울이면** 작은 풀벌레 소리를 들을 수 있어.

귀를 열다 들을 준비를 하다.
예 지금부터 내가 하는 얘기 **귀를 열고** 잘 들어.

귀를 주다 남의 말을 엿듣다.
예 엄마는 설거지하면서 우리 이야기에 **귀를 주었다**.

귀에 못이 박히다 여러 번 들어 듣기 싫다.

▶ 귀에 딱지가 앉다

예 공부하라는 소리를 귀에 못이 박히도록 들었다.
예 누나의 잔소리 때문에 귀에 딱지가 앉을 것 같아.

'못'은 쇠로 된 뾰족한 못이 아니라 손바닥이나 발바닥에 생기는 굳은살을 뜻해요. 굳은살은 같은 곳을 여러 번 반복해서 사용할 때 생기지요. 실제로 귀에는 굳은살이 생길 수 없지만 그만큼 같은 말을 여러 번 반복해서 들었다는 의미가 됩니다. 지금은 '귀에 못이 박히다'라고 많이 쓰지만, 원래는 '귀에 못이 박이다'라고 써야 바른 표현이에요.

귓전을 울리다 가까이에서 소리 나는 듯 들리다.

예 어디에서 집수리를 하는지 종일 망치 소리가 귓전을 울렸다.

귀청을 때리다 몹시 크게 들리다.

예 귀청을 때리는 소리에 깜짝 놀라 돌아보니 자동차 사고가 나 있었다.

귀청이 떨어지다 소리가 몹시 크다.

▶ 귀청이 찢어지다, 귀청이 터지다

예 깜짝이야! 귀청 떨어질 뻔했잖아. 그렇게 가까이에서 소리를 지르면 어떡하니?
예 비행기가 낮게 지나가니 귀청이 터질 것 같았다.

귓속에 있는 고막을 '귀청'이라고도 해요. 고막이 찢어지고 터질 듯이 소리가 크다는 말이에요.

듣기 좋은 꽃노래도 한두 번이지 속담
듣기 좋은 이야기도 계속 들으면 싫다.

예 <u>듣기 좋은 꽃노래도 한두 번이지</u>. 이제 여행 다녀온 얘기는 그만 좀 해.

'듣기 좋은 꽃노래도 한두 번이지 그렇게 여러 번 들으면 싫증 난다.'는 말을 줄여서 표현한 속담이라고 생각하면 돼요.

쇠귀에 경 읽기 속담
아무리 가르치고 일러 주어도 알아듣지 못하는 경우를 이르는 말.

▶ 우이독경 성어

예 아무리 가르쳐 줘도 알아듣지 못하니 <u>쇠귀에 경 읽기</u>지.

소귀에 대고 성현들의 가르침을 알려 준들, 소가 알아듣고 똑똑해질 리는 없겠지요? 이처럼 아무리 가르쳐 주어도 알아듣지 못하거나 다른 사람의 충고를 잘 받아들이지 않는 경우에 사용하는 속담이에요.

한 귀로 듣고 한 귀로 흘린다 속담   남의 말을 귀담아듣지 않는다는 말.

예 <u>한 귀로 듣고 한 귀로 흘리지</u> 말고 엄마가 하는 말 명심하렴!

한쪽 귀로 듣고 다른 쪽 귀로 흘려보낸다면 들었던 것이 아무것도 남지 않겠지요? 듣기는 했지만, 마음으로 받아들이거나 머릿속에 담아 두지 않는 경우를 두고 하는 말입니다.

소식과 소문을 나타내는 표현

소식이나 소문은 말을 전하는 것이지요. 입에서 나오는 말은 사람을 이롭게도 하지만 상처를 주기도 하고 오해를 만들기도 해요. 그래서 말조심을 당부하는 속담이 많은 것이죠.

감감무소식   오래도록 소식이 전혀 없다.
▶ 감감소식
예) 치킨 시킨 지가 언제인데 아직도 **감감무소식**이야?

'감감'은 어떤 사실을 전혀 모르거나 잊은 모양을 나타내요. 센 발음으로 '깜깜'이라고도 하지요. 잊었는지 소식이 없다는 의미예요.

귀 장사 말고 눈 장사 하라 속담
실제로 보고 확인한 것이 아니면 말하지 말라는 말.
▶ 귀 소문 말고 눈 소문 하라 속담
예) 옛 속담에 **귀 장사 말고 눈 장사 하라**고 그랬어. 내 눈으로 직접 확인해야 안심이지.

자신의 눈으로 확인하지 않고 귀로 들은 정보나 소식만 가지고 장사를 한다면 낭패를 당하기 쉬워요. 다른 일도 마찬가지예요. 실제로 보고 확인한 것이 아니라면 함부로 말을 옮기거나 소문을 내면 안 되지요.

귀에 들어가다   누구에게 알려지다.
예) 내가 어제 학원에 가지 않았다는 소식이 엄마 **귀에 들어갔다**.

꿩 구워 먹은 소식 속담 소식이 전혀 없다.

예) 언니가 오늘 떡볶이를 사 오기로 했는데, 꿩 구워 먹은 소식이군.

예전에는 고기를 먹기가 쉽지 않았어요. 특히 꿩은 아주 귀한 고기 중 하나였죠. 이렇게 귀한 꿩고기가 어쩌다 생기면 너무 양이 적어서 할 수 없이 조용히 구워 먹었다고 해요. 이웃이 이 소식을 알게 된다면 서운해 할 것이 분명하기 때문에 꿩을 구워 먹은 소문이 나지 않도록 애를 많이 썼다고 합니다. 여기서 '꿩 구워 먹은 소식'이라는 말이 유래했어요.

낮말은 새가 듣고 밤말은 쥐가 듣는다 속담
아무도 안 듣는 데서라도 말조심해야 한다.

예) 낮말은 새가 듣고 밤말은 쥐가 듣는다고 하더니, 도대체 누가 우리 말을 몰래 들었을까?

아무리 조심해도 말은 언제나 새어 나가게 마련이니 언제 어디서나 말조심을 해야 한다는 뜻이지요.

도마 위에 오르다 비판의 이야깃거리가 되다.
예) 초등학생이 학원에 다닐 수밖에 없는 현 교육 정책이 도마 위에 올랐다.

말을 옮기다 다른 사람에게 말을 전하다.
예) 괜히 네가 나서서 말을 옮기지 말고 당사자들끼리 만나서 오해 풀라고 해.

무소식이 희소식 속담 소식이 없는 것이 기쁜 소식이나 다름없다.
예) 무소식이 희소식이라잖아요. 군대 간 아들 걱정은 하지 마세요.

몸이 아프거나 병이 생기면 꼭 가족에게 먼저 연락을 하지요? 이렇듯 차라리 아무 소식이 없는 것이 잘 지내고 있다는 뜻이니 너무 걱정하지 말라고 마음을 달랠 때 사용하는 속담이에요.

발 없는 말이 천 리 간다 속담
말은 순식간에 퍼지므로 말조심을 해야 한다.

예 **발 없는 말이 천 리 간다**더니, 벌써 알고 있어?

말은 발이 없지만, 순식간에 멀리까지 퍼질 수 있죠. 우리끼리만 알고 있자고 약속해도 금방 소문이 퍼지는 것처럼 말이에요. 그래서 늘 말조심해야 한다고 일깨우는 속담이에요.

벽에도 귀가 있다 속담
비밀은 없기 때문에 경솔하게 말하지 말아야 한다.

예 **벽에도 귀가 있으니** 말을 좀 가려서 해. 그러다 소문이라도 나면 어떻게 하려고 그래?

누군가 내 말을 듣고 있다고 생각하면 말을 가려서 하게 되지요? 벽에도 귀가 있는 듯 누군가 듣고 있다고 생각하고 혼잣말을 하더라도 말조심하라는 뜻이 담긴 속담이랍니다.

소문이 자자하다   소문이 널리 퍼지다.

예 이 집은 맛있는 집으로 **소문이 자자해**.

'자'는 자리에 까는 깔개를 의미해요. '소문이 자자하다'고 하면 소문이 깔개처럼 쫙 깔려 널리 퍼졌다는 말이에요.

유언비어 성어   근거 없이 퍼진 헛소문.
流言蜚語: 흐를 류, 말씀 언, 날 비, 말씀 어

예 그 가수가 우리 학교에 온다는 소문은 **유언비어**래. 괜히 좋다 말았어.

'유언'은 여기저기 떠돌아 흘러 다니는 말, '비어'는 날아다니는 말이라는 뜻이에요. 결국 둘 다 비슷한 의미로 근거 없이 떠돌아다니는 헛소문을 의미합니다.

입 밖에 오르다 이야깃거리가 되다.
예 남의 입 밖에 오르지 않도록 행동을 조심하도록 해라.

입에 올리다 화젯거리 삼아 말하다.
예 친구의 약점은 함부로 입에 올리는 게 아니다.

입에서 입으로 이 사람에게서 저 사람으로 전해지다.
예 진호가 미영이를 좋아한다는 소문이 입에서 입으로 퍼졌다.

입이 무섭다 소문나는 것이 두렵다.
예 사람들의 입이 무섭겠지만 용기를 내서 진실을 말해 줄래?

입에서 나오는 말이나 소문이 무섭다는 뜻이에요. 누군가의 비난을 받게 되거나 사람들이 모여 자신의 흉을 볼까 봐 걱정된다는 말이랍니다.

입이 천 근 같다 입이 매우 무거워 비밀을 잘 지키다.
예 지영이는 입이 천 근 같아서 좀처럼 남의 이야기를 하지 않는다.

천 근이면 고기로 600kg 정도의 무게예요. '입이 천 근 같다'라면 그만큼 무겁다는 뜻이니까 함부로 입을 열어 말하지 않는다는 것을 표현한 말입니다.

한 입 건너 두 입 속담 소문이 차차 널리 퍼지다.
예 한 입 건너 두 입이라고 어제저녁 부부 싸움 했다는 소문이 온 동네에 다 퍼졌다.

한 사람의 입이 이야기를 전하면 두 사람이 알게 되고, 두 사람이 말을 전하면 네 사람이 알게 되겠지요? 이처럼 소문이 빠르게 퍼진다는 것을 의미하는 속담이에요.

함흥차사 _{성어} 한 번 심부름 간 뒤 아무 소식이 없을 때 쓰는 말.

咸興差使: 다 함, 일어날 흥, 어긋날 차, 부릴 사

💬 우유 가지러 간 종수는 아직도 **함흥차사**니?

'함흥'은 북쪽에 있는 고을의 이름이고 '차사'는 임금이 보내는 사신을 일컬어요. 조선을 세운 태조 이성계는 아들들의 반란이 계속되자 왕위를 물려주고 함흥으로 가 버렸어요. 훗날, 아들 이방원이 왕위에 오르고 아버지를 모셔 오기 위해 함흥으로 차사들을 계속 보냈는데, 이성계는 함흥에 오는 차사마다 다 죽이거나 가두어 버렸답니다. 이때부터 심부름 간 사람이 돌아오지 않을 때, '함흥차사'라고 표현하기 시작했어요.

혀끝에 오르내리다   남들 입에 화젯거리로 오르다.

▶ 입에 오르내리다

💬 서하는 워낙 특이한 옷을 좋아해서 늘 옷차림이 사람들의 **혀끝에 오르내린다**.

실속을 나타내는 표현

실속은 열매의 알맹이가 꽉 차 있는 것처럼 알차고 내실 있는 상태를 말해요.

겉만 번지르르하다   그럴듯하나 실속이 없다.
- 예) 이 장난감은 아무 기능이 없이 **겉만 번지르르하잖아**!

내실을 다지다   속을 알차게 만들다.
- 예) 올해는 야구부의 **내실을 다지기** 위해 많은 훈련을 할 예정입니다.

겉으로 보이는 것보다 내부를 더 가치 있고 알차게 만든다는 것입니다.

밑 빠진 독에 물 붓기 (속담)   아무리 힘을 들여도 보람 없이 헛된 일이 되다.
▶ 밑 빠진 항아리에 물 붓기 (속담)
- 예) 수학 학원을 계속 다니는 것은 **밑 빠진 독에 물 붓기**인 것 같아.

'독'은 항아리와 비슷하게 생긴 큰 도자기예요. 밑이 빠졌다는 것은 아래쪽에 구멍이 났다는 뜻이에요. 아무리 물을 부어도 채워질 수 없는 것처럼 공을 들여도 결국에는 보람 없이 헛된 일이 되었을 때 이 속담을 사용해요.

빈 수레가 요란하다 (속담)   실속 없는 사람이 겉으로 더 떠들어 댄다.
▶ 속이 빈 깡통이 소리만 요란하다 (속담)
- 예) **빈 수레가 요란하다고**. 쟤는 아는 것도 없으면서 제일 크게 떠들어.

수레는 가벼울수록 덜컹덜컹 소리가 더 크지요. 빈 깡통이 더 요란한 소리를 내면서 굴러가는 것과 마찬가지죠. 실속 없고 실력도 없는 사람이 허세를 부리거나 말만 많을 때 사용해요.

빛 좋은 개살구 속담 겉만 그럴듯하고 실속이 없다.

예 쟤는 <u>빛 좋은 개살구</u>처럼 키만 컸지 달리기는 전혀 못 하네.

야생 상태거나 맛이나 질이 떨어지는 것 앞에는 '개' 자를 붙여요. '개복숭아', '개살구'처럼요. 그러니까 이 속담은 겉보기에는 먹음직스러운 빛깔을 띠고 있지만, 막상 먹어 보면 맛없는 개살구라는 것으로 겉만 번지르르하고 실속은 없다는 뜻이랍니다.

소문난 잔치에 먹을 것 없다 속담 큰 기대에 비해 실속이 없다.

예 <u>소문난 잔치에 먹을 것 없다</u>고 예고편은 엄청 화려하더니 막상 영화는 재미없더라.

속 빈 강정 속담 겉만 그럴듯하고 실속이 없다.

예 그 회사는 규모만 컸지 <u>속 빈 강정</u>이다.

속살이 찌다 겉으로 드러나지 않으면서도 실속이 있다.

예 그 회사는 생각보다 <u>속살이 찐</u> 기업이어서 투자자들이 눈독을 들이고 있다.

옷에 가려서 겉으로 드러나지 않는 부분의 살을 '속살'이라고 해요. 겉으로 드러나지 않지만, 안으로는 통통하게 살이 쪘으니 그만큼 내실이 있다는 의미입니다.

속을 차리다 자기의 실속을 꾸리다.

예 남 좋은 일만 하지 말고 이제 너도 <u>속 좀 차려</u>. 네 앞날도 생각해야지.

속이 차다 생각이나 행동이 믿음직스럽고 착실하다.

예 저 사람이 덜렁대 보여도 <u>속이 찬</u> 사람이야.

배춧속이 노랗고 단단하게 꽉 찬 것을 보고 '배추가 속이 찼다'고 말하지요. 이것을 사람에 비유해 생각이나 행동이 허튼 데 없이 착실할 때 '속이 차다'라는 표현을 사용해요.

씨알머리가 없다 실속 없거나 하찮다.

📙 **씨알머리 없는** 농담은 하지 말고 너 할 일이나 빨리해.

'씨알'은 열매나 곡식의 씨, 종자를 가리키는 말이에요. '씨알머리'는 그것을 속되게 이르는 말이죠. 열매 안에 씨가 없다면 가장 중요한 것이 없다는 것이겠죠? 그만큼 실속 없고 쓸모없다는 뜻이랍니다.

씨알이 먹다 말이나 행동이 조리에 맞고 실속 있다.

📙 이제 다 컸다고 **씨알 먹은** 소리도 할 줄 아는구나.

얌전한 고양이가 부뚜막에 먼저 올라간다 속담
겉으로는 아무것도 못 할 것처럼 보이나 알고 보면 자기 실속을 다 차린다.

📙 **얌전한 고양이가 부뚜막에 먼저 올라간다**더니, 현주에게 제일 먼저 남자 친구가 생겼다!

유명무실 성어   이름만 그럴듯하고 실속은 없다.
有名無實: 있을 유, 이름 명, 없을 무, 열매 실

📙 지각하면 벌금을 내자는 그 규칙은 **유명무실**해져 아무도 지키지 않았다.

한자 그대로 풀이하면 이름은 있고 열매는 없다는 것이에요. 유명하다고 이름이 났는데 실제로는 아무 내용도 없고 실속도 없을 때 사용하는 표현이에요.

입만 살다 말만 그럴듯하게 잘하다.

📙 누나는 하라는 청소는 하지도 않은 채 **입만 살아서** 별의별 핑계만 댄다.

허례허식 성어   실속이나 정성이 없다.
虛禮虛飾: 빌 허, 예절 례, 빌 허, 꾸밀 식

📙 이모는 **허례허식** 없는 작은 결혼식을 하셨어.

마음도 정성도 없이 겉으로 보이는 형식에만 치우쳐 내실이 없다는 말입니다.

줏대 없음을 나타내는 표현

줏대는 수레바퀴 가장자리에 달린 쇠붙이를 말해요. 수레바퀴에 이 줏대가 없다면 똑바로 가지 못하고 이리저리 흔들린다고 해요. 사람의 행동이나 마음도 줏대가 없으면 왔다 갔다 흔들리는 경우가 많아요. 그만큼 줏대는 물건에나 사람에게나 중요한 것이지요. 그래서 몸속의 중요한 장기인 '간', '쓸개' 등에 빗대어 줏대 없음을 표현하기도 한답니다.

간도 쓸개도 없다 자존심 없이 남에게 굽히다.

예) 넌 간도 쓸개도 없니? 우리를 무시하는 저 녀석의 편을 들게?

몸속에 있어야 할 간과 쓸개가 없다는 것은 가장 중요한 것이 없다는 말이지요? 자신의 중심을 잡아줄 생각이나 자존심 없이 남에게 굽히거나 이리저리 휘둘리는 것을 일컫는 표현이에요.

간에 붙었다 쓸개에 붙었다 한다 속담
이익에 따라 이편에 붙었다 저편에 붙었다 한다.

▷ 간에 붙었다 염통에 붙었다 한다
예) 간에 붙었다 쓸개에 붙었다 하는 친구는 진짜 친구가 아니야.

부화뇌동 성어 자기주장 없이 남의 의견에 무조건 따른다.
附和雷同: 붙을 부, 화목할 화, 우레 뢰, 한가지 동
예) 다른 사람의 의견에 무조건 부화뇌동하는 것은 문제가 있다.

'부화'는 남의 의견에 무조건 붙어서 따른다는 뜻이고 '뇌동'은 우레가 울리면 세상 만물도 함께 울린다는 뜻이에요. 그러니까 '부화뇌동'은 우레가 울리면 세상이 따라 울리는 것처럼 소신도 줏대도 없이 남을 따라 한다는 의미가 됩니다.

속없다 생각에 줏대가 없다.

예 남의 말이라면 무조건 믿는 속없는 친구 때문에 걱정이야.

'속'은 안쪽 부분이라는 뜻도 있지만 품고 있는 마음이나 생각을 뜻하기도 해요. 그러니 '속없다'는 것은 생각이 없는 것이나 마찬가지죠.

속을 빼놓다 자존심을 버리고 감정을 억누르다.

예 그 친구와 싸우지 않으려면 속을 빼놓고 말해야 한다.

쓸개가 빠지다 비겁하고 줏대가 없다.

예 이런 쓸개 빠진 녀석! 헤어진 여자 친구한테 또 연락하면 어떡해?

'쓸개'를 한자로 담(膽)이라고 하는데, '담력이 있다', '대담하다'라는 말에서 보듯이 '쓸개'가 용기를 나타내지요. 그러니까 쓸개가 빠졌다는 것은 그만큼 용기 없이 비겁하고 줏대가 없다는 뜻이 됩니다.

우유부단 성어 어물어물 망설이기만 하고 맺고 끊질 못하다.

優柔不斷 : 넉넉할 우, 부드러울 유, 아닐 부, 끊을 단

예 난 우유부단한 성격 때문에 물건 고르기가 너무 어려워.

일을 결정하고 진행해야 하는데 딱 잘라서 결단하지 못하고 어물거린다는 뜻이에요.

친구 따라 강남 간다 속담

자기는 하고 싶지 않으나 남에게 끌려 덩달아 하게 되다.

예 친구 따라 강남 간다고 너도 재랑 같이 여기 수학 학원에 다니는 거야?

'강남'은 우리나라 강남이 아니라 중국의 변두리 지역을 말해요. 아주 멀고 가기도 힘든 곳이죠. 그런데 친구가 간다니까 멀고 잘 모르는 강남까지 따라간대요. 원래 하고 싶었던 일은 아닌데 남이 하니까 덩달아 하게 되는 경우를 일컫는 속담이에요.

시간을 나타내는 표현

눈 깜짝할 사이   매우 짧은 순간.

예) 오빠는 눈 깜짝할 사이에 복숭아를 다 먹어 치웠다.

눈을 살짝 감았다 뜨는 짧은 순간을 의미해요. '한순간'이라는 말도 눈을 한 번 감았다가 뜨는 사이를 일컫지요.

백날이 가도
아무리 많은 날이 지나가더라도.

예) 백날이 가도 나의 조국 대한민국을 향한 내 마음은 변치 않을 것입니다.

'백날'은 많다는 의미를 나타내요.

시시각각 성어   각각의 시각.
時時刻刻: 때 시, 때 시, 새길 각, 새길 각

예) 시시각각 변하는 달의 모양을 관찰하는 숙제를 내주셨다.

시(時)는 때나 시각을 의미하고, 각(刻)은 새긴다는 뜻인데 물시계에 새겼던 눈금을 나타내는 말이기도 하지요. 그래서 '시시각각'이라고 하면 각각의 시각을 일컫는 말이 되는 것입니다.

십 년이면 강산도 변한다 속담   세월이 흐르면 모든 것이 다 변한다.

예) 십 년이면 강산도 변한다는데, 고모는 하나도 안 변하셨어요.

세월이 흐르면 사람도 자연도 다 변한다는 뜻이에요.

요람에서 무덤까지 태어나면서부터 죽을 때까지.

예 사람은 <u>요람에서 무덤까지</u> 배우고 또 배워야 한다.

'요람에서 무덤까지'는 영국에서 실시한 사회 보장 제도의 슬로건이에요. '요람'은 갓 태어난 아이를 흔들어 재우는 물건이에요. '무덤'은 죽은 사람을 묻어 두는 곳이죠. 그러니 '요람에서 무덤'까지라고 하면 태어나서 죽을 때까지라는 의미가 된답니다.

전광석화 성어 매우 짧은 시간.
電光石火: 번개 전, 빛 광, 돌 석, 불 화

예 떡볶이를 보니 어린 시절에 자주 먹었던 기억이 <u>전광석화</u>처럼 스치고 지나갔다.

번갯불이나 부싯돌의 불이 한 번 번쩍하는 매우 짧은 시간을 말해요. 그만큼 재빠른 움직임을 나타내기도 하지요.

차일피일 성어 이날 저 날 시간을 계속 미루는 모습.
此日彼日: 이 차, 날 일, 저 피, 날 일

예 방학 숙제를 <u>차일피일</u> 미루다가 결국 다 못해 갔다.

약속한 날짜나 시간을 계속 미루면서 지키지 않을 때 사용하는 말이에요.

찰나의 순간 매우 짧은 순간.

예 할아버지는 지나온 세월이 <u>찰나의 순간</u>처럼 느껴진다고 하셨다.

찰나(刹那)는 고대 인도에서 쓰던 가장 작은 시간 단위인 크사나(ksana)를 한자어로 옮겨 표현한 것이에요. 지금의 시간으로 바꿔 보면 1찰나는 약 0.013초라고 하니 얼마나 짧은 순간인지 짐작이 가지요?

촌각을 다투다 매우 급한 상황이어서 서두르다.

예 응급실에서는 <u>촌각을 다투는</u> 일들이 매일 일어나고 있다.

각(刻)은 물시계에 새겼던 한 눈금을 일컬어요. 대략 15분 정도를 말해요. 그중에서도 촌각(寸刻)은 1각의 10분의 1에 해당하는 매우 짧은 시간을 의미해요. '다투다'는 싸운다는 뜻이 아니라 상황이 너무 급해서 1초도 아까운 상황이라는 뜻이랍니다.

하루가 여삼추 속담 짧은 시간이 매우 길게 느껴진다는 말.

▶ 일각여삼추 성어

예 새벽부터 여행지 이곳저곳을 돌아다녔더니 **하루가 여삼추** 같다.

여삼추(如三秋: 같을 여, 셋 삼, 가을 추)는 세 번의 가을을 지난 것과 같다는 말이니 삼 년과 같다는 뜻이에요. '하루가 여삼추'라는 것은 하루가 삼 년처럼 길게 느껴진다는 거지요. 비슷한 말로 '일각여삼추'가 있는데 십오 분이 삼 년처럼 느껴진다는 말이에요.

하루아침에   별안간.

예 그 사람은 먹는 소리를 들려주는 개인 방송을 하여 **하루아침에** 유명해졌다.

재밌는 표현이 와르르!

성격
을 나타내는 **찰떡 표현**

- 조급함
- 느긋함
- 적극적, 대범함
- 소극적, 소심함
- 잘난 체
- 뻔뻔함, 염치없음
- 부끄러움
- 무례함
- 고집, 융통성
- 몰인정
- 밝음, 쾌활함
- 정직함, 솔직함
- 자유로움
- 겸손

조급함을 나타내는 표현

어떤 일로 마음이 급하면 발을 동동 구르거나 엉덩이가 들썩들썩하지요? 그래서 조급함을 나타내는 표현에는 이렇게 급할 때 나오는 행동을 묘사한 표현들이 많아요.

고삐를 조이다 긴장되게 하다.

◉ 시상식이 코앞이라 여배우들은 드레스를 입기 위하여 다이어트에 <u>고삐를 조였다</u>.

'고삐'는 소나 말에 매어서 끄는 줄을 뜻해요. 이 고삐를 잡아당겨 조이고 있다는 것은 곧 출발하거나 움직일 준비를 하고 있다는 거예요. 그만큼 바짝 긴장되게 한다는 뜻이랍니다.

급히 먹는 밥이 목이 멘다 속담
급하게 서둘러 일을 하면 실패하게 된다.

◉ <u>급히 먹는 밥이 목이 멘다</u>더니, 서둘러 나온다고 지갑을 두고 왔어.

급하게 밥을 먹다가 음식이 체하여 고생한 경험이 있다면 이 속담을 금방 이해할 수 있을 거예요. 무슨 일이든 급하게 서두르다가는 잘못될 수 있다는 것을 비유적으로 표현한 속담이랍니다.

길이 바쁘다 빨리 가야 해서 서두르다.

◉ 나는 갈 <u>길이 바빠서</u> 이만 먼저 갈게. 나중에 봐!

목적하는 곳까지 빨리 가야 할 사정이 있을 때 사용하는 표현이에요. 주로 '갈 길이 바쁘다'고 사용하지요.

눈코 뜰 사이 없다 정신 못 차리게 몹시 바쁘다.

🔵 발표회 준비하랴, 봉사 활동하랴. 요즘 정말 **눈코 뜰 사이 없다**니까!

눈을 감았다 뜰 겨를도 없을 만큼 몹시 바쁘다는 뜻이에요. '뜬다'는 것은 눈에만 해당하는 말이지만 의미를 강조하기 위해 코까지 함께 사용해 표현했답니다. '눈코 뜰 새 없다'고 줄여서 사용하는 경우가 더 많아요.

동분서주 성어 이리저리 몹시 바쁘게 돌아다니다.

東奔西走: 동쪽 동, 달릴 분, 서쪽 서, 달릴 주

🔵 깜빡하고 준비물을 안 가지고 와서 빌리러 다니느라고 **동분서주**하고 있다.

동쪽으로 달리고 서쪽으로 달린다는 뜻으로 몹시 바쁘게 움직이는 모양을 표현한 말이에요.

몸살이 나다 어떤 일을 하고 싶어 안달이 나다.

🔵 새 게임기를 사고 싶어 **몸살이 났구나**.

온몸이 쑤시는 몸살이 나면 이리저리 뒤척거리고 끙끙대지요. 그 모습이 안달이 나서 안절부절못하는 모습과 닮아 '몸살이 나다'라고 표현해요.

몸이 달다 마음이 조급하다.

🔵 아이는 놀이공원에 가자는 말에 **몸이 달았는지** 벌써 문 앞에 서 있었다.

'달다'는 마음이 몹시 조급해진다는 뜻이에요. 거기에 몸까지 달았으니 더 급하겠지요? 마음이 조급해 안절부절못하는 모습을 두고 몸이 달았다고 해요.

발등에 불이 떨어지다 어떤 일이 닥쳐서 몹시 급하다.

▶ 불똥이 떨어지다

🔵 책상에 앉아 공부를 다 하다니! **발등에 불이 떨어졌구나**.

발을 구르다 매우 다급하다.
- 예) 기다리는 버스가 오지 않아 **발을 동동 굴렀다**.

화장실이 급할 때 나도 모르게 발을 동동 구르게 되지요? 발을 구른다는 것은 이처럼 매우 다급한 상황이라는 뜻이에요.

발이 빠르다 신속히 움직이다.
- 예) 우리 반 아이들은 선생님의 설명을 듣고 **발 빠르게** 움직였다.

번갯불에 콩 볶아 먹겠다 속담
성질이 조급하여 무엇이든 당장 해치우려 하다.
- 예) **번갯불에 콩 볶아 먹겠다**! 무슨 결혼을 그렇게 서두르니?

벼락 치듯 아주 빠르게.
- 예) 그 많은 일을 **벼락 치듯** 해치웠다면서?

부리나케 서둘러서 아주 급하게.
- 예) 갑자기 소낙비가 내려 **부리나케** 나무 밑으로 뛰어갔다.

'불이 나게'에서 나온 말이에요. 옛날에는 불씨를 만들기 위해서 옴폭 팬 돌에 나뭇가지를 세게 돌려 불꽃을 일으켰죠. 이때, 나뭇가지를 아주 빠르게 돌려야 했어요. '부리나케'란 불꽃이 일어날 정도로 급하고 빠르게 몸을 놀리는 것을 말해요.

분초를 다투다 급하게 서두르다.
- 예) 응급 환자는 **분초를 다투기** 때문에 수술을 지체할 수 없다.

'분초'는 분과 초를 뜻하는 말로 아주 짧은 시간을 의미하지요. 아주 짧은 시간이라도 아껴 가며 급하게 서두른다는 뜻입니다.

설레발치다 몹시 서두르며 부산하게 굴다.

◎ 형제는 처음 해외여행을 간다며 새벽부터 <u>설레발쳤다</u>.

가만히 있지 않고 자꾸 움직이는 행동을 '설레'라고 해요. 거기에 '발'이라는 말이 붙어 '설레발'이 된 것이죠.

쇠뿔도 단김에 빼랬다 속담
어떤 일이든 하려고 생각했으면 망설이지 말고 바로 행동으로 옮겨라.

▶ <u>쇠뿔도 단김에 빼라</u> 속담

◎ <u>쇠뿔도 단김에 빼랬다</u>고, 말이 나온 김에 바로 가 보자.

우리 조상들은 소를 부릴 때 뿔에 다칠 수도 있어서 뿔을 뽑기도 했어요. 뿔을 뺄 때는 그냥 빼면 안 빠지니까 뿔을 뜨겁게 달궈요. 그러면 뿔이 몰랑몰랑해지겠죠? 그럴 때 즉시 빼야지 미적거리면 다시 굳어져서 빼기 힘들다고 해요. 그래서 망설이다 시기를 놓치면 안 된다는 뜻으로 '쇠뿔도 단김에 빼랬다'는 속담이 생긴 거예요.

숨 돌릴 사이도 없이 잠깐의 여유도 없이.

▶ 숨 돌릴 틈도 없이

◎ 영어 학원에서 돌아온 종혁이는 <u>숨 돌릴 사이도 없이</u> 태권도 학원을 가야 했다.

숨 쉴 사이 없이 쉴 만한 여유도 없이.

▶ 숨 쉴 틈도 없이

◎ <u>숨 쉴 사이 없이</u> 바쁘게 지내다 보니 벌써 일 년이 지나갔네요.

◎ 요즘 너무 바빠서 <u>숨 쉴 틈도 없이</u> 일하고 있어.

'사이'는 작은 시간, 여유, 짧은 틈을 가리켜요. 숨 쉴 사이도 없다는 것은 숨을 쉬는 정도의 아주 짧은 여유도 없이 다급하고 몹시 바쁘다는 것을 뜻합니다.

숨도 쉬지 않고 여유가 없이 급하게.
예 너무 배가 고픈 나머지 숨도 쉬지 않고 후다닥 밥을 먹었다.

숨이 가쁘다 어떤 일이 몹시 힘에 겹거나 급박하다.
예 우리나라는 6·25 이후 숨이 가쁘게 발전했다.

숨이 넘어가는 소리
몹시 다급하여 급하게 내는 소리.
예 연우는 황급히 교실로 뛰어 들어오며 숨넘어가는 소리로 친구가 다쳤다고 했다.

안달이 나다 조급해하다.
예 빨리 놀러 나가고 싶어서 안달이 났구나?

속을 태우며 조급하게 구는 일을 '안달'이라고 해요.

엉덩이가 가볍다 오래 머물지 못하고 바로 자리를 뜨다.
▶ 궁둥이가 가볍다
예 걔는 엉덩이가 가벼워서 가만히 오래 앉아 있지를 못해.

'엉덩이가 가볍다'는 진득하게 한곳에 오래 앉아 있지 못한다는 뜻이에요. 그만큼 조급해서 여기저기 옮겨 다닌다는 것이죠. 한 직장에 오래 근무하지 못한다는 뜻도 가지고 있어요.

엉덩이가 근질근질하다
가만히 앉아 있지 못하고 자꾸 움직이고 싶어 하다.
예 빨리 집에 가고 싶어서 엉덩이가 근질근질했다.

'근질근질하다'는 어떤 것이 살갗에 닿아 가려운 느낌이 든다는 뜻이에요. 어떤 행동을 하고 싶어서 자꾸 움직이고 싶은 충동을 느낀다는 뜻으로도 쓰이죠.

우물에 가 숭늉 찾는다 〔속담〕 일의 순서도 모르고 성급하게 덤비다.
예 **우물에 가서 숭늉 찾는다**더니, 그림 그리는데 스케치도 안 하고 바로 색칠하려고?

숭늉을 만들려면 우선 밥부터 짓고 그다음에 누룽지에 물을 부어 끓여야 하죠. 그런데 물만 있는 우물에 가서 숭늉을 찾는다고 하네요. 이것은 일이 되는 순서와 차례도 모르고 성질만 너무 급하다는 뜻이랍니다.

이리 뛰고 저리 뛰다 몹시 분주하게 움직이다.
예 엄마는 설 명절 음식을 장만하려고 시장을 **이리 뛰고 저리 뛰셨다**.

입이 근질근질하다 말하고 싶어 참을 수가 없다.
예 수학 백 점 받은 사실을 친구들에게 자랑하고 싶어서 **입이 근질근질했다**.

한시가 바쁘다 시각을 다툴 만큼 바쁘다.
▶ 한시가 급하다, 일시가 바쁘다
예 시간 맞춰 공항에 가려면 **한시가 바쁜**데 왜 이렇게 음식이 안 나오는 거지?
예 오늘까지 이 일을 다 끝내려면 **한시가 급하다**.

'한시', '일시'는 모두 잠깐을 일컫는 말이에요. '한시가 바쁘다'는 잠깐의 여유도 없을 만큼 바쁘다는 뜻입니다.

느긋함을 나타내는 표현

고삐를 늦추다 긴장을 누그러뜨리다.
ⓔ 연장전까지 선수들은 **고삐를 늦추지** 않고 최선을 다해 싸웠다.

궁둥이를 붙이다 앉아서 여유를 갖고 쉬다.
ⓔ 이제 좀 **궁둥이를 붙였는데** 또 심부름하라고요?

궁둥이를 붙인다는 것은 어딘가에 앉아 있다는 뜻이에요. 앉아서 여유를 갖고 쉰다는 의미도 있고 한 군데에 자리 잡고 머물러 터전을 잡았다는 의미도 있답니다.

늑장을 부리다 서두르지 않고 느긋하게 하다.
ⓔ 이렇게 **늑장을 부리다간** 버스 놓치겠어! 어서어서 빨리 준비해.

'늑장'은 느릿느릿 꾸물거리는 태도를 일컬어요. '부리다'는 이런 행동을 계속 한다는 뜻이죠. 한시가 급한데 꾸물거리며 느긋하게 행동할 때 사용하는 표현이에요.

머리를 식히다 긴장된 마음을 가라앉히다.
ⓔ 미영이와 나는 **머리를 식힐** 겸 운동장을 한 바퀴 돌았다.

일을 너무 많이 하거나 스트레스를 받으면 열이 오른다고 하죠? 반대로 머리를 식히는 것은 흥분되거나 긴장된 마음을 가라앉힌다는 뜻이 됩니다.

세월아 네월아 시간을 그냥 흘려보내다.
ⓔ 그렇게 **세월아 네월아** 하다가 이 많은 일을 언제 다 할래?

'세'는 숫자 3을, '네'는 숫자 4를 뜻해요. 아까운 시간을 석 달, 넉 달 계속 그냥 흘려보낸다는 뜻이에요. 사실 '네월'이라는 단어는 없어요. '세월'이라는 말을 따라 재미있게 표현한 것이죠.

엉덩이가 무겁다 한자리에 오랫동안 앉아 있다.

▶ 궁둥이가 무겁다

예 지아는 **엉덩이가 무거워서** 한 번 앉으면 세 시간이고 네 시간이고 책을 읽는다.

'엉덩이가 가볍다'의 반대말이에요. 어디에 한 번 앉거나 자리를 잡으면 좀처럼 일어나지 않고 진득하게 버티고 있다는 뜻이죠.

여유만만 성어 아주 침착하고 느긋하다.

餘裕滿滿 : 남을 여, 넉넉할 유, 가득 찰 만, 가득 찰 만

예 상대 팀은 그동안 연습을 많이 했는지 **여유만만**인 모습을 보였다.

사람의 성품이나 언행이 침착하고 느긋할 때 사용하는 표현이에요.

한숨을 돌리다 여유를 갖다.

예 이 숙제만 다 끝내고 **한숨 돌리자**.

'한숨'은 한 번 내쉬는 숨을 말해요. 힘든 일을 마치거나 바쁜 일이 끝나면 숨을 고르기 위해 한숨을 내쉬죠. 힘겨운 고비를 넘긴 후, 또는 바쁘게 움직이다가 여유를 갖게 되었다는 뜻이에요.

적극적이거나 대범함을 나타내는 표현

사소한 것에 얽매이지 않고 무슨 일이든 앞장서는 긍정적이고 진취적인 성격이나 태도를 나타내는 표현들입니다.

간이 붓다 지나치게 대담하다.

▶ 간덩이가 붓다, 간땡이가 붓다

- 예) 그 위험한 곳을 갔다고? 얘가 <u>간이 부었네.</u>
- 예) 쟤는 <u>간땡이가 부었는지</u> 웬만한 거로는 놀라지도 않아.

간이 큰 것은 대담하다는 것인데 그보다 더 부었다는 것은 대담한 것이 지나치다는 부정의 의미가 포함되어 있어요.

간이 크다 겁이 없고 대담하다.

▶ 간덩이가 크다, 간땡이가 크다

- 예) 혼자 여행을 가다니 너 보기보다 <u>간이 크구나.</u>

한의학에서 간(肝)은 오행 중 나무에 해당한다고 보는데, 에너지가 모여 있는 곳이자 일을 새로 추진하거나 이끌어 가는 힘이 있다고 봐요. 그래서 '간이 크다'라고 하면 추진력이나 결단력이 있어 대담하다는 뜻이 되는 것이죠.

거침없다 걸리거나 막힘이 없다.

- 예) 발표자는 쏟아지는 질문에 <u>거침없이</u> 대답했다.

'거침'은 행동이나 말이 중간에 걸리거나 막히는 것을 뜻해요. '거침없다'는 그런 것이 없다는 것이니 막힘이 없다는 말이죠. 주로 '거침없이'의 꼴로 쓰여 대범하게 말하고 행동할 때 사용합니다.

눈도 깜짝 안 하다 태연하다.

예) 유령의 집에 들어가도 예슬이는 **눈도 깜짝 안 하더라**.

눈앞에서 놀라거나 무서운 일이 생기면 자기도 모르게 눈을 감게 되지요? 그런데 이런 경우에 눈도 깜짝 안 한다고 하니 조금도 놀라지 않고 태연하다는 뜻이 돼요. 큰일을 당하고서도 당황하거나 동요하지 않고 아주 대범하다는 말이죠.

눈썹도 까딱하지 않다 아주 태연하다.

예) 소영이는 번지 점프대에 섰는데 **눈썹도 까닥하지 않더라**.

뒤끝이 없다 좋지 않은 감정을 마음에 담아 두지 않다.

예) 그 친구와 나는 자주 싸워도 **뒤끝이 없어서** 우정이 오래 간다.

'뒤끝'은 일의 맨 끝이라는 뜻인데, 좋지 않은 일을 당한 후 여전히 남아 있는 감정이라는 뜻으로 확대되어 쓰이기도 해요.

물불을 가리지 않다 막무가내로 행동하다.

예) 친구 일이라면 **물불을 가리지 않고** 달려드는 오빠 때문에 늘 걱정이다.

물이나 불은 잘 사용하면 유익하지만, 위험할 때도 많아요. 물불을 가리지 않는다는 것은 좋은 일인지 위험한 일인지 따져 보지도 않고 막무가내로 행동한다는 뜻입니다.

발 벗고 나서다 적극적으로 나서다.

예) 맹추위에 수도관이 터져서 온 가족이 물을 퍼내는 데 **발 벗고 나섰어요**.

발 벗고 나선다는 것은 맨발로 나선다는 뜻이에요. 농사를 짓던 옛날에는 서로의 일을 도와주며 살았어요. 이때 논에 들어가 일을 하려면 신발도 버선도 벗고 맨발로 들어가야 했죠. 그래서 발 벗고 나선다는 표현이 어떤 일에 적극적으로 동참한다는 뜻이 되었답니다.

배포가 크다 생각이 깊고 마음 씀씀이가 크다.

예 만덕은 어려운 이웃을 위해 그렇게 큰돈을 내놓다니, 정말 **배포가 큰** 사람이구나.

'배포'는 머리를 써서 일을 계획하는 것을 뜻해요. 그러니까 '배포가 크다'는 것은 큰 계획을 세우고 일한다는 뜻이죠. 생각이 깊거나 담력이 있는 사람에게 사용하는 표현으로 '배포가 두둑하다', '배포가 남다르다'도 비슷한 의미예요.

선이 굵다 성격이나 행동이 대범하다.

예 우리 아빠는 **선이 굵어서** 웬만한 일에는 놀라지도 않으셔.

생김새가 크고 튼튼한 사람을 보고 '선이 굵다'고 하는데 성격이나 행동이 대범하거나 통이 크다는 뜻도 있어요.

소매를 걷어붙이다 아주 적극적으로 나서다.

▶ 소매를 걷다

예 산불 진화에 동네 사람들이 **소매를 걷어붙이고** 나섰다.

'발 벗고 나서다'처럼 어떤 일에 적극적으로 참여하기 위해 준비하는 모습을 떠올리면 그 뜻을 이해하기 쉬울 거예요.

속이 트이다 마음이 넓고 시원시원하다.

예 우리 선생님은 **속이 트인** 사람이니까 이해해 주실 거야.

이해심이 없고 옹졸한 사람을 두고 '속이 좁다'고 하지요? '속이 트이다'는 그것과 반대로 생각하면 돼요. 즉 마음이 넓고 대범하다는 뜻이죠.

손길을 뻗치다 적극적으로 간섭하다.

▶ 손을 뻗치다

예 우리나라는 가뭄이 심해진 아프리카에 구호의 **손길을 뻗쳤다**.

신경이 굵다 대범하다.

예) 이래 봬도 내가 **신경이 굵은** 사람이라 이만한 일로는 놀라지도 않아.

신경 세포는 우리 몸에 들어오는 자극을 전달해 주는 역할을 해요. 실제로 신경 세포가 굵어지는 것은 아니지만 어지간한 일에는 자극을 받지 않는다는 뜻으로 '신경이 굵다'는 말을 사용해요. 반대로 '신경이 가늘다'고 하면 사소한 일에도 자극을 받을 정도로 소심하다는 뜻이 됩니다.

심장이 강하다 두려움 없고 버티는 힘이 세다.

예) 결승전이 코앞인데 안 떨리니? 넌 정말 **심장이 강하구나!**

놀라거나 두려운 일을 당했을 때 심장이 뛰고 덜덜 떨리는 것 같지요? 그런데 이런 상황에서도 심장이 강하고 멀쩡하다고 하니 두려움 없이 버티는 힘이 세다는 것이죠.

앞뒤를 가리지 않다 이것저것 생각하지 않고 마구 행동하다.

예) 그 친구는 평소엔 차분한데 화가 나면 **앞뒤를 가리지 않는** 성격이야.

어깨를 들이밀다 몸을 아끼지 않고 뛰어들다.

예) 자기가 먼저 하겠다고 **어깨를 들이밀고** 덤비는데 내가 어떻게 당하겠어?

통이 크다 행동이 너그럽고 대범하다.

예) 그 많은 걸 한꺼번에 다 기부하겠다고? 역시 **통 큰** 사람은 다르다니까!

소극적이거나 소심함을 나타내는 표현

스스로 해결하지 않고 그저 남이 하는 대로 따라 하거나 겁이 많아 지나치게 조심하는 성격이나 태도를 나타내는 표현들입니다.

간이 작다 대담하지 못하고 겁이 많다.
예 나는 간이 작단 말이야. 유령의 집은 무서워서 근처도 가기 싫어.

꾸어다 놓은 보릿자루 속담
여럿이 모인 자리에서 아무 말도 없이 가만히 있는 사람을 이르는 말.

예 꾸어다 놓은 보릿자루처럼 거기서 뭐 하니? 이리 와서 같이 놀자.

많은 사람이 모여 웃고 떠들 때 구석에서 아무 말도 하지 않고 묵묵히 가만히 있는 사람을 일컫는 속담이에요. 방 한구석에 남의 집에서 꾸어다 놓은 보릿자루처럼 외떨어져 가만히 있는 사람을 말하죠.

꿀 먹은 벙어리 속담 속에 있는 생각을 나타내지 못하는 사람을 이르는 말.
예 꿀 먹는 벙어리처럼 가만히 있지 말고 너도 네 의견을 말해 봐.

'벙어리'는 원래 언어 장애인을 낮잡아 이르는 말이에요. 그런데 몰래 꿀까지 먹고 혹여나 들통날까 봐 입도 뻥긋하지 못하는 상황을 생각해 보세요. 이처럼 속에 있는 생각을 제대로 말하지 못하는 사람을 두고 '꿀 먹은 벙어리'라고 합니다.

뒤꼬리를 따르다 뒤떨어져서 소극적으로 움직이다.
예 평소 다른 사람의 뒤꼬리를 따르던 영우가 먼저 의견을 내었다.

'뒤꼬리'는 뒤쪽에 있다는 뜻을 강조한 표현이에요. 뒤를 졸졸 따른다는 것은 남보다 뒤떨어져서 남이 하는 것만 소극적으로 따라 움직인다는 뜻입니다.

뒤를 사리다 뒷일을 걱정하여 미리 조심하다.

예 친구는 <u>뒤를 사리느라고</u> 고개를 절레절레 저었다.

겁먹은 강아지가 꼬리를 다리 사이에 구부려 끼고 슬금슬금 피하는 것을 본 적이 있나요? 그런 모습을 두고 꼬리를 사린다고 해요. 뒤를 사린다는 것도 지레 겁을 먹고 미리 발뺌하거나 조심한다는 뜻이에요.

뜸을 들이다 서둘지 않고 가만히 있다.

예 그렇게 <u>뜸 들이지</u> 말고 빨리 말해 봐!

밥을 할 때 속속들이 잘 익히기 위해 한동안 뚜껑을 열지 않고 그대로 두는 것을 뜸을 들인다고 해요. 일이나 말을 할 때 서둘지 않고 한동안 가만히 있는 것을 뜸을 들이는 것에 비유해 나타낸 말입니다.

말만 앞세우다 말만 앞질러 하고 실천이 없다.

예 옆에서 이래라저래라 <u>말만 앞세우지</u> 말고 네가 직접 조립해 봐.

말과 행동이 함께해야 하는데 말만 앞질러 하고 행동은 없다는 것입니다. 그만큼 실천하는 것에는 소극적이라는 뜻이죠.

몸을 아끼다 힘껏 일하지 않다.

▶ 몸을 사리다

예 그렇게 <u>몸을 아껴서</u> 어디다 쓸 거야? 이거 오늘 안에 끝내야 하니까 빨리하자.

살얼음을 밟듯 겁이 나서 매우 조심스럽게.

예 성난 호랑이 우리를 지나갈 때는 <u>살얼음을 밟듯</u> 조용히 지나가야 한다.

신경이 가늘다 소심하다.

예 나는 <u>신경이 가늘어서</u> 발표하는 건 부담스러워.

소극적·소심함 | 345

심장이 약하다 마음이 약하고 숫기가 없다.
예) 그렇게 심장이 약해서 어떻게 가수가 되겠어?

심장이 작다 겁이 많고 대담하지 못하다.
예) 난 심장이 작은 편이라 저렇게 높은 번지 점프는 보기만 해도 속이 안 좋아.

아귀가 무르다 마음이 굳세지 못하고 소심하다.
예) 동생은 아귀가 물러서 항상 물가에 내놓은 어린애처럼 걱정된다.

'아귀'는 엄지손가락과 집게손가락의 사이를 말해요. 보통 손을 꽉 쥐는 힘을 '아귀힘'이라고 하지요. '무르다'는 힘이 약하다는 뜻이니까 '아귀가 무르다'라고 하면 잡는 힘이 약하다는 거예요. 어떤 일을 꽉 잡고 늘어질 만큼 마음이 굳세지 못하고 남에게 잘 꺾인다는 뜻으로 사용하는 표현입니다.

통이 작다 너그럽지 못하고 소심하다.
예) 엄마는 통이 작아서 비싼 물건은 절대 못 사.

잘난 체하는 경우 사용하는 표현

잘난 사람들은 돋보이고 싶은 마음이 있으니 당당하게 고개를 들고 다닐 거예요. 하지만 잘난 것도 아니면서 이런 모습과 행동을 하고 있으면 잘난 체가 되는 것이죠.

거드름을 피우다 잘난 체하며 남을 업신여기는 태도를 보이다.
▶ 거드름을 부리다
예 반에서 일등 한 번 했다고 **거드름 피우는** 꼴이라니.
예 **거드름을 부리는** 동생을 보니 꿀밤 한 대 때려 주고 싶다.

'거드름'은 잘난 체하며 남을 깔보고 업신여기는 태도를 말해요.

도도하게 굴다 잘난 체하며 주제넘게 행동하다.
예 제일 잘난 것처럼 **도도하게 굴더니**, 정말 샘통이다!

'도도하다'는 여러 가지 뜻이 있어요. 말하는 모양이 거침이 없다는 뜻도 있고 매우 평화스럽고 즐겁다는 뜻도 있지요. 그런데 '굴다'라는 말과 함께 쓰이면 재미있게도 주제넘은 행동을 나타내는 표현이 돼요.

목에 힘을 주다 잘난 체하며 남을 깔보다.
예 걔, 반장 되더니 **목에 힘을 주고** 다니더라.

목에 힘을 주고 고개를 들면 자신 있어 보일 거예요. 하지만 지나치면 남을 깔보는 것처럼 느껴지죠. 고개를 숙이는 것은 겸손함을 나타내니 그 반대로 생각하면 이해하기 쉬워요.

비싸게 굴다 어떤 요구를 쉽사리 들어주지 않다.
▶ 예) 야, **비싸게 굴지** 말고 이리 와서 같이하자!

심부름 값으로 큰돈을 요구하면 "그건 너무 비싸!"라고 하지요? 이처럼 사람을 쓸 때 돈이 많이 드는 경우에도 '비싸다'라는 표현을 사용해요. '굴다'는 그러하게 행동하다는 뜻을 가지고 있어서 두 단어를 합치면 자신의 가치가 높은 것처럼 거만하게 행동한다는 뜻이 된답니다.

어깨에 힘을 주다 거만한 태도를 보이다.
▶ 어깨에 힘이 들어가다
▶ 예) 여태 1등을 놓친 적이 없으니 **어깨에 힘을 주고** 다닐만하지.

움츠린 어깨를 펴고 힘을 주고 있는 모습을 생각해 보세요.

으스대다 어울리지 않게 잘난 체하며 뽐내다.
▶ 예) 토끼는 자기가 세상에서 제일 빠르다며 **으스댔어요**.

'으시대다'라고 말하는 경우가 있는데 '으스대다'가 표준어예요.

있는 티를 내다 가진 것을 자랑하며 으스대다.
▶ 예) 그렇게 **있는 티를 내고** 싶어? SNS에 온통 남자 친구 사진뿐이네.

티를 낸다는 것은 밖으로 내보인다는 뜻이에요. 이 표현은 자기가 가지고 있는 것을 자랑하려고 말과 행동으로 으스대며 잘난 체할 때 사용해요.

코가 높다 잘난 체하며 뽐내다.
▶ 예) **코가 높은** 손님을 상대하는 것은 정말 어렵다.

코가 우뚝하다 잘난 체하며 거만하게 굴다.
▶ 예) 상을 몇 번 타더니 아주 **코가 우뚝해졌구나!**

코를 쳐들다 잘난 체하며 우쭐대다.

예) 별 거 아닌 거로 **코를 쳐들고** 다니는 모습이 참 웃겨.

콧대가 높다 잘난 체하며 뽐내다.

예) **콧대 높던** 평강 공주가 온달이랑 결혼하다니!

'콧대'는 콧등의 우뚝한 줄기예요. 그러니 '코가 높다'와 '콧대가 높다'는 같은 의미지요. '콧대'는 우쭐하고 거만한 태도를 비유적으로 이르는 말이기도 한답니다.

뻔뻔하거나 염치없을 때 사용하는 표현

뻔뻔하고 염치없는 사람은 얼굴 부끄러운 줄 모르죠. 그래서 뻔뻔하거나 염치없음을 나타내는 표현에는 '얼굴'과 연관된 다양한 표현들이 많아요.

낯이 두껍다 뻔뻔하다.
- 낯짝이 두껍다, 낯가죽이 두껍다
- 예) 잘못하고도 사과할 줄 모르다니. 너처럼 낯 두꺼운 사람은 처음 봐.

'낯이 두껍다'는 것은 얼굴이 두껍다는 뜻이에요.

낯짝이 소가죽보다 더 두껍다 염치가 전혀 없고 뻔뻔하다.
- 예) 거짓말을 밥 먹듯 하는 걸 보니 낯짝이 소가죽보다 더 두껍구나.

'얼굴', '낯', '낯짝'은 다 같은 말이에요. 이 표현은 두껍고 질긴 '소가죽'과 비교하여 더욱 강조한 표현이랍니다.

방귀 뀐 놈이 성낸다 속담 어이없고 뻔뻔하다.
- 예) 방귀 뀐 놈이 성낸다더니 늦게 와 놓고 도리어 나한테 화를 내?

자기가 방귀를 뀌고 오히려 다른 사람에게 뒤집어씌우며 화를 내는 모습을 상상해 보세요. 정말 뻔뻔한 사람이죠? 이 속담은 잘못한 사람이 도리어 화를 내는 뻔뻔하고 어이없는 상황에 사용한답니다.

벼룩도 낯짝이 있다 속담   양심도 없이 뻔뻔하다.
▶ 빈대도 낯짝이 있다 속담, 족제비도 낯짝이 있다 속담
예 벼룩도 낯짝이 있지, 네가 어떻게 여길 또 오니?

'벼룩'은 몸길이가 2mm 정도밖에 되지 않는 아주 작은 곤충이에요. '낯짝'은 '낯'이라고 하는데 체면을 뜻해요. 그러니 이 속담은 작은 벼룩마저도 체면이 있는데 하물며 사람이 염치없이 뻔뻔하게 굴어서야 되겠느냐는 뜻이랍니다. 아주 작은 벼룩과 사람을 비교해서 재미있게 표현한 것이지요.

비위가 좋다   아니꼽고 싫은 것도 잘 견디다.
예 그 소리 듣고 화도 안 나니? 넌 참 비위도 좋다.

'비위'는 동물의 내장 기관인 비장과 위를 뜻해요. 비장과 위가 튼튼하고 좋으면 비리거나 입에 맞지 않는 음식도 잘 받아들이고 소화할 수 있겠지요? 그래서 '비위가 좋다'는 아니꼽고 싫은 것도 잘 참고 견디는 힘이 있다는 의미로 쓰이게 되었답니다.

얼굴 가죽이 두껍다   뻔뻔하다.
▶ 얼굴이 두껍다
예 얼굴 가죽이 두껍지 않고서야 어떻게 매번 이런 부탁을 할까?
예 엄마는 나이가 들더니 점점 얼굴이 두꺼워지는 것 같아.

부끄러운 일을 하면 얼굴이 발그레 달아오르지요? 그런데 얼굴 가죽이 두꺼우면 밖으로 티가 나지 않잖아요. 이 말은 부끄러워하는 모습이 전혀 보이지 않고 뻔뻔하다는 뜻이에요.

염치없다   부끄러움을 모르고 뻔뻔하다.
예 모둠 숙제는 같이하지도 않았으면서 이름을 써 달라고? 너 참 염치없다.

'염치'는 욕심 없는 마음과 부끄러워하는 마음을 뜻해요. 그런데 이 두 마음이 없으니 결국 욕심만 많고 부끄러움을 모른다는 뜻이랍니다.

염치와 담을 쌓은 놈 속담 부끄러움을 모르고 뻔뻔한 사람.

예 할아버지는 쓰레기를 버리는 사람에게 "**염치와 담을 쌓은 놈**"이라고 하며 혀를 찼다.

'염치'는 부끄러움을 아는 마음이라고 했지요? 그런데 그런 마음과 담을 쌓고 있으니 부끄러움도 모르고 염치가 조금도 없다는 뜻이지요. '놈'이라는 말을 붙여 써서 낮잡아 일러요.

적반하장 성어 잘못한 사람이 아무 잘못도 없는 사람을 도리어 꾸짖는다.

賊反荷杖 : 도둑 적, 도리어 반, 꾸짖을 하, 지팡이 장

예 먼저 때린 건 너인데 왜 나보고 사과하래? **적반하장**이구나!

한자 그대로 풀이하면 도둑이 오히려 지팡이를 들고 꾸짖는다는 뜻이에요. 미안한 마음도 없이 오히려 잘한 사람을 나무라는 어처구니없는 경우나, 뻔뻔한 사람에게 흔히 쓰는 말이랍니다. 마땅히 지켜야 할 분수가 있어야 한다는 뜻의 한자어 유분수(有分數: 있을 유, 나눌 분, 셈 수)와 붙여서 '적반하장도 유분수지'의 형태로 많이 쓰여요.

철면피 성어 철갑처럼 두꺼운 얼굴을 가진 듯 염치없고 뻔뻔하다.

鐵面皮 : 쇠 철, 얼굴 면, 가죽 피

▶ 얼굴에 철판을 깔다

예 그 사람은 끔찍한 범죄를 저지르고도 뉘우칠 줄 모르는 **철면피**다.

옛날 중국에 왕광원이라는 사람이 살았어요. 이 사람은 출세를 하고 싶어서 벼슬 높은 사람 앞에서 늘 굽실거렸대요. 또 권력 있는 사람들이 채찍질까지 하며 쫓아내도 얼굴색 하나 변하지 않고 웃어넘기곤 했죠. 그래서 당시 사람들이 왕광원을 보고 "광원의 낯가죽은 열 겹의 철갑처럼 두껍다."라고 조롱하기도 했는데 여기서 '철면피'라는 말이 나왔어요. '철면피'의 한자를 풀어 보면 쇠처럼 두꺼운 얼굴 가죽이라는 뜻이랍니다.

철판을 깔다 염치없고 뻔뻔하다.

▶ 얼굴에 철판을 깔다

예 그런 짓을 하고도 여길 또 와? 아주 얼굴에 **철판을 깔았구나**!

대부분 앞에 '얼굴'을 붙여 '얼굴에 철판을 깔다'로 사용해요.

파렴치 성어 염치가 없다.

破廉恥: 깨뜨릴 파, 청렴할 렴, 부끄러울 치

예 미성년자를 이용해 돈을 버는 것은 **파렴치**한 행동이다.

'파렴치한 행동', '파렴치한 사람' 이런 말을 들어본 적이 있나요? '파렴치'는 염치를 깨뜨린다는 뜻이니 염치가 없다는 말이에요.

후안무치 성어 얼굴이 두꺼워 부끄러워할 줄 모른다.

厚顔無恥: 두터울 후, 얼굴 안, 없을 무, 부끄러울 치

예 친구의 돈을 떼먹고도 당당한 **후안무치**에 두 손 두 발 다 들었다.

얼굴이 두꺼워 부끄러움도 모르는 뻔뻔한 사람이나 그런 경우에 사용해요. '후안무치하다'라는 동사형으로도 사용해요.

부끄러움을 나타내는 표현

부끄럼을 타면 나도 모르게 얼굴이 붉게 달아오르지요? 우리가 부끄러울 때 무의식적으로 하는 행동이나 얼굴의 변화를 생각해 보면 여기의 표현들을 이해하기 쉽답니다.

귀밑이 빨개지다 몹시 부끄러워 얼굴이 빨개지다.
● 너는 걔 이야기만 나오면 <u>귀밑이 빨개지더라</u>.

부끄럼을 타면 나도 모르게 얼굴이 붉게 달아오르는 경우가 있어요. 그런데 얼굴뿐 아니라 귀밑까지 빨개졌다고 하니 부끄러움을 강조한 표현이 되지요.

낯간지럽다 남 보기에 부끄럽고 창피하다.
● <u>낯간지러워서</u> 사랑한다는 말을 못 하겠어.

'간지럽다'는 자리자리한 느낌이 들어 견디기 힘들고 몹시 거북하다는 뜻이 있어요. 이런 느낌이 얼굴에 그대로 드러난다고 생각하면 부끄럽겠지요?

낯이 뜨겁다 얼굴이 화끈거릴 정도로 부끄럽다.
▶ 얼굴이 뜨겁다
● 요즘 드라마에는 <u>낯 뜨거운</u> 장면이 너무 자주 나와.
● 키스는 영화 속 주인공이 했는데 왜 내 <u>얼굴이 뜨겁지</u>?

얼굴이 붉어지다 못해 뜨거워졌으니 다른 사람을 마주 대하기가 더 부끄러울 거예요.

머리를 긁다 수줍고 부끄러워 어쩔 줄 모르다.
▶ 머리를 긁적이다
● 그렇게 <u>머리 긁지</u> 말고 좋아한다고 말해 버려.

면구스럽다 죄송하고 민망하다.

◉ 부모님께 거짓말한 것이 **면구스러워서** 얼굴을 들 수가 없었다.

면목이 없다 미안하고 창피하여 남을 대할 수 없다.
▶ 볼 낯이 없다

◉ 약속을 지키지 못해서 아빠를 볼 **면목이 없어요.**

'면목'은 얼굴을 뜻하는 한자어예요. '면목이 없다'는 다른 사람과 얼굴을 마주하거나 눈을 마주칠 수 없을 정도로 부끄러운 심정을 나타내는 표현이에요.

몸을 꼬다 부끄럼을 타다.

◉ 무대에만 올라가면 그렇게 **몸을 꼬고** 있더라.

손발이 오그라들다
민망하고 부끄럽다.

◉ 어릴 적 유치원 발표회 동영상을 보고 있으니 **손발이 오그라들었다.**

자신 또는 다른 사람의 말이나 행동을 보고 부끄러울 때, 저절로 손가락 발가락이 오그라드는 모양을 떠올려 생긴 표현이에요.

손이 부끄럽다 건네주거나 받기 민망하고 쑥스럽다.

◉ 준선이 생일 선물이 너무 작아서 **손이 부끄러웠다.**

'손'이 부끄럽다는 감정을 직접 느끼는 것은 아니랍니다. 여기서 '손'은 무언가를 주고받는 상황을 뜻하는 거예요. 내 마음이 부끄러운 이유가 '손에 들고 있는 것' 때문이라서 이렇게 표현한 것이지요.

얼굴이 홍당무가 되다 부끄럽거나 창피하여 얼굴이 붉어지다.
- ▶ 낯바닥이 홍당무 같다
- 예) 발표하려고 일어서기만 하면 **얼굴이 홍당무가 돼**.

'홍당무'는 당근을 말해요. 부끄러워서 당근 색깔처럼 빨갛게 달아오른 얼굴을 생각하면 이해하기 쉽죠?

얼굴이 화끈거리다 수치스럽고 민망하다.
- ▶ 얼굴이 뜨겁다
- 예) 그때 일만 생각하면 **얼굴이 화끈거려서** 고개를 들고 다닐 수가 없다니까.

화끈거린다는 것은 뜨겁게 달아오른 것을 말해요.

염치를 차리다 염치를 알아 부끄럽지 않게 행동하다.
- 예) **염치를 차릴** 줄 아는 사람이었다면 그렇게 행동하지 않았겠지.

쥐구멍을 찾다 부끄럽고 난처하여 어디라도 숨고 싶다.
- 예) 벌거벗은 임금님은 너무 부끄러워 **쥐구멍을 찾고** 싶은 심정이었어요.

부끄러워서 그 자리를 피하고 싶을 때, 아주 작은 쥐구멍이라도 있으면 들어가 숨고 싶은 마음을 나타낸 표현이에요. 최선은 아니지만, 그런대로 괜찮은 것을 나타내는 '~라도'라는 조사를 붙여 사용할 때가 많아요. '쥐구멍에라도 들어가고 싶다.'처럼 말이에요.

무례함을 나타내는 표현

무례하다는 것은 말이나 태도에 예의가 없다는 뜻이에요. 상식에 어긋나고 올바르지 못한 행동을 이르기도 하지요.

되지못하다　말과 행동이 옳지 못하다.

예) 어른에게 말대꾸나 하고! **되지못한** 녀석이로구나.

'되다'라는 말에는 품격과 덕을 갖춘다는 뜻이 있어요. 그런데 부정을 나타내는 '못하다'와 합쳐졌으니 예의와 덕을 갖추지 못했다는 표현이 되었네요.

몰상식하다　상식이 전혀 없다.

예) 아니, 어쩜 저렇게 **몰상식할까**? 자기 개가 싼 똥은 치우고 가야지!

'상식'은 보통 사람들이 가지고 있는 옳고 그름의 판단력을 말해요. 몰(沒)은 전혀 없다는 뜻을 가지고 있으니 '몰상식하다'라고 하면 이런저런 상황 판단도 하지 않고 예의 없이 행동한다는 뜻이랍니다. 흔히 '상식 없다'라고도 하죠.

못된 송아지 엉덩이에 뿔이 난다 〔속담〕
못된 사람이 못된 짓만 한다는 뜻.

예) **못된 송아지 엉덩이에 뿔이 난다더니** 매일매일 사고 치고 돌아다니는구나.

송아지 머리에 뿔이 나야 정상인데 엉덩이에 뿔이 났으니 이치에 어긋나는 일이죠. 못된 녀석이 이치에 어긋나는 일까지 하고 있으니 싫은 짓만 골라서 하네요. 못된 사람이 못된 짓만 골라 할 때 쓰는 표현이에요.

방자하다　제멋대로 하며 건방지다.

예) 일본은 독도를 문제 삼으며 **방자한** 태도를 보였다.

'방자'는 제멋대로 굴고 건방진 태도를 의미해요.

사람 같지 않다 됨됨이가 바르지 않다.

▶ 인간 같지 않다
- 예) **사람 같지 않은** 사람과는 말도 섞지 마.
- 예) 그렇게 무서운 범죄를 저지르다니! **인간 같지도 않다.**

이 표현에서 '사람'은 겉이 아니라 속에 든 사람, 즉 품성이나 됨됨이를 말해요.

위아래가 없다 윗사람도 몰라보다.

▶ 찬물도 위아래가 있다 (속담)
- 예) 그 사람은 어른도 몰라보고 정말 **위아래가 없다니까.**

무엇에나 순서가 있으니 그 차례를 따라야 한다는 말이에요. 반대로 '위아래가 없다'고 하면 순서도 차례도 없다는 것이죠. 윗사람에 대한 예의도 갖추지 않고 버릇없이 구는 경우에 쓰는 표현이랍니다.

하늘 높은 줄 모르다 자기 분수를 모르다.

- 예) 영수는 자기가 제일 잘난 줄 알아. **하늘 높은 줄 모르고** 말이야.

고집이나 융통성과 관련된 표현

자신의 의견을 바꾸거나 고치지 않고 버티는 것을 고집이라고 해요. 때로는 사정과 형편에 따라 일을 처리하는 융통성이 있어야 하는데 그렇지 않고 고집을 세우면 답답할 노릇이죠.

가시가 세다   앙칼지고 고집이 세다.

예) 언니는 **가시가 세서** 우리 식구 중에 아무도 당해 내지 못한다.

'가시'는 날카롭게 누군가를 공격하거나 불평불만의 뜻을 나타낼 때 비유적으로 이르는 말이에요. 그래서 앙칼지고 고집이 세서 남에게 굽힐 줄 모를 때 '가시가 세다'고 표현해요.

각주구검 성어   어리석고 미련하여 융통성이 없다는 말.

刻舟求劍: 새길 각, 배 주, 구할 구, 칼 검

예) 더 좋은 기계가 생겼는데 아직도 옛날 방식을 고집하다니! **각주구검**이 따로 없구나.

'각주구검'에는 재미있는 고사가 있어요. 배를 타고 강을 건너던 젊은이가 귀한 칼을 강에 떨어뜨렸대요. 발을 동동 구르던 젊은이는 칼을 떨어뜨린 자리의 배 난간에 표시를 해 두었어요. 배에서 내리면 그 표시를 보고 칼을 찾기 위해서래요. 사람들은 배가 움직이는 것은 생각지도 않은 어리석은 젊은이를 놀리며, 미련하고 융통성이 없는 경우를 두고 '각주구검'이라고 말하기 시작했어요. 칼을 찾기 위해 배에 새겨 둔다는 말이죠.

늘고 줄고 하다   융통성이 있다.

예) 배가 부른데도 그걸 다 먹었어? 그럴 때는 **늘고 줄고 해서** 먹을 줄도 알아야지.

상황에 따라 늘기도 하고 줄기도 한다는 것이에요. 그때그때의 사정과 형편에 따라 적절하게 처리하는 융통성이 있다는 뜻입니다.

막무가내 〖성어〗 어찌할 수 없다.

莫無可奈: 없을 막, 없을 무, 옳을 가, 어찌 내

〖예〗 아무리 말려도 **막무가내**로 덤비는데 어떻게 해?

한자 그대로 풀이하면 어찌할 수 없다는 뜻이에요. 너무 고집이 세고 융통성이 없어 앞뒤를 따지지 않으니 도저히 어찌할 수 없다는 말이지요.

앞뒤가 막히다   융통성이 없고 답답하다.

〖예〗 가이드는 **앞뒤가 막힌** 사람이라 예정된 일정대로 사람들을 데리고 다녔다.

주변머리가 없다   일을 잘되게 하는 소통 능력이 부족하다.

〖예〗 삼촌은 배우 뺨칠 정도로 잘 생겼지만, **주변머리가 없다**.

'주변'은 일이 잘되도록 소통하는 재주를 뜻해요. '주변머리'는 '주변'을 속되게 이르는 말인데 주로 '없다'는 부정어와 함께 쓰여요.

코가 세다   고집이 세다.

〖예〗 그 사람은 **코가 세서** 남의 말을 잘 듣지 않아.

코는 얼굴 가운데에 우뚝 솟아 있어서 자존심을 상징하기도 해요. '코가 세다'는 것은 자존심이 강해서 남의 말을 잘 듣지 않고 고집이 세다는 뜻입니다.

하나만 알고 둘은 모른다 〖속담〗   융통성이 없고 미련하다.

〖예〗 태풍 때문에 학교에 안 가서 좋다고? **하나만 알고 둘은 모르는** 소리! 결국 방학이 줄어드는 거야.

한 면만 볼 줄 알고 두루 보지 못한다는 뜻이에요. 생각의 폭이 넓지 못하고 미련하다는 말이죠.

황소고집을 세우다 끝까지 고집을 부리다.

▶ 쇠고집을 부리다

예) 장난감을 사 주기 전에는 한 발자국도 움직이지 않을 듯 **황소고집을 세우고** 있다.

소는 무거운 쟁기를 지고 논밭을 갈거나 짐을 옮길 때도 요령을 피우는 법이 없어요. 미련할 정도로 묵묵하게 자기 일을 하죠. 그래서 '소'는 미련하고 우직한 성격을 대표해요. '쇠고집', '황소고집'이라고 하면 고지식하고 아주 고집이 세다는 뜻이에요.

몰인정을 나타내는 표현

다른 사람에게 인정을 베풀 때는 따뜻하고 포근한 느낌이 들지요? 반대로 쌀쌀맞게 인정을 베풀지 않을 때는 차갑고 날카로운 느낌마저 듭니다. 그래서 그런지 몰인정을 나타내는 표현에는 차가운 느낌의 단어가 보이네요.

가차 없다 사정을 봐 주는 일이 없다.
예) 부도덕한 정치인에게 <u>가차 없는</u> 비판이 쏟아졌다.

'가차'는 임시로 빌려준다는 뜻이에요. 그만큼 남의 사정을 봐 준다는 것이죠. 주로 '없다'와 함께 쓰여 용서하는 일이나 사정을 봐 주는 일이 없다는 뜻으로 쓰이죠.

냉혈한 인정 없고 쌀쌀맞은 남자.
예) 영화 속 악당은 피도 눈물도 없는 <u>냉혈한</u>이었어.

냉혈한(冷血漢: 찰 랭, 피 혈, 사나이 한)의 '한'은 주로 중국의 한나라를 일컫는데 여기서는 사나이, 남자라는 뜻이에요. '냉혈한'은 차가운 피를 가진 남자, 즉 인정이 없고 쌀쌀맞은 남자를 뜻합니다.

맵고 차다 성질이 모질고 냉혹하다.
예) 스크루지는 <u>맵고 찬</u> 성격이라 주변에 친한 사람이 하나도 없었어요.

맵고 차가운 것은 모두 강한 느낌이죠. 본래는 맛이나 감각을 나타낼 때 사용하는 말이지만 사람의 성격을 나타낼 때는 모질고 냉혹하다는 의미가 있어요.

아픈 곳을 건드리다 상대방의 약점을 지적하다.
▶ 아픈 데를 찌르다
예) 너는 어쩌면 그렇게 남의 <u>아픈 곳을 건드리니</u>?

여기서 '아픈 곳'은 상대방의 약점이나 잘못한 일을 의미해요.

찔러도 피 한 방울 안 나겠다 속담 인정이 없고 독하다.

예 그렇게 사정사정해도 소용이 없었어. 정말 찔러도 피 한 방울 안 나겠더라.

'피'는 인간의 몸속에서 따뜻하게 흐르죠. 그래서 마음을 따뜻하게 하는 감정인 인정, 사랑 등을 상징해요. 찔렀는데 피가 한 방울도 안 나올 정도라면 아주 차갑고 인정이 없다는 뜻이겠지요? '이마를 찔러도 피 한 방울 안 나겠다'라고도 해요.

찬바람을 일으키다 차갑고 냉담하다.

예 그 사람은 도와달라는 부탁을 듣고도 찬바람을 일으키며 쌩하고 가 버렸다.

피도 눈물도 없다 조금도 인정이 없다.

예 너는 피도 눈물도 없니? 어떻게 다친 강아지를 보고 그냥 갈 수가 있어?

밝고 쾌활함을 나타내는 표현

구김살이 없다 성격이 뒤틀리지 않고 밝다.

예 어려운 환경 속에서도 <u>구김살 없이</u> 참 잘 자랐구나.

'구김살'은 구겨져서 생긴 주름이에요. 어렵고 힘든 일이 많아 인상을 쓰게 되면 구김살이 생기지요. 그래서 그늘지고 뒤틀린 모습이라는 뜻으로 확대되어 쓰여요. 그러니까 '구김살이 없다'는 것은 어려운 상황에서도 얼굴을 찌푸리지 않고 긍정적이고 밝게 생활한다는 뜻을 담고 있죠.

맺힌 데가 없다 성격이 꽁하지 않고 밝다.

▶ 맺힌 구석이 없다

예 지현이는 성격이 시원시원하고 <u>맺힌 데가 없어서</u> 좋아.

끈으로 매듭을 맺으면 한데 뭉친 마디가 생겨요. 이처럼 언짢고 서운한 마음이 응어리져 남아 있는 것을 두고 마음에 맺혔다고 표현해요. 반대로 '맺힌 데가 없다'는 것은 마음에 담아 두는 성격이 아니라 꽁하지 않다는 뜻이죠.

물 만난 고기 제때를 만나 능력을 발휘하기 좋은 상황.

예 교실에서는 풀이 죽어 있더니 운동장으로 나오니까 <u>물 만난 고기</u>처럼 신났구나!

물고기는 물을 만나야 여기저기 자유롭게 헤엄쳐 다닐 수가 있겠지요? 자기 때를 만난 듯 밝고 쾌활하게 활동하며 능력을 발휘하는 경우에 사용하는 표현이에요.

생기발랄하다 생생하고 활발하다.

예 학생들의 <u>생기발랄한</u> 모습을 보고 선생님은 기분 좋은 미소를 지으셨다.

'생기'는 싱싱하고 힘찬 기운을 말해요. '발랄하다'는 것은 표정이나 행동이 밝고 활기 있다는 것이죠. 싱싱한 기운이 있고 활발한 모습을 표현할 때 '생기발랄하다'고 합니다.

정직함이나 솔직함과 관련된 표현

정직하거나 솔직한 것은 거짓이 없고 마음속에 감추는 게 없는 것이죠? 그래서 마음속과 관련된 표현이 많아요.

격의 없다 감추는 속마음이 없다.

예 친구끼리는 **격의 없이** 지내는 게 좋아. 그래야 오해가 안 생기지.

격의(隔意: 사이 뜰 격, 뜻 의)는 터놓지 않는 속마음을 일컬어요. '격의 없다'고 하면 터놓지 않은 속마음이 없다는 말이니 마음에 있는 이야기를 다 털어놓는다는 말입니다.

곧이곧대로 조금도 거짓이 없이 있는 그대로.

예 주희는 엄마 말이라면 팥으로 메주를 쑨다고 해도 **곧이곧대로** 믿어.

명실공히 알려진 바와 실제가 똑같이.

예 아빠는 여전히 **명실공히** 우리 동네 최고의 몸짱이야.

'명실'은 겉에 드러난 이름과 속에 있는 실상을 뜻하는 말이에요. '공히'는 한가지로 같다는 뜻이죠. 결국 알려진 이름과 실제가 똑같다는 말입니다.

법 없이 살다 마음이 착해 나쁜 짓을 하지 않는다.

예 내 친구가 얼마나 착한데, 걔는 **법 없이도 살** 사람이야.

법의 규제가 없어도 나쁜 짓을 할 사람이 아니라는 뜻이에요.

속을 터놓다 마음속에 있는 것을 드러내 보이다.
▶ 마음을 터놓다
예) 그러니까 뜸 들이지 말고 <u>속 터놓고</u> 다 얘기해 봐.

터놓는다는 것은 막힌 통로나 문을 열어 통하게 한다는 거예요. 마음을 열고 서로 통하게 한다는 의미로, 마음에 숨기는 것이 없이 드러낸다는 뜻도 있답니다.

심사를 털어놓다 속마음을 다 말하다.
▶ 속을 털어놓다
예) 그 친구는 내 <u>심사를 털어놓아도</u> 될 것 같은 사람이다.

심사(心思: 마음 심, 생각할 사)는 어떤 일에 대한 여러 가지 마음을 뜻해요.

입바른 소리 남의 잘못이나 시비를 따지는 바른말.
예) 그 친구는 불의를 보면 못 참고 <u>입바른 소리</u>를 잘해.

'입에 침 바른 소리'는 겉만 번지르르하게 꾸며 듣기 좋게 하는 말이지만 '입바른 소리'는 그야말로 바른 소리, 옳고 그름을 따지는 바른말을 뜻한답니다.

입은 비뚤어져도 말은 바로 해라 〔속담〕
말은 언제나 바르게 해야 한다.
예) <u>입은 비뚤어져도 말은 바로 하랬다</u>고, 거짓말은 절대 하면 안 된다.

허심탄회 성어 솔직하게.

虛心坦懷: 빌 허, 마음 심, 평탄할 탄, 품을 회

예 우리 이 문제에 대해서 <u>허심탄회</u>하게 이야기를 나눠 보자.

한자 그대로 풀이하면 마음을 비워 평탄함을 품으라는 뜻이에요. '탄'은 평탄하다는 뜻도 있지만 너그럽고 꾸밈이 없다는 뜻도 있어요. 그래서 품은 생각을 터놓고 말할 만큼 거리낌이 없고 솔직하다는 의미로 해석할 수 있죠.

흉금을 털어놓다 마음속 생각을 솔직하게 털어놓다.

예 우리는 오래전부터 <u>흉금을 털어놓고</u> 지내는 사이야.

'흉금'은 앞가슴의 옷깃을 일컫는 말이에요. 마음속 깊이 품은 생각을 뜻하기도 하죠. 마음을 활짝 열고 깊은 속마음까지 솔직하게 터놓는 것을 두고 흉금을 털어놓는다고 말합니다.

자유로움을 나타내는 표현

자유롭다는 것은 어딘가에 얽매이거나 구속받지 않는다는 뜻이죠? 그래서 '고삐', '굴레', '울타리'처럼 구속하거나 통제하는 것에서 벗어나려는 행동을 통해 자유로움을 표현했어요.

고삐 풀린 망아지 구속에서 벗어나 몸이 자유로움을 이르는 말.
▶ 고삐 놓은 말
예 드넓은 바다를 보자 고삐 풀린 망아지처럼 펄쩍펄쩍 뛰어다녔다.

고삐가 풀리다 얽매이지 않다.
예 방학이라고 완전히 고삐가 풀려서 여기저기 놀러만 다니는구나.

고삐를 움켜쥐면 소나 말을 멈출 수 있어요. 또 고삐를 이용해 내가 원하는 방향으로 움직이게 할 수도 있지요. 그런 고삐가 풀렸다는 것은 얽매이지 않거나 통제를 받지 않게 되었다는 뜻입니다.

굴레를 벗다 구속에서 벗어나 자유롭게 되다.
예 그는 5대 종손이라는 굴레를 벗고 자유롭게 살고 싶어 했다.

'굴레'는 고삐에 걸쳐 얽어매는 줄이에요. 그러니까 고삐를 풀고 굴레를 벗는 것은 통제에서 벗어난다는 뜻이죠. 반대로 굴레를 씌운다고 하면 자유롭게 활동하지 못하도록 구속한다는 뜻이 됩니다.

눈에서 벗어나다 감시나 구속에서 자유롭게 되다.
예 선생님의 눈에서 벗어날 때마다 만화책을 보았다.

울타리를 벗어나다 제한된 범위에서 벗어나다.
예 학교의 **울타리를 벗어나** 더 큰 사회로 나가거라.

'울타리'는 일정한 장소에 경계를 지어 막아 두는 것이에요. 소나 말 같은 가축을 기를 때 보면 울타리를 쳐서 도망가지 못하도록 하죠. 울타리를 벗어난다는 것은 좁고 제한된 활동 범위에서 나왔다는 뜻이랍니다.

엿장수 마음대로 자기 마음대로 이랬다저랬다 하는 모양.
예 **엿장수 마음대로**니까 이렇다 저렇다 불평하지 마.

옛날에는 동네에 엿장수가 돌아다니며 엿을 팔았어요. 이때는 고무신이나 사용하지 않는 물건들을 엿과 바꿔 먹기도 했죠. 이런 것들은 일정한 값이 정해져 있는 것이 아니었어요. 그래서 엿장수 마음대로 크게 떼어 주기도 하고 적게 떼어 주기도 했죠. 이처럼 자기 마음대로 이랬다저랬다 하는 것을 두고 '엿장수 마음대로'라고 말합니다.

입맛대로 하다 제 좋은 대로 하다.
예 모든 일을 네 **입맛대로만 하려고** 하니? 다른 사람 의견도 들어야지.

자유분방 성어 형식에 얽매이지 않고 제멋대로 하다.
自由奔放: 스스로 자, 말미암을 유, 달릴 분, 놓을 방
예 예술가들은 **자유분방**한 성격이 많다.

'분방'은 규칙이나 격식에 얽매이지 않고 제멋대로라는 뜻이에요.

자유자재 성어 재주를 자기 마음대로 할 수 있다.
自由自在: 스스로 자, 말미암을 유, 스스로 자, 있을 재
예 큐브를 그렇게 **자유자재**로 다루다니, 대단해!

자기 뜻대로 자유롭게 마음대로 다룰 수 있는 재주를 가지고 있다는 뜻입니다.

종횡무진 성어 마음대로 자유롭게 다니다.

縱橫無盡: 세로 종, 가로 횡, 없을 무, 다할 진

예 그 가수는 우리나라와 외국을 **종횡무진** 오가면서 활약하고 있다.

가로세로, 사방으로 자유롭게 다니는 것이 끝없다는 뜻이에요. 거칠 것 없이 자유롭게 다니는 모습을 가리킨답니다.

겸손을 나타내는 표현

겸양지덕 성어 겸손한 태도로 양보하는 아름다운 마음씨.
謙讓之德: 겸손할 겸, 사양할 양, 어조사 지, 덕 덕
예 우리 할아버지는 **겸양지덕**이 몸에 배어 있는 분이야.

벼 이삭은 익을수록 고개를 숙인다 속담
수양을 쌓은 사람일수록 겸손하게 자세를 낮춘다.

예 **벼 이삭은 익을수록 고개를 숙인다**는 말이 있잖아? 딱 저 선생님을 두고 한 말 같아.

벼의 이삭은 처음엔 꼿꼿이 서서 자라요. 그러다가 낟알이 서서히 차고 여물면 무거워져서 고개를 푹 숙이지요. 벼가 고개를 숙이고 있는 모습을 보고 사람도 지위가 높고 많이 배울수록 겸손해야 한다는 것을 비유해서 나타낸 속담입니다.

어깨를 낮추다 겸손하게 자기를 낮추다.
예 교장 선생님은 **어깨를 낮추고** 학생들의 소리를 직접 들으신다.

어깨를 낮추면 자연히 허리가 앞으로 숙어지게 돼요. 상대방의 말을 기꺼이 들으려고 자신을 낮출 때 나오는 자세이지요.

허리를 굽히다 남에게 겸손한 태도를 보이다.
예 상대방이 먼저 **허리를 굽히고** 정중히 사과했대.

찾아보기

ㄱ

표현	쪽
가까운 남이 먼 일가보다 낫다	99
가난 구제는 나랏님도 못한다	270
가난 구제는 나라도 못한다	270
가난이 들다	270
가난이 원수	270
가난이 죄다	270
가난이 파고들다	271
가난한 집 제사 돌아오듯	210
가는 말이 고와야 오는 말이 곱다	302
가는 토끼 잡으려다 잡은 토끼 놓친다	118
가닥을 잡다	240
가닥이 잡히다	240
가도 오도 못하다	170
가랑이가 찢어지다	271
가려운 곳을 긁어 주듯	30
가려운 데를 긁어 주다	30
가면을 벗다	159
가면을 쓰다	162
가물에 콩씨 나듯	210
가세가 기울다	271
가슴에 간직하다	220
가슴에 멍이 들다	20
가슴에 멍이 지다	20
가슴에 새기다	220
가슴에 와닿다	17
가슴을 도려내다	20
가슴을 뒤흔들다	17
가슴을 쓸어내리다	36
가슴을 앓다	20
가슴을 울리다	17
가슴을 저미다	20
가슴을 찌르다	20
가슴을 찢다	21
가슴을 치다	21
가슴을 태우다	38
가슴을 펴다	104
가슴이 내려앉다	51
가슴이 넓다	245
가슴이 두방망이질하다	15
가슴이 떨리다	38
가슴이 뛰다	115
가슴이 뜨겁다	17
가슴이 뜨끔하다	38
가슴이 무겁다	21
가슴이 무너져 내리다	21
가슴이 뭉클하다	17
가슴이 미어지다	21
가슴이 방망이질하다	15
가슴이 벅차다	17
가슴이 부풀다	115
가슴이 뿌듯하다	30
가슴이 서늘하다	55
가슴이 섬뜩하다	55
가슴이 아리다	22
가슴이 아프다	22
가슴이 좁다	245
가슴이 찡하다	18
가슴이 찢어지다	22
가슴이 타다	38
가슴이 후련하다	30
가시가 돋다	34
가시가 돋치다	34
가시가 박히다	34
가시가 세다	359
가시밭길을 가다	186
가재는 게 편이다	65
가죽만 남다	213
가차 없다	362
각광을 받다	122
각별한 사이	65
각주구검	359
각축을 벌이다	76
간담이 떨어지다	51
간담이 서늘하다	55
간담이 한 움큼 되다	55
간덩이가 붓다	340
간덩이가 크다	340
간도 쓸개도 없다	325
간땡이가 붓다	340
간땡이가 크다	340

간에 기별도 안 가다	208	감탄고토	82	걸음아 날 살려라	167
간에 붙었다 쓸개에 붙었다 한다	325	감투를 벗다	285	겉 다르고 속 다르다	162
간에 붙었다 염통에 붙었다 한다	325	감투를 쓰다	285	겉과 속이 다르다	162
간에 차지 않다	208	갑론을박	258	겉만 번지르르하다	322
간을 꺼내어 주다	79	값싼 비지떡	279	게 눈 감추듯	290
간을 녹이다	201	값이 닿다	277	격의 없다	365
간을 졸이다	39	강 건너 불구경	126	견물생심	118
간이 떨리다	58	강단에 서다	285	결자해지	62
간이 떨어지다	51	개 눈에는 똥만 보인다	122	겸양지덕	371
간이 벌름거리다	56	개 닭 보듯	127	경국지색	213
간이 붓다	340	개 발에 땀 나다	133	경악을 금치 못하다	51
간이 서늘하다	56	개 콧구멍으로 알다	225	경합을 벌이다	76
간이 오그라들다	56	개가 똥을 마다할까	198	곁눈을 뜨다	177
간이 작다	344	개가 웃을 일이다	256	곁눈을 주다	87
간이 조마조마하다	39	개가를 올리다	150	곁눈을 팔다	177
간이 콩알만 해지다	56	개구리 올챙이 적 생각 못 한다	193	계란으로 바위 치기	183
간이 크다	340	개똥도 모른다	225	고개가 수그러지다	145
간이라도 빼어 줄 듯	79	개미 새끼 하나 볼 수 없다	162	고개를 끄덕이다	74
간장을 녹이다	201	개밥에 도토리	225	고개를 내밀다	159
간장을 태우다	39	개뿔도 모르다	225	고개를 돌리다	198
갈수록 태산	186	개뿔도 없다	226	고개를 들다	104
갈피를 못 잡다	231	거두절미	258	고개를 떨구다	154
갈피를 잡지 못하다	231	거드름을 부리다	347	고개를 떨어뜨리다	154
감감무소식	317	거드름을 피우다	347	고개를 숙이다	141
감감소식	317	거들떠보지 않다	126	고개를 젓다	198
감개무량	18	거리낌이 없다	104	고개를 흔들다	198
감언이설	79	거리에 나앉다	271	고무신을 거꾸로 신다	82
감을 잡다	245	거울로 삼다	145	고배를 들다	154
감이 오다	245	거침없다	340	고배를 마시다	154
		거품을 물다	44	고배를 맛보다	154
				고삐 놓은 말	368

고삐 풀린 망아지	368	골수에 뿌리박히다	220	군침을 삼키다	119
고삐가 풀리다	368	골을 메우다	235	군침이 돌다	119
고삐를 늦추다	338	골이 상투 끝까지 나다	44	굴레를 벗다	368
고삐를 잡다	90	골치를 앓다	171, 240	궁둥이가 가볍다	336
고삐를 조이다	332	곱지 않다	24	궁둥이가 무겁다	339
고삐를 틀어쥐다	90	공든 탑이 무너지랴	133	궁둥이를 붙이다	338
고생 끝에 낙이 온다	187	과년이 차다	299	궁상을 떨다	271
고생문이 훤하다	186	과대망상	241	궁여지책	235
고생을 밥 먹듯 하다	186	과부 사정은 과부가 안다	246	궁지에 몰리다	171
고생을 벌어서 한다	187	과부 설움은 홀아비가 안다	246	귀 밖으로 듣다	126
고생을 사서 한다	187	과욕을 부리다	118	귀 소문 말고 눈 소문 하라	317
고양이 목에 방울 달기	183	과유불급	118	귀 장사 말고 눈 장사 하라	317
고양이 앞에 쥐	110	광을 치다	302	귀가 닳다	313
고양이가 쥐를 마다할까	198	괘장을 부치다	71	귀가 따갑다	313
고양이와 개	71	교단에 서다	285	귀가 뚫리다	246
고운 사람 미운 데 없고 미운 사람 고운 데 없다	231	교편을 잡다	286	귀가 먹다	313
고육지책	235	구경도 못 하다	162	귀가 멀다	313
고진감래	187	구김살이 없다	364	귀가 밝다	313
고추는 작아도 맵다	216	구르는 돌은 이끼가 안 낀다	133	귀가 번쩍 뜨이다	123
고패를 빼다	141	구름같이 모여들다	204	귀가 솔깃하다	123
곤경에 빠지다	187	구미가 당기다	122	귀가 아프다	314
곤경에 처하다	187	구미가 돌다	122	귀가 얇다	231
곤욕을 치르다	170	구미를 돋우다	122	귀가 어둡다	314
곤혹스럽다	170	구석에 몰리다	171	귀가 여리다	232
곧이곧대로	365	구슬려 삶다	201	귀가 열리다	246
골골하다	295	구역질이 나다	24	귀가 엷다	231
골머리를 썩이다	240	구워삶다	201	귀가 질기다	246
골머리를 앓다	171, 240	구차하다	107	귀감이 되다	145
골수에 맺히다	220	국수를 먹다	299	귀담다	177
골수에 박히다	220	국수를 먹이다	299	귀동냥하다	314
		군계일학	93	귀띔하다	87

귀를 기울이다	314	귓전을 울리다	315	김새다	154
귀를 세우다	177	그 아버지에 그 아들	99	김이 빠지다	154
귀를 열다	314	그 어머니에 그 딸	99	김칫국부터 마신다	116
귀를 의심하다	250	그늘이 지다	39	깃발을 꽂다	90
귀를 재다	314	그러거나 말거나	126	까놓고 말하다	302
귀를 주다	314	그렇고 그렇다	226	까마귀 날자 배 떨어진다	62
귀를 팔다	177	그렇고 말고	74	깡통을 차다	272
귀먹은 푸념	34	그림의 떡	275	깨가 쏟아지다	12
귀밑이 빨개지다	354	그림자 하나 얼씬하지 않다	163	꼬리가 밟히다	159
귀신도 모르다	163	그림자도 없다	163	꼬리가 빠지게	167
귀신보다 사람이 더 무섭다	56	그림자를 감추다	163	꼬리를 감추다	164
귀신이 곡하다	250	그림자조차 찾을 수 없다	163	꼬리를 내리다	111
귀신이 곡할 노릇이다	250	극성스럽다	119	꼬리를 빼다	167
귀에 거슬리다	24	금상첨화	30	꼬리를 사리다	111
귀에 들어가다	317	금의환향	150	꼬리를 숨기다	164
귀에 들어오다	123	금이야 옥이야	97	꼬리를 치다	201
귀에 딱지가 앉다	315	급히 먹는 밥이 목이 멘다	332	꼬리를 흔들다	201
귀에 못이 박히다	315	기가 꺾이다	110	꼬집어 말하다	258
귀에 익다	221	기가 막히다	256	꼬투리를 잡다	193
귀에 쟁쟁하다	221	기가 질리다	110	꼴값하다	226
귀청을 때리다	315	기가 차다	256	꼴같잖다	24
귀청이 떨어지다	315	기러기 불렀다	167	꼴이 사납다	24, 215
귀청이 찢어지다	315	기를 쓰다	134	꼼짝 못 하다	111
귀청이 터지다	315	기를 죽이다	110	꽁무니가 빠지게	167
귓가에 맴돌다	221	기억에서 사라지다	163	꽁무니를 빼다	142, 167
귓등으로 듣다	178	기죽다	110	꽁무니를 사리다	168
귓등으로 흘리다	178	기탄없이 말하다	104	꽉 잡고 있다	90
귓등으로도 안 듣다	178	길들다	221	꾸어다 놓은 보릿자루	344
귓전에 맴돌다	221	길을 뚫다	236	꿀 먹은 벙어리	344
귓전으로 듣다	178	길을 열다	236	꿀꺽 삼키다	275
귓전으로 흘리다	178	길이 바쁘다	332	꿈도 못 꾸다	250

꿈도 안 꾸다	251
꿈도 야무지다	226
꿈밖	251
꿈에 밟히다	159
꿈에도 생각지 못하다	251
꿈을 깨다	141
꿈을 꾸다	115
꿈이냐 생시냐	15
꿈인지 생시인지	15
꿩 구워 먹은 소식	318
꿩 먹고 알 먹기	275

ㄴ

나 몰라라 하다	126
나발을 불다	290
낙숫물이 댓돌을 뚫는다	134
낚시를 던지다	202
낚시에 걸리다	202
난관에 봉착하다	187
난관에 부딪히다	187
날개가 돋치다	277
날로 먹다	275
날벼락을 맞다	251
날이 새다	155
날품을 팔다	286
남의 손의 떡은 커 보인다	119
남의 손의 떡이 더 커 보이고 남이 잡은 일감이 더 헐어 보인다	119
낫 놓고 기억 자도 모른다	232

낭중지추	160
낭패를 보다	155
낮말은 새가 듣고 밤말은 쥐가 듣는다	318
낯가죽이 두껍다	350
낯간지럽다	354
낯바닥이 홍당무 같다	356
낯을 들다	105
낯을 못 들다	107
낯이 두껍다	350
낯이 뜨겁다	354
낯익다	221
낯짝이 두껍다	350
낯짝이 소가죽보다 더 두껍다	350
내 코가 석 자	171
내실을 다지다	322
냉수 먹고 속 차려라	193
냉혈한	362
너 죽고 나 죽자	130
넋을 놓다	241
넋을 잃다	241
넋이 나가다	241
노래를 부르다	302
노래를 하다	302
노심초사	39
노익장	295
녹을 먹다	286
녹초가 되다	295
놀고 앉았네	227
놀고 있네	227

놀고 자빠졌네	227
놀부 심보	119
놀부 심사	119
높이 사다	145
뇌리에 박히다	222
누구 입에 붙이겠는가	208
누구 코에 바르겠는가	208
누이 좋고 매부 좋다	31, 275
눈 가리고 아웅	263
눈 깜짝할 사이	327
눈 딱 감고	130
눈 밖에 나다	25
눈감아 주다	175
눈과 귀가 쏠리다	178
눈길을 거두다	127
눈길을 모으다	178
눈꺼풀이 씌다	232
눈꼴사납다	24
눈꼴시다	25
눈도 거들떠보지 않다	227
눈도 깜짝 안 하다	341
눈독을 들이다	120
눈뜬장님	251
눈만 뜨면	210
눈물을 머금다	188
눈물이 앞을 가리다	18
눈시울이 붉어지다	19
눈썹도 까딱하지 않다	341
눈앞에 어른거리다	123
눈에 거슬리다	24
눈에 넣어도 아프지 않다	16

눈에 들다	31	
눈에 띄다	160	
눈에 뭐가 씌다	232	
눈에 밟히다	123	
눈에 보이는 것이 없다	232	
눈에 불을 켜다	44	
눈에 불이 나다	44	
눈에 쌍심지가 나다	45	
눈에 쌍심지를 켜다	45	
눈에 아른거리다	123	
눈에 안경	234	
눈에 익다	222	
눈에 차다	31	
눈에 콩깍지가 씌었다	232	
눈에 핏발을 세우다	45	
눈에 흙이 들어가다	296	
눈에서 벗어나다	368	
눈엣가시	25	
눈을 끌다	123	
눈을 돌리다	124	
눈을 똑바로 뜨다	179	
눈을 밝히다	179	
눈을 부라리다	45	
눈을 씻고 보다	179	
눈을 의심하다	252	
눈을 크게 뜨다	179	
눈을 피하다	164	
눈을 흘기다	25	
눈이 나오다	51	
눈이 돌아가다	45	
눈이 뒤집히다	45	

눈이 등잔만 하다	52	
눈이 맞다	65	
눈이 멀다	233	
눈이 번쩍 뜨이다	123	
눈이 벌겋다	179	
눈이 빠지게 기다리다	116	
눈이 삐다	193	
눈이 시다	25	
눈이 어둡다	233	
눈이 열리다	246	
눈초리가 따갑다	25	
눈총을 맞다	26	
눈총을 쏘다	26	
눈총을 주다	26	
눈치가 빠르다	246	
눈칫밥을 먹다	111	
눈코 뜰 사이 없다	333	
늑장을 부리다	338	
늘고 줄고 하다	359	
늘어진 개 팔자	36	
능수능란하다	282	
늪에 빠지다	171	

ㄷ

다다익선	204	
다른 목소리를 내다	71	
다름이 아니라	63	
다리를 놓다	65	
다리를 뻗고 자다	37	

다리아랫소리	87	
다리야 날 살려라	167	
다릿골이 빠지다	296	
다반사	210	
다사다난	204	
단도직입	303	
단맛 쓴맛 다 보았다	12	
단장	23	
달걀로 바위 치기	183	
달걀로 치면 노른자다	97	
달다 쓰다 말이 없다	259	
달면 삼키고 쓰면 뱉는다	82	
달밤에 체조하다	194	
달이 차다	299	
닭 소 보듯, 소 닭 보듯	127	
닭 잡아먹고 오리발 내놓기	176	
닭 쫓던 개 먼 산 쳐다보듯	155	
닭 쫓던 개 지붕 쳐다보듯	155	
닭도 홰에서 떨어지는 날이 있다	157	
담소를 나누다	303	
담을 쌓다	127	
담을 지다	127	
답이 나오다	236	
대박을 터트리다	150	
대박이 나다	150	
대박이 터지다	150	
대수롭다	97	
더할 나위 없다	16	
도끼눈을 뜨다	26	
도낏자루를 쥐다	92	

도도하게 굴다	347	
도둑이 제 발 저리다	107	
도둑질을 해도 손발이 맞아야 한다	71	
도랑 치고 가재 잡는다	275	
도마 위에 오르다	318	
도토리 키재기	76	
독 안에 든 쥐	172	
독보적	93	
돈더미에 올라앉다	277	
돈방석에 앉다	277	
돈을 굴리다	278	
돈을 만지다	278	
돌다리도 두들겨 보고 건너라	265	
돌아앉다	199	
돌을 던지다¹	141	
돌을 던지다²	194	
돌파구를 마련하다	236	
동곳을 빼다	142	
동문서답	72	
동분서주	333	
동상이몽	72	
되지도 않는 소리	183	
되지못하다	357	
된서방에 걸리다	172	
된서방을 만나다	172	
된서방을 맞다	172	
두 손 두 발 다 들다	142	
두 손뼉이 맞아야 소리가 난다	66	
두 손을 들다¹	75	

두 손을 들다²	142	
두각을 나타내다	93	
두말 못 하다	303	
두말하면 숨차기	303	
두말하면 잔소리	303	
두서없이 말하다	304	
둘도 없다	97	
둘이 먹다 하나가 죽어도 모르겠다	290	
뒤가 구리다	107	
뒤가 깨끗하다	105	
뒤가 켕기다	108	
뒤꼬리를 따르다	344	
뒤꽁무니를 빼다	142	
뒤끝이 없다	341	
뒤로 넘어가다	46	
뒤로 물러나다	286	
뒤로 빠지다	286	
뒤를 맡기다	85	
뒤를 사리다	345	
뒤통수를 때리다	82	
뒤통수를 맞다	83	
뒤통수를 치다	82	
뒷맛이 쓰다	39	
뒷짐을 지다	127	
듣기 좋은 꽃노래도 한두 번이지	316	
듣도 보도 못하다	252	
들고 일어서다	72	
들었다 놨다 하다	90	
들통이 나다	160	

등골이 빠지다	188	
등골이 서늘하다	56	
등골이 오싹하다	56	
등골이 휘다	188	
등용문	151	
등을 돌리다	199	
등을 보이다	168	
등을 지다	199	
따 놓은 당상	265	
딱 맞아떨어지다	66	
딱 부러지게	265	
딱 잘라	265	
딴 주머니를 차다	263	
딴전을 부리다	175	
딴전을 피우다	175	
딴청을 부리다	175	
딴청을 피우다	175	
땀을 흘리다	134	
땅에서 솟았나 하늘에서 떨어졌나	160	
땅을 치다	22	
때 빼고 광내다	213	
떠오르는 별	115	
떡 먹듯	210	
떡 주무르듯 하다	91	
떡 줄 사람은 꿈도 안 꾸는데 김칫국부터 마신다	116	
떡심이 좋다	134	
떡을 치다¹	155	
떡을 치다²	204	
떡이 되다	172	

떼어 놓은 당상	265	마음이 통하다	242	말허리를 자르다	304
똥구멍이 찢어지다	271	마파람에 게 눈 감추듯	290	맛을 들이다	124
똥끝이 타다	40	막무가내	360	맛을 붙이다	124
똥오줌을 못 가리다	233	만수무강	296	맞장구를 치다	66
똥줄이 당기다	57	말 한마디에 천 냥 빚도 갚는다		매듭을 짓다	236
똥줄이 빠지게	134		304	매듭을 풀다	236
똥줄이 타다	40	말꼬리를 물고 늘어지다	259	맥도 모르다	252
뛰어 보았자 부처님 손바닥	168	말꼬리를 잡다	194	맥을 짚다	247
뛰어야 벼룩	168	말끝을 잡다	194	맵고 차다	362
뜨거운 맛을 보다	188	말도 아니다	272	맺힌 구석이 없다	364
뜸을 들이다	345	말만 앞세우다	345	맺힌 데가 없다	364
		말머리를 자르다	304	머리 회전이 빠르다	242
		말문을 막다	304	머리가 굵다	243
		말문을 열다	304	머리가 깨다	242
■		말문이 떨어지다	305	머리가 무겁다	40
		말문이 막히다	305	머리가 아프다	40
마른벼락을 맞다	251	말문이 트이다	305	머리가 잘 돌아가다	242
마른침을 삼키다	40	말발을 세우다	259	머리가 크다	243
마른하늘에 날벼락	52	말부리를 따다	305	머리끝이 쭈뼛쭈뼛하다	57
마부작침	134	말부리를 헐다	305	머리를 굴리다	243
마음에 두다	222	말을 꺼내다	305	머리를 굽히다	142
마음에 들다	31	말을 내다	259	머리를 긁다	354
마음에 없다	241	말을 삼키다	306	머리를 긁적이다	354
마음에 있다	242	말을 옮기다	318	머리를 맞대다	237
마음에 차다	31	말을 잃다	256	머리를 숙이다	142, 146
마음을 붙이다	179	말이 나다	306	머리를 스치다	243
마음을 주다	16	말이 새다	306	머리를 식히다	338
마음을 터놓다	366	말이 씨가 된다	306	머리를 싸고	135
마음이 맞다	66	말이 아니다	272	머리를 썩이다	240
마음이 없다	241	말이 통하다	259	머리를 쓰다	243
마음이 있다	242	말짱 도루묵	156	머리를 얹다	299
마음이 콩밭에 있다	242				

머리를 올리다	299	목구멍의 때를 벗긴다	291	몸을 아끼지 않다	135
머리를 젓다	199	목구멍이 크다	291	몸을 풀다	300
머리를 쥐어뜯다	243	목구멍이 포도청	272	몸이 나다	214
머리를 쥐어짜다	243	목메다	22	몸이 달다	333
머리를 흔들다	199	목소리를 낮추다	260	몸이 천근만근이다	296
머리에 들어오다	247	목소리를 높이다	260	몸져눕다	296
머리에 맴돌다	244	목에 거미줄 치다	273	못 오를 나무는 쳐다보지도 마라 121	
머리에 피도 안 마르다	227	목에 칼이 들어와도	130	못된 송아지 엉덩이에 뿔이 난다 357	
머리털이 곤두서다	57	목에 힘을 주다	347		
먹을 때는 개도 때리지 않는다 291		목을 매다	180	못을 박다	266
		목이 날아가다	287	무릎을 꿇다	142
먼 사촌보다 가까운 이웃이 낫다 99		목이 달랑달랑하다	286	무소식이 희소식	318
		목이 떨어지다	286	문을 닫다	278
멍이 들다	188	목이 붙어 있다	287	문을 열다	278
멍이 지다	188	목이 빠지게 기다리다	116	물 건너가다	156
메기를 잡다	213	목이 잘리다	287	물 만난 고기	364
면구스럽다	355	목이 잠기다	306	물 찬 제비	214
면목이 없다	355	목이 터지다	306	물고 늘어지다	135
면사포를 쓰다	300	몰상식하다	357	물과 기름	72
명불허전	74	몸부림을 치다	135	물로 보다	227
명실공히	74, 365	몸살이 나다	333	물불을 가리지 않다	341
명실상부	74	몸에 배다	222	물에 빠진 놈 건져 놓으니까 내 봇짐 내라 한다 87	
모골이 송연하다	58	몸에 붙다	222		
모르면 약이요 아는 게 병	175	몸으로 때우다	282	물에 빠진 놈 건져 놓으니까 망건값 달라 한다 87	
모양을 차리다	213	몸으로 뛰다	282		
모양이 사납다	214	몸을 꼬다	355	물에 빠진 생쥐	214
모양이 아니다	214	몸을 담다	287	물인지 불인지 모르다	233
모양이 있다	214	몸을 던지다	180	뭇매를 맞다	194
목 안의 소리	113	몸을 버리다	296	미끼를 던지다	202
목구멍에 풀칠하다	272	몸을 사리다	345	미봉책	237
목구멍의 때를 벗기다	291	몸을 아끼다	345	미역국을 먹다	156

미운털이 박히다	26
믿는 도끼에 발등 찍힌다	83
밑 빠진 독에 물 붓기	322
밑 빠진 항아리에 물 붓기	322
밑져야 본전	278

ㅂ

바가지를 긁다	34
바늘 가는 데 실 간다	66
바늘구멍으로 코끼리를 몰라 한다	184
바닥이 나다	164
바닥이 드러나다	160
박차를 가하다	135
반기를 들다	72
받아 놓은 밥상	265
발 벗고 나서다	341
발 없는 말이 천 리 간다	319
발걸음이 가볍다	31
발군	93
발그림자도 끊다	199
발길에 채다	205
발길이 내키지 않다	40
발길이 무겁다	40
발꿈치를 물다	84
발뒤축을 물다	84
발뒤축을 물리다	84
발등에 불이 떨어지다	333
발등을 찍다	84
발등을 찍히다	83
발로 뛰다	282
발버둥을 치다	135
발에 채다	205
발을 구르다	334
발을 끊다	199
발을 들여놓을 자리 하나 없다	205
발을 디딜 틈이 없다	205
발을 맞추다	66
발이 길다	291
발이 빠르다	334
발이 짧다	291
발톱을 숨기다	164
밤낮없이	211
밤낮을 가리지 않다	211
밥 먹듯 하다	211
밥 먹을 때는 개도 안 때린다	291
밥맛없다	27
밥맛이 떨어지다	27
밥상을 물리다	291
밥알을 세다	292
밥알이 곤두서다	27
밥줄을 끊다	287
밥줄이 끊어지다	287
밥줄이 떨어지다	287
방귀 뀐 놈이 성낸다	350
방자하다	357
방점을 찍다	94
밭이 다르다	99
배가 남산만 하다	300
배가 다르다	99
배가 등에 붙다	273
배가 아프다	27
배꼽을 빼다	12
배꼽을 쥐다	14
배꼽이 빠지다	12
배꼽이 웃다	256
배를 불리다	120
배를 앓다	27
배를 채우다	120
배알이 꼴리다	27
배알이 뒤틀리다	27
배은망덕	84
배포가 크다	342
백기를 들다	143
백날이 가도	327
백년가약	300
백미	94
백발백중	266
백안시	228
뱃속을 채우다	120
번갯불에 콩 볶아 먹겠다	334
범상치 않다	94
법 없이 살다	365
벙어리 냉가슴 앓듯	41
벼이삭은 익을수록 고개를 숙인다	371
벼락 치듯	334
벼락을 맞다	194
벼룩도 낯짝이 있다	351
벽에도 귀가 있다	319

별 볼 일 없다	228	불철주야	211	뿌리를 뽑다	63
병나발을 불다	290	비가 오나 눈이 오나	211	뿔나다	46
병아리 눈물만큼	208	비싸게 굴다	348		
보기 좋은 떡이 먹기도 좋다	214	비위가 뒤집히다	28		
보따리를 싸다	287	비위가 사납다	28		
보조를 맞추다	67	비위가 상하다	28		
보통이 아니다	94	비위가 좋다	351	사공이 많으면 배가 산으로 간다	260
복병을 만나다	252	비위를 뒤집다	28	사돈의 팔촌	100
본때를 보이다	195	비위를 맞추다	80	사람 같지 않다	358
본전도 못 건지다	63	비일비재	205	사람 나고 돈 났지 돈 나고 사람 났나	195
본전도 못 찾다	63	비지땀을 흘리다	136	사람이 죽으란 법은 없다	239
볼 낯이 없다	355	비행기를 태우다	80	사리사욕	120
볼꼴이 사납다	215	빈 수레가 요란하다	322	사면초가	172
볼품이 없다	215	빈대도 낯짝이 있다	351	사색이 되다	58
부리나케	334	빙산의 일각	208	사족을 못 쓰다	16
부부 싸움은 칼로 물 베기	301	빛 좋은 개살구	323	사지가 멀쩡하다	215
부아가 상투 끝까지 치밀어 오르다	46	빛을 발하다	161	사지를 못 쓰다	16
부아가 치밀다	46	빛을 보다	161	사촌이 땅을 사면 배가 아프다	28
부지기수	205	뼈도 박도 못하다	172	사타구니를 긁다	80
부화뇌동	325	뼈가 녹다	189	사필귀정	63
북 치고 장구 치다	91	뼈가 녹아나다	189	사활을 걸다	136
분골쇄신	136	뼈가 빠지게	189	사흘이 멀다 하고	211
분초를 다투다	334	뼈가 휘도록	189	산 넘어 산이다	186
분통이 터지다	46	뼈를 갈다	189	산전수전	190
불꽃이 튀다	77	뼈를 긁어내다	189	산통이 깨지다	156
불똥이 떨어지다	333	뼈를 깎다	189	산해진미	292
불씨가 되다	63	뼈만 남다	215	살림을 차리다	300
불을 끄다	237	뼈만 앙상하다	215	살얼음을 밟듯	345
불을 보듯 뻔하다	266	뼈에 사무치다	189	살을 깎고 뼈를 갈다	190
불을 보듯 훤하다	266	뼈에 새기다	220		
		뼛속에 사무치다	189		

살을 붙이다	306	세상을 떠나다	297	속이 끓다	47
살판을 만나다	13	세상천지에	95	속이 뒤집히다	29
살판이 나다	13	세월아 네월아	338	속이 떨리다	58
삼고초려	136	셀 수 없다	206	속이 보이다	247
삼매경에 빠지다	180	셋이 먹다가 둘이 죽어도 모른다 290		속이 부대끼다	297
삼십육계 줄행랑	168			속이 빈 깡통이 소리만 요란하다 322
삼십육계를 놓다	168	소가 짖겠다	257		
새 발의 피	209	소름이 끼치다	58	속이 뻔하다	195
새옹지마	253	소름이 돋다	58	속이 시원하다	32
색안경을 끼고 보다	233	소리 소문도 없이	164	속이 시커멓다	164
색안경을 쓰다	233	소매를 걷다	342	속이 좁다	195
생기를 잃다	114	소매를 걷어붙이다	342	속이 차다	323
생기발랄하다	364	소문난 잔치에 먹을 것 없다	323	속이 치밀다	47
생으로 먹다	275	소문이 자자하다	319	속이 타다	41
샴페인을 터뜨리다	151	소설을 쓰다	263	속이 터지다	47
서쪽에서 해가 뜨다	255	소탐대실	120	속이 트이다	342
선견지명	247	속 빈 강정	323	손가락 안에 꼽히다	95
선남선녀	216	속살이 찌다	323	손가락 하나 까딱 않다	127
선을 대다	67	속수무책	173	손가락에 장을 지지겠다	260
선이 가늘다	216	속없다	326	손가락으로 헤아릴 정도	209
선이 굵다	342	속에 얹히다	28	손가락질을 받다	195
설 땅을 잃다	200	속에 없는 말	307	손가락질을 하다	196
설 자리를 잃다	200	속에 없는 소리	307	손금 보듯 환하다	248
설레발치다	335	속을 끓이다	41	손금을 보듯 하다	248
설설 기다	111	속을 뒤집다	46	손길을 뻗치다	88, 342
성에 차다	31	속을 빼놓다	326	손꼽아 기다리다	116
성을 갈다	130	속을 썩이다	41	손끝 하나 까딱 안 하다	127
성이 차다	31	속을 차리다	323	손끝이 여물다	284
세상모르다	233	속을 터놓다	366	손들다	143
세상없다	94	속을 털어놓다	366	손때가 묻다	222
세상을 등지다	297	속이 깊다	247	손발이 따로 놀다	72

손발이 맞다	67	쇠고집을 부리다	361	쉽게 여기다	228
손발이 오그라들다	355	쇠귀에 경 읽기	316	승승장구	152
손뼉을 치다	75	쇠뿔도 단김에 빼라	335	시도 때도 없이	212
손아귀에 넣다	91	쇠뿔도 단김에 빼랬다	335	시시각각	327
손안에 넣다	91	쇠털 같은 날	206	시시비비	261
손안에서 주무르다	91	쇠털같이 많다	206	시치미를 떼다	175
손에 넘어가다	276	쇠털같이 하고많은 날	206	식은땀이 나다	52
손에 땀을 쥐다	41	수건을 던지다	143	식음을 전폐하다	292
손에 물 한 방울 묻히지 않고 살다	282	수를 읽다	248	신경을 곤두세우다	181
		수면 위로 떠오르다	161	신경을 쓰다	124
손에 붙다	283	수수방관	128	신경이 가늘다	345
손에 익다	222	숟가락을 놓다	297	신경이 굵다	343
손에 잡히지 않다	42	숟가락을 들다	292	신바람이 나다	13
손에 쥐다	276	술독에 빠지다	292	신출귀몰	165
손을 내밀다	88	숨 돌릴 사이도 없이	335	실낱같은 희망	117
손을 놓다	128	숨 돌릴 틈도 없이	335	실도랑 모여 대동강이 된다	280
손을 대다	124	숨 쉴 사이 없이	335	실마리가 보이다	238
손을 떼다	128, 143	숨 쉴 틈도 없이	335	실마리가 잡히다	238
손을 벌리다	88	숨도 쉬지 않고	336	실마리를 잡다	238
손을 비비다	80	숨도 제대로 못 쉬다	112	실마리를 찾다	238
손을 뻗치다	88, 342	숨도 크게 못 쉬다	112	실오라기 같은 희망	117
손을 쓰다	237	숨을 거두다	297	심금을 울리다	19
손을 잡다	68	숨을 넘기다	297	심사를 털어놓다	366
손이 달리다	283	숨을 죽이다	112	심사숙고	244
손이 뜨다	283	숨이 가쁘다	336	심장에 새기다	220
손이 모자라다	283	숨이 넘어가는 소리	336	심장이 강하다	343
손이 부끄럽다	355	숨이 붙어 있다	297	심장이 뛰다	115
손이 빠르다	283	숨통을 조이다	112	심장이 약하다	346
손이 여물다	284	숨통을 틔우다	237	심장이 작다	346
손톱 하나 까딱하지 않다	127	숨통이 트이다	37	심혈을 기울이다	136
손톱에 장을 지지겠다	260	숲을 이루다	206	십 년이면 강산도 변한다	327

십중팔구	266
싹수가 노랗다	157
싹을 밟다	112
싹이 노랗다	157
싼 것이 비지떡	279
쌍수를 들다	75
쌍지팡이를 들고 나서다	73
쌍지팡이를 짚고 나서다	73
쌔고 버리다	206
쏘아 놓은 살이요 엎지른 물이다	157
쐐기를 박다	267
쓴맛 단맛 다 보았다	12
쓴맛을 보다	157
쓸개가 빠지다	326
씨가 마르다	165
씨도 먹히지 않다	261
씨를 말리다	165
씨를 뿌리다	63
씨알머리가 없다	324
씨알이 먹다	324
씨알이 먹히지 않다	261

ㅇ

아귀가 무르다	346
아는 것이 병	175
아는 길도 물어 가랬다	267
아니 땐 굴뚝에 연기 날까	64
아니나 다를까	248

아닌 밤중에	253
아닌 밤중에 홍두깨	253
아랑곳없다	128
아부 근성	80
아성을 깨뜨리다	77
아양을 떨다	81
아연실색	52
아픈 곳을 건드리다	362
아픈 데를 찌르다	362
악전고투	190
안간힘을 쓰다	137
안달이 나다	336
안되면 조상 탓	86
안면몰수	176
안면을 바꾸다	176
안중에 없다	228
앉으나 서나	212
앉은 자리에 풀도 안 나겠다	196
알다가도 모르다	253
앓느니 죽지	143
압권	95
앞날이 창창하다	117
앞뒤가 막히다	360
앞뒤를 가리지 않다	343
앞만 보고 달리다	181
앞서거니 뒤서거니	77
앞에 내세우다	98
앞을 다투다	77
앞이 캄캄하다	42
애가 닳다	42
애가 떨어질 뻔하다	52

애가 마르다	42
애가 터지다	22
애간장을 말리다	42
애간장을 태우다	22
애간장이 녹다	22
애걸복걸	88
애쓰다	137
애지중지	16
야반도주	169
약방에 감초	98
약을 올리다	47
얌전한 고양이가 부뚜막에 먼저 올라간다	324
양의 탈을 쓰다	263
어깃장을 놓다	73
어깨가 가볍다	85
어깨가 늘어지다	108
어깨가 무겁다	85
어깨가 올라가다	146
어깨가 움츠려들다	108
어깨가 처지다	108
어깨를 같이하다	68
어깨를 겯다	68
어깨를 나란히 하다	68
어깨를 낮추다	371
어깨를 들이밀다	343
어깨를 짓누르다	85
어깨를 펴다	105
어깨에 걸머지다	85
어깨에 지다	86
어깨에 짊어지다	86

어깨에 힘을 주다	348	엉덩이가 근질근질하다	336	옆구리를 찌르다	88
어깨에 힘이 들어가다	348	엉덩이가 무겁다	339	옆으로 제쳐 놓다	229
어느 세월에	184	엎드려 절 받기	88	예기치 못하다	254
어느 집 개가 짖느냐 한다	229	엎지른 물	157	예사롭지 않다	95
어느 천년에	184	여간이 아니다	95	예상을 깨다	254
어디 개가 짖느냐 한다	229	여념이 없다	181	오금을 못 쓰다	112
어림 반 푼어치도 없다	184	여느 때 없이	95	오금을 못 펴다	112
어림도 없다	184	여유만만	339	오도 가도 못하다	170
어불성설	307	역지사지	244	오류를 범하다	233
어처구니가 없다	257	연막을 치다	165	오류를 저지르다	233
억장이 무너지다	23	연밥을 먹이다	202	오르지 못할 나무는 쳐다보지도 마라	121
억지로 절 받기	88	열 길 물속은 알아도 한 길 사람의 속은 모른다	254	오리발을 내밀다	176
언짢다	29	열 번 찍어 아니 넘어가는 나무 없다	137	오매불망	223
얼굴 가죽이 두껍다	351	열 손가락 깨물어 안 아픈 손가락 없다	100	오비이락	62
얼굴에 씌어 있다	161	열 일 제치다	98	오지랖이 넓다	124
얼굴에 철판을 깔다	352	열매를 맺다	152	온다 간다 말없이	165
얼굴을 내놓다	161	열변을 토하다	261	올가미를 쓰다	203
얼굴을 내밀다	161	열에 받치다	48	올가미를 씌우다	203
얼굴을 돌리다	200	열을 내다	48	옷걸이가 좋다	216
얼굴을 들다	105	열을 받다	48	옷을 벗다	288
얼굴을 붉히다	47	열을 올리다	48	왼고개를 틀다	200
얼굴을 비치다	161	염불에는 맘이 없고 잿밥에만 맘이 있다	121	요기하다	293
얼굴을 찌푸리다	29	염장을 지르다	48	요람에서 무덤까지	328
얼굴이 두껍다	351	염치를 차리다	356	용납하다	75
얼굴이 뜨겁다	354, 356	염치없다	351	용단을 내리다	130
얼굴이 펴지다	37	염치와 담을 쌓은 놈	352	용호상박	77
얼굴이 하얘지다	53	엿물을 흘렸다	173	우공이산	137
얼굴이 홍당무가 되다	356	엿장수 마음대로	369	우물에 가 숭늉 찾는다	337
얼굴이 화끈거리다	356			우물을 파도 한 우물을 파라	152
엄지손가락을 치켜세우다	146			우습게 여기다	228
엉덩이가 가볍다	336				

우유부단	326	이를 깨물다	131	입 안의 소리	113
우이독경	316	이를 데 없다	75	입 안의 혀	69
우호적	68	이를 악물다	131	입만 뻥긋하다	308
우후죽순	206	이름을 남기다	152	입만 뻥끗하다	308
운을 떼다	307	이름이 있다	153	입만 살다	324
울타리를 벗어나다	369	이리 뛰고 저리 뛰다	337	입만 아프다	308
울화통이 터지다	48	이마에 피도 안 마르다	227	입맛대로 하다	369
웃어넘기다	229	이맛살을 찌푸리다	29	입맛에 맞다	32
원숭이도 나무에서 떨어진다	157	이목을 끌다	125	입맛을 다시다	125
월계관을 쓰다	152	이심전심	69	입맛을 맞추다	81
위아래가 없다	358	인간 같지 않다	358	입맛이 당기다	125
위풍당당	106	인과응보	64	입맛이 떨어지다	128
유감없이	32	인산인해	207	입바른 소리	366
유구무언	109	인상을 쓰다	29	입방아를 찧다	308
유례가 없다	96	인상이 깊다	223	입술에 침 바른 소리	81
유명무실	324	일각여삼추	329	입술에 침이나 바르지	264
유명을 달리하다	298	일거양득	276	입술을 깨물다	131
유심히 살피다	181	일맥상통	69	입신양명	153
유언비어	319	일벌백계	196	입심을 겨루다	261
유유상종	68	일손을 놓다	284	입에 거미줄 치다	273
유일무이	96	일손을 떼다	288	입에 거품을 물다	49
유종의 미	64	일손이 잡히다	284	입에 게거품을 물다	49
으스대다	348	일시가 바쁘다	337	입에 달고 다니다[1]	293
의기소침	109	일심동체	69	입에 달고 다니다[2]	308
의기양양	106	일언반구	307	입에 담다	309
이가 떨리다	49	일희일비	13	입에 대다	293
이골이 나다	223	임시방편	238	입에 맞는 떡	32
이구동성	68	입 끝에서 돌다	308	입에 맞다	32
이래 봬도	254	입 밖에 내다	307	입에 발린 소리	81
이러지도 저러지도 못 하다	173	입 밖에 오르다	320	입에 붙다	223
이를 갈다	48	입 안에서 뱅뱅 돌다	308	입에 오르내리다	321

입에 올리다	320
입에 자물쇠를 채우다	309
입에 재갈을 물리다	309
입에 침 바른 소리	81
입에 침이 마르다	146
입에 풀칠하다	272
입에서 입으로	320
입은 비뚤어져도 말은 바로 해라	366
입을 놀리다	309
입을 다물다	310
입을 다물지 못하다	53
입을 닦다	176
입을 닫다	310
입을 봉하다	310
입을 삐죽이다	35
입을 씻다	176
입을 열다	304
입의 혀 같다	69
입이 광주리만 하다	293
입이 궁금하다	293
입이 귀밑까지 찢어지다	13
입이 귀에 걸리다	14
입이 근질근질하다	337
입이 나오다	35
입이 닳다	146
입이 딱 벌어지다	53
입이 떨어지다	305
입이 떨어지지 않다	310
입이 마르다	146
입이 많다	207

입이 무섭다	320
입이 밭다	294
입이 심심하다	293
입이 얼어붙다	310
입이 열 개라도 할 말이 없다	109
입이 짧다	294
입이 천 근 같다	320
입추의 여지가 없다	207
있는 티를 내다	348

ㅈ

자기도 모르게	223
자나 깨나	212
자라 보고 놀란 가슴 솥뚜껑 보고 놀란다	53
자리가 잡히다	224
자리를 걷고 일어나다	298
자리를 넘보다	121
자리를 박차고 나오다	288
자리를 잡다	288
자리를 털고 일어나다	298
자리에 눕다	298
자리에 붙어 있다	288
자리에 오르다	288
자승자박	173
자업자득	173
자유분방	369
자유자재	369
자취를 감추다	165

자타공인	75
자포자기	144
자화자찬	147
작심삼일	131
작은 고추가 더 맵다	216
잔뼈가 굵다	288
잘되면 제 탓 못되면 조상 탓	86
장단을 맞추다	81
장래를 약속하다	300
재미를 보다	33
적반하장	352
적자를 보다	279
전광석화	328
전도유망	117
전무후무	96
전전긍긍	58
전화위복	255
젊어 고생은 사서도 한다	190
접전을 벌이다	78
정곡을 찌르다	262
정신을 차리다	234
정신이 나다	234
정신일도하사불성	181
제 눈에 안경	234
제 코가 석 자	171
조강지처	301
조삼모사	264
조족지혈	209
족제비도 낯짝이 있다	351
좀이 쑤시다	42
종적을 감추다	166

종횡무진	370	줄수록 냠냠	89	찍소리 못 하다	113
좌불안석	43	줄수록 양양	89	찔러도 피 한 방울 안 나겠다	363
주눅이 들다	113	줄행랑을 놓다	169		
주눅이 잡히다	113	줄행랑을 부르다	169		
주름잡다	91	줄행랑을 치다	169		
주머니 끈을 조르다	279	쥐가 고양이를 만난 격	110	**ㅊ**	
주머니 사정이 나쁘다	279	쥐고 흔들다	92	차일피일	328
주머니 사정이 좋다	279	쥐구멍에도 볕들 날 있다	117	차질이 생기다	158
주머니가 가볍다	273	쥐구멍을 찾다	356	찬물도 위아래가 있다	358
주머니가 넉넉하다	280	쥐도 새도 모르게	166	찬바람을 일으키다	363
주머니가 두둑하다	280	쥐락펴락하다	92	찰나의 순간	328
주머니가 비다	273	쥐뿔도 모르다	225	창자가 끊어지다	23
주머니를 털다	280	쥐뿔도 없다	226	창자가 미어지다	21
주머니에 들어간 송곳이라	160	쥐었다 폈다 하다	92	창자를 끊다	23
주먹을 불끈 쥐다	131	지나가던 개가 웃겠다	256	책을 잡다	196
주목을 받다	125	지렁이도 밟으면 꿈틀한다	49	척을 지다	73
주변머리가 없다	360	지성이면 감천	138	척하면 삼천리	248
주야장천	212	지어먹은 마음이 사흘을 못 간다	131	척하면 착이다	249
죽고 못 살다	16			천신만고	191
죽기 살기로	138	직성이 풀리다	33	천인공노	49
죽기 아니면 까무러치기	131	진땀을 빼다	173	천정부지로 오르다	280
죽기를 기 쓰다	138	진땀을 흘리다	173	천하를 얻은 듯	33
죽도 밥도 안 되다	157	진수성찬	294	천하태평	129
죽어라 하고	138	진퇴양난	174	철면피	352
죽었다 깨더라도	184	집 떠나면 고생이다	191	철판을 깔다	352
죽었다 깨도	184	집도 절도 없다	273	첫술에 배부르랴	138
죽었다 깨어도	184	짚이는 데가 있다	248	청산유수	310
죽을 고생을 하다	190	쪽박 들고 나서다	273	청운의 꿈	289
죽을 쑤다	157	쪽박을 깨다	158	청운의 뜻	289
죽이 되든 밥이 되든	128	쪽박을 차다	274	청천벽력	52
죽이 척척 맞다	69	쪽을 못 쓰다	113	촉각을 곤두세우다	182

촌각을 다투다	328	코를 쳐들다	349	퇴짜를 놓다	200
촌철살인	310	코빼기도 못 보다	166	퇴짜를 맞다	200
총대를 메다	86	코웃음을 치다	229	트집을 잡다	197
추파를 던지다	203	코허리가 시큰하다	19	특단의 조치	239
출사표를 던지다	78	콧날이 시큰하다	19	티끌 모아 태산	280
출세 가도를 달리다	153	콧노래가 나오다	14		
치가 떨리다	49	콧대가 높다	349		
치마가 열두 폭인가	125	콧등이 시큰하다	19	**ㅍ**	
친구 따라 강남 간다	326	콧방귀를 뀌다	229		
칠전팔기	139	콩 심은 데 콩 나고 팥 심은 데 팥 난다	64	파김치가 되다	298
침 발라 놓다	276	콩 튀듯	50	파랗게 질리다	59
침을 삼키다	121	콩 튀듯 팥 튀듯	50	파렴치	353
칭송이 자자하다	147	콩으로 메주를 쑨다 하여도 곧이 듣지 않는다	264	파리를 날리다	280
		쾌재를 부르다	33	팔이 들이굽지 내굽나	100
		큰마음을 먹다	132	팔이 안으로 굽지 밖으로 굽나	100
ㅋ				팔자가 늘어지다	37
				팔짝 뛰다	50
칼을 갈다	131	**ㅌ**		팔짱을 끼고 보다	129
칼을 빼 들다	238			팥으로 메주를 쑨대도 곧이듣는다	234
칼자루를 잡다	92	타월을 던지다	143	팥을 콩이라 해도 곧이듣는다	234
코 묻은 돈	274	탁상공론	239	펄펄 뛰다	50
코가 납작해지다	158	탈을 쓰다	166	포복절도	14
코가 높다	348	태깔이 나다	216	폭리를 취하다	281
코가 비뚤어지게	294	턱이 없다	185	풀이 죽다	114
코가 빠지다	113	턱이 있다	185	풍파를 겪다	191
코가 세다	360	토를 달다	311	피가 거꾸로 솟다	50
코가 우뚝하다	348	토사구팽	84	피가 되고 살이 되다	224
코끝도 볼 수 없다	166	통이 작다	346	피가 마르다	43
코끝이 찡하다	18	통이 크다	343	피가 터지다	78
코끼리 비스킷	209				
코를 박다	182				

피골이 상접하다	217	하루에도 열두 번	212	한시가 급하다	337
피는 물보다 진하다	100	학수고대	117	한시가 바쁘다	337
피도 눈물도 없다	363	학을 떼다	191	한자리하다	289
피땀을 흘리다	139	학질을 떼다	191	한주먹감도 아니다	230
피땀이 어리다	139	한 건 하다	153	한주먹감이다	230
피를 나누다	100	한 건을 올리다	153	한풀 꺾이다	114
피를 말리다	43	한 귀로 듣고 한 귀로 흘린다	316	할 말을 잊다	256
피와 살이 되다	224	한 귀로 흘리다	230	함흥차사	321
피치 못할	174	한 다리가 천 리	101	해가 서쪽에서 뜨다	255
필름이 끊기다	294	한 몸이 되다¹	70	핼쑥하다	217
핏대를 세우다	50	한 몸이 되다²	301	행방불명	166
핏줄이 당기다	101	한 번 실수는 병가의 상사	158	행방이 묘연하다	166
핑계 없는 무덤이 없다	64	한 어미 자식도 아롱이다롱이	101	행색이 초라하다	217
		한 우물을 파다	182	허례허식	324
		한 입 건너 두 입	320	허리가 부러지다	191
		한 줌도 못 되다	209	허리가 휘다	192
		한 줌밖에 안 되다	209	허리가 휘어지다	192
하나만 알고 둘은 모른다	360	한 줌의 재가 되다	298	허리가 휘청거리다	192
하늘 높은 줄 모르다	358	한 줌의 흙이 되다	298	허리가 휘청하다	192
하늘은 스스로 돕는 자를 돕는다	140	한 치 걸러 두 치	101	허리띠를 졸라매다	281
하늘의 별 따기	185	한 치 앞을 못 보다	234	허리를 굽히다	371
하늘이 노랗다	23	한눈을 팔다	182	허리를 못 펴다	114
하늘이 두 쪽이 나도	132	한마음 한뜻	70	허심탄회	367
하늘이 무너져도	132	한몫 끼다	125	허우대가 멀쩡하다	217
하늘이 무너져도 솟아날 구멍이 있다	239	한몫 보다	281	헐값에 내놓다	281
하루가 멀다 하고	212	한몫 잡다	281	헛다리를 짚다	255
하루가 멀다고	212	한배를 타다	70	혀가 굳다	54
하루가 여삼추	329	한솥밥을 먹다	70	혀가 꼬부라지다	311
하루아침에	329	한술 뜨다	294	혀가 돌아가는 대로	311
		한술 밥에 배부르랴	138	혀가 빠지게	140
		한숨을 돌리다	339	혀가 빠지도록	140

혀가 짧다	311	호랑이 없는 골에 토끼가 왕 노릇 한다	92	홑벌로 보다	230
혀끝에 오르내리다	321	호랑이 없는 동산에 토끼가 선생 노릇 한다	92	홑으로 보다	230
혀끝을 차다	29			화룡점정	98
혀를 굴리다	311	호랑이도 제 말 하면 온다	312	화살을 돌리다	197
혀를 깨물다	192	호박씨를 까다	176	화촉을 밝히다	301
혀를 내두르다	257	호의호식	294	화통을 삶아 먹다	312
혀를 놀리다	311	호주머니 사정이 나쁘다	279	활기를 잃다	114
혀를 두르다	257	호주머니 사정이 좋다	279	황소고집을 세우다	361
혀를 차다	29	호주머니가 가볍다	273	후안무치	353
혈안이 되다	121	호흡을 같이하다	70	흉금을 털어놓다	367
혈압이 오르다	50	호흡을 맞추다	70	희로애락	14
혓바닥에 침이나 묻혀라	264	호흡이 맞다	70	희희낙락	14
형설지공	140	혼비백산	54		
호랑이 굴에 가야 호랑이 새끼를 잡는다	132	홍역을 치르다	192